东岳教育论丛

徐继存　冯永刚　主编

第一辑

山东教育出版社

图书在版编目（CIP）数据

东岳教育论丛．第一辑／徐继存，冯永刚主编．—济南：山东教育出版社，2021.12

ISBN 978-7-5701-1908-0

Ⅰ.①东… Ⅱ.①徐… ②冯… Ⅲ.①教育－文集 Ⅳ.①G4－53

中国版本图书馆CIP数据核字（2021）第251157号

DONGYUE JIAOYU LUNCONG DI YI JI

东岳教育论丛 第一辑 徐继存 冯永刚 主编

主管单位：山东出版传媒股份有限公司

出版发行：山东教育出版社

地址：济南市市中区二环南路2066号4区1号 邮编：250003

电话：（0531）82092660 网址：www.sjs.com.cn

印 刷：山东新华印务有限公司

版 次：2021年12月第1版

印 次：2021年12月第1次印刷

开 本：710毫米×1000毫米 1/16

印 张：16.5

字 数：288千

定 价：60.00元

编委会

FOREWORD 前言

《东岳教育论丛》是由山东师范大学教育学——省高水平学科建设项目资助的研究成果之一。山东师范大学教育学是1950年学校创办之初最早设立的六大学科之一，有着悠久的学术传统，汇聚了章益、傅统先、朗奎第、张尊颂、李家骥等一批从海外归国的知名学者。本学科1981年获硕士学位授予权；2001年获教育学原理博士学位授予权；2006年获课程与教学论博士学位授予权；2007年设立教育学博士后流动站；教育学原理学科被遴选为国家重点（培育）学科；2011年获教育学一级学科博士学位授予权；2017年在全国第四轮学科评估中获B+等次；2018年入选山东省一流学科建设名单；2020年入选山东省“优势特色学科”建设名单。教育学、教育技术学、学前教育学三个专业入围国家一流专业建设点。

本学科始终以“建设一流队伍，培养一流人才，创造一流成果，提供一流服务”为目标，已经发展成为研究方向明确稳定，研究队伍学历、职称和年龄结构合理，研究成果突出，综合实力较强，总体学术力量、研究能力和研究成果在国内具有较大影响和良好声誉的学科。

“十三五”以来，本学科先后承担国家级、省部级科研课题70余项；出版学术著作30余部；发表学术论文400余篇，其中在《教育研究》《课程·教材·教法》等期刊发表高水平论文80余篇。近年来承担国家社科基金重点项目、青年基金项目、教育部人文社会科学规划项目、全国教育科学规划教育部重点项目、山东省哲学社会科学规划重大项目等省部级以上重点课题41项。研究成果先后获全国普通高校人文社会科学优秀成果三等奖2项，全国教育科学研究优秀成果三等奖5项，山东省社会科学优秀成果一等奖4项、二等奖18项；获国家级教学成果一等奖1项、二等奖4项，省级教学成果特等奖3项。本学科现有国家“万人计划”教学名师1人，山东省“泰山学者”特聘专家1人，山东省社科名家2人，山东省有突出贡献的中青年专家4人，2人名列“中国哲学社会科学最有影响力学者排行榜”。

近年来，本学科重视学科队伍建设，构建了多个学科团队，进行较明确的分工，显示了学科创新的活力。经过努力，本学科在优化学历层次、增强学术潜力方面取得了显著成效，一批海内外名校毕业的青年学者、学术骨干加盟进来，为学科的长远发展奠定了坚实的基础。

为推进学科建设工作，进一步调动学科人员从事科研的积极性、主动性和创造性，推出高质量的科研成果，提供高水平学术平台，与国内外学术界开展广泛的学术交流，不断提升教育学优势特色学科的建设水准，依据山东师范大学教育学优势特色学科建设关于出版书籍的要求，我们编辑出版了《东岳教育论丛》系列丛书。本年度出版第一、二辑，以后每年根据需要出版2～4辑。该丛书设立中西传统教育思想的现代诠释与转化研究（教育哲学）、基于立德树人的道德教育与学校改进研究（德育原理）、课程与教学基本理论的建构与应用（课程与教学）、教师的社会心理及其培育研究（教师教育）、信息技术与课程教学深度融合创新（教育信息化）等五个主题，主要刊载近年来教育学科教师公开发表的高水平学术论文，凸显研究的前沿性、前瞻性、时代性和综合性。

编　者

2021年11月

CONTENTS 目录

04 教师教育

05 教育信息化

01 教育哲学

谁是最初的教育者[①]

——康德教育逻辑起点问题之追问

李长伟[②]

[**摘要**]“谁是最初的教育者”涉及教育成为可能的逻辑起点，是教育哲学的根本问题。康德的教育哲学关注了这一难题，但否认了神圣的存在者，以及能够自我教化的“第一个人”。为了解决这一难题，康德走向了历史哲学，走向了历史中的“天意”。康德认为，天意是最初的教育者。不过天意教育的出现，意味着人的教育的终结。若要走出康德的解题思路所导致的困境，一条可行的道路就是走向将教育者与学习者关联在一起的真正的“教育实践”。

[**关键词**]教育者；天意教育；人的教育；教育实践

自古至今，只要论及教育，就必须承认这样一个客观事实，那就是教育者是教育的内在构成。从不存在没有教育者的教育，教育总是通过教育者来进行。这亦是康德（Kant，I.）在《论教育学》中明确提出的观点。不过，康德的认识并不局限于此，因为按照康德所代表的德国古典哲学的思路，若要使“人的教育”获得坚实的真理性依据，就必须对教育者做进一步的追问：教育者必先受教育，教育者也需要教育者，那“谁是最初的教育者”？“谁是最初

① 本文系国家社会科学基金2014年度教育学一般课题“教师德性的四位一体构成研究”（课题批准号：BHA140083）的研究成果。

② 李长伟，山东师范大学教育学部教授、博士生导师，主要从事教育哲学研究。

的教育者”这一问题之所以重要，是因为它是教育成为可能的逻辑起点，没有这一逻辑起点，教育就不可能存在。也许有人会反驳说，为什么非要如康德那样追问“谁是最初的教育者”呢？我们所拥有的教育经验不是足以使我们对教育有所认识吗？这一想法的问题在于，它没有看到，如果教育者对自己所受的教育缺乏足够的反思，就会在自以为是中将错误的知识和观念传递给学生，成为康德所言的“学童的糟糕的教育者”。若要使教育成为真正的好教育，教育者就必须反思自己所受的教育，反思教育他的教育者所受的教育，追溯“最初的教育者”所蕴含的真理性依据。如果没有这一真理性依据，教育知识体系就会不稳固；现实中的教师，无论是老教师还是新教师，亦丧失了如何做一名真教师的本体性根据。

不过，康德虽然意识到了“谁是最初的教育者”的重要性，且努力去探问这一使教育成为可能的逻辑起点，但他又在逻辑上陷入了困境，认为人们无法在“人类”中寻得“谁是最初的教育者”，进而否定了人类的教育，走向了历史中的由外在于人的“天意”（providence）所实施的“自上而下的教育”。但人的教育是无法取消的，因为人并不是消极的、被动的存在，而是积极的、主动的向善者，教育作为人的活动，自然是积极主动地引人向善的活动。康德之所以陷入困境，根本在于他的二元论，若要走出困境，就需要从二元论走向实践论。

一、一个教育哲学的难题

“谁是最初的教育者”的问题，在康德《论教育学》的导论第10段已呈现。“人只有通过教育才能成为人。除了教育从他身上所造就的东西外，他什么也不是。需要注意的是，人只有通过人，通过同样是受过教育的人，才能被教育。因此，本身在规训和教导上的欠缺，使得一些人成为其学童的糟糕的教育者。”[①]在这段文字中，康德表达了四层意思。第一，人与动物不同，人必须接受教育，才能成为人。第二，人所接受的教育，来自“人”，即承担人的教育的教育者是“人”。第三，教育人的“教育者”，“同样是受过教育的人”。即是说，教育者必先受教育，然后才能去教育人，不存在一个未受教育的教育

---

① 伊曼努尔·康德. 论教育学［M］. 赵鹏，何兆武，译. 上海：上海人民出版社，2005：5.

者。第四，如果教育者所受的教育是欠缺的，那他所施加给学童的教育影响一定是糟糕的。照这样分析，“谁是教育者”并不是一个问题，因为康德明确地告诉人们，人且受过教育的人是教育者。但这看似明确的回答中潜藏着一个必须回答的问题：既然教育者“同样是受过教育的人”，那教育者所受的教育又来自哪里；若再继续不断追问，就是教育“教育者”的“最初的教育者”是谁。这个教育哲学问题必须被直面，因为它牵涉教育的起源。若忽略这个问题，无论是教育学体系的建构还是现实中教育活动的展开，都因缺乏来自起源的支撑而陷入困境。

康德当然知道“谁是最初的教育者”之问题的重要。对他来说，首先要确认的是，不能从神圣的存在者那里寻找承担教育的教育者。这是因为教育人的“教育者”必须是不够神圣的“人”，即“有限的理性存在者”，且这个“有限的理性存在者”同样是“受过教育的人”，而神圣的存在者不需要接受任何教育，因为他本就是“有道德”而“无德性”的神圣存在，而人虽然“有道德”但需要“德性”，人的德性养成又需要教育。当然，如康德所言，“一旦一个更高类型的存在者承担起我们的教育，人们就会看到，在人身上能成就些什么”①。不过，这只是“一旦”，而不是事实。事实是，“更高类型的存在者”即“神圣的存在者”，并不能承担人类的教育。由此可知，康德对“谁是教育者”的探究，立足的是启蒙哲学的视角，而不是神学的视角。②

不过，即使从人类自身寻找最初的教育者，也不能从历史经验的角度寻找，因为发生学的思路只会导致追溯的无限后退而找不到最初的教育者。康德意识到这个问题，他在《论教育学》的第4段和第19段有如下陈述。

“人类应该将其人性之全部自然禀赋，通过自己的努力逐步从自身中发挥出来。教育是由前一代人对下一代进行的。对此人们可以到生蛮状态中去寻求第一开端，也可以到完满的、有教养的状态中去寻找。如果后一种情况被当成是先前的和最初就存在的，那么人必然是后来再度野蛮化并堕入生蛮状态之中

① 伊曼努尔·康德. 论教育学［M］. 赵鹏，何兆武，译. 上海：上海人民出版社，2005：5.

② 伊曼努尔·康德. 历史理性批判文集［M］. 何兆武，译. 北京：商务印书馆，1990：22.

了。”[①]“我们应该从哪儿开始发展人的禀赋呢？是应该从野蛮状态开始，还是从一种已经被教化的状态开始呢？一种出自生蛮状态自身的发展是难以设想的（因此关于‘第一个人’的概念也是很难设想的），而且我们发现，出自这种生蛮状态的发展，总是又会堕落回去，然后再重新从那里出来。而且即使在文明民族那里，在他们那些以书写形式流传下来的最早的信息中，我们也都能发现很强的近乎生蛮的因素。”[②]在他看来，人类虽然拥有向善的原初禀赋，但人类的开端是生蛮状态。生蛮状态与有教养的状态是对立的，生蛮状态中的人类因此是未开化的、未受教化的，有教养的文明人是人类走出生蛮状态、被教化后的产物。如果按照发生学的思路不断回返，去追问“最初的教育者”，也就是康德所言的“第一个人”，那么必然会追溯至生蛮状态。问题是，若追溯至生蛮状态，作为“最初的教育者”的“第一个人”的产生就是一个教育哲学上的大难题：“人必须被教育成善的；但是，应当教育他的人又是一个还处在本性粗野状态，如今却要造成他自己所需要的东西的人。”[③]

二、两条被否定的路径

这一难题有两条解题路径：一条是从“自上而下”的角度去寻思，认为“神圣的存在者”会从天上下到生蛮状态中，对“第一个人” 进行教化；另一条是从“人自身”的角度去寻思，认为“第一个人”能够自我教化，自己既是教育者又是受教育者。

如前所述，康德会断然否定第一条路径，因为他的实践哲学立场是“人学”而不是“神学”，这在《道德形而上学》中说得很清楚。“在作为内在立法的纯粹实践哲学的伦理学中，只有人对人的道德关系对我们来说才是可以理解的；但在神与人之间这方面存在怎样的关系，却完全超出了伦理学的界限，而且对我们来说是绝对无法理解的；这就证实了上面所主张的：伦理学不能扩展

① 伊曼努尔·康德. 论教育学［M］. 赵鹏，何兆武，译. 上海：上海人民出版社，2005：4.

② 伊曼努尔·康德. 论教育学［M］. 赵鹏，何兆武，译. 上海：上海人民出版社，2005：7-8.

③ 伊曼努尔·康德. 康德全集：第7卷［M］. 李秋零，译. 北京：中国人民大学出版社，2008：320.

到相互的人类义务的界限之外。”[1]可以看出，康德强调的是纯粹实践理性与道德自律，而不是人的原罪以及来自神的恩典。所以，他不会同意将人的启蒙交于神圣的存在者，以解决“谁是最初的教育者”的难题。

有的研究者并不认为康德会否认这一路径。因为在《单纯理性限度内的宗教》中，康德提到了从天上降临人世的耶稣，且把耶稣视为人灵魂深处爆发革命、颠倒已经颠倒的心灵秩序、使人由恶趋善的“道德榜样”。[2]不过，虽同为人类的导师，康德笔下耶稣已不是《新约》中的耶稣，而是经过哲学改造的耶稣。进言之，这个耶稣不是《新约》记载的、在历史中真实存在的、道成肉身的且能行诸多神迹的神圣存在，而只是一个存在于人的理性中的、作为理念的人性的原型。这意味着，作为导师的耶稣不是外在的神圣，而是人自身。康德认为，人虽然天生就具有向善的原初禀赋，但它只是种子，只是人的本性的可能性。现实是，只要人动用自由任性去选择行动准则，就会选择恶的准则，使道德秩序颠倒。康德将这种人的本性的现实，称为“趋恶的倾向”。它不是由遗传而来，而是天生的（“人天生为恶”）。于是，一个难题产生了：一个堕落的人，如何重新向善，如何颠倒颠倒了的心灵秩序。康德的答案是，无论在何种情况下，人的立法理性并没有腐坏，人对立法理性所颁布的道德法则的敬重永远存在。这种对道德法则的敬重的动机的存在，就是人重新向善的可能性。既然这样，那就可以通过教育去唤醒和激发人心对道德法则的敬重，只是如何重新向善的问题仍然存在。“如果人在其准则的根据上腐败了，他怎么可能凭借自己的力量实现这一革命呢，靠自己成为一个善人呢？”[3]是的，既然人已堕落，那作为人的教育者岂不也堕落了？一个堕落的人，又如何能够成为教育者，去激发另一个人的敬重感？正是面对这一难题，康德引入了耶稣，因为他在耶稣身上看到了人自救的力量。作为神子，耶稣是道德上的新人；作为人子，他拥有肉身，面临由诸多诱惑所带来的向善的障碍。耶稣的卓越在于，他能用意志的道德力量与重重障碍做斗争，从而将善性实现。对康德而

---

① 伊曼努尔·康德. 康德教育哲学文集［M］. 李秋零，译. 北京：中国人民大学出版社，2016：134.

② 伊曼努尔·康德. 单纯理性限度内的宗教［M］. 李秋零，译. 北京：中国人民大学出版社，2003：50.

③ 伊曼努尔·康德. 单纯理性限度内的宗教［M］. 李秋零，译. 北京：中国人民大学出版社，2003：36.

言，这对人类有着深刻的启示：人类的确堕落了，但人心并不是纯然的恶，他仍然怀有纯洁的道德意念，且能够向心中与善并存的恶的原则宣战。这一切，正是耶稣传达给人类的，耶稣就是人类的道德榜样。所以，在康德那里，他将耶稣置于我们每一个人的灵魂之中，耶稣成了"人"，我们每一个人由此能够以内在的耶稣为榜样，通过与恶的原则的斗争，摆脱趋恶的倾向。这样的处理，的确解决了堕落的人如何重建心灵中道德秩序的难题。若是这样，那是不是康德就选择了第二条路径呢？答案是否定的。

第二条路径，尽管是人学的道路，但康德也给予了否定。根本在于，康德是从"类的整体"的角度看待历史与教育的。"类的整体"的历史与教育决定着"个体"的自然禀赋的发展。"有一点是肯定的，即没有一个单独的人，能通过其对学童的全部塑造使他们达成其本质规定。能够成就这一点的不是单个的人，而是人这个类。"[①]康德不承认，在生蛮状态中会存在不需"他人教化"而能"自我教化"的"个人"这样的例外。退一步说，即使"个人"能在不依赖他人教育的情形下，独自运用自己的理性，走出自然状态，成为文明人，康德也认为，只要"个人"一开始运用自己的理性，就会产生因误用而致的堕落。如其所言，"自然的历史从善开始，因为它是神的作品；自由的历史从恶开始，因为它是人的作品"[②]。

康德对例外状态的否认，以及对超越"类教育"的"第一个人"的"自我教化"之现实能力的否认，表明他与西方古典教育传统的决裂。在西方古典教育传统中，人与人是不平等的，极少数人被设定为不再是受教育者的教育者，多数人则被设定为需要受教育的人，后者需要聆听来自那些较少数伟大灵魂的声音，接受他们的教导。以西方古典教育传统的最典型代表柏拉图（Plato）为例，在"洞穴之喻"中，他描绘了一个能够"自我解放"与"自我教化"的"哲人"形象。起先，这个哲人与洞穴中的所有人都一样，都是"洞穴囚徒"——头、手、脚皆被捆绑，眼睛只能看见洞穴后壁上变化的阴影且信假为真。然后，这个哲人被解除了桎梏，在引导中艰难地走出了洞穴，最

① 伊曼努尔·康德. 论教育学［M］. 赵鹏，何兆武，译. 上海：上海人民出版社，2005：7.

② 伊曼努尔·康德. 康德全集：第8卷［M］. 李秋零，译. 北京：中国人民大学出版社，2010：118.

终看到了作为真理的太阳。问题是，究竟是谁解放了这第一个走出洞穴的囚徒呢？答案只能是囚徒自身，因为并没有洞外之人进入洞穴去解放这第一个被解放的囚徒。不过，康德显然会否认这一自我教化的可能性，因为深受卢梭（Rousseau，J. J.）影响的他坚信每个人都是平等的，并不存在一个高于其他人的特殊群体，这就否认了“第一个人”具有超越他人的“自我启蒙的能力”。一旦承认“第一个人”具有自我启蒙能力，那就意味着，所有的人都具有自我启蒙的能力。而如此的后果就是，康德所言的前一代人对后一代人的教育被彻底消解了。

当康德否认了这两条路径，那似乎意味着使人成人的教育是不可能的，因为教育人的“最初的教育者”无法确立。在《实用人类学》中，康德借对卢梭的自然状态学说的评论承认这个问题仍然是不可解决的。“要想有善的人们来作引导和榜样，这些人本身就必须是受过教育的，而又不可能有一个本身没有（由于天性或是由于教育）被腐蚀的人来对他施教，所以不仅是根据程度，哪怕是根据原则的性质来看，人类的道德教育问题也仍然是不可以解决的。”①

不过，即使否认了两条路径，康德也绝不可能认为教育是不可能的。最为直接的一个原因是，从古至今，教育始终是存在的，这是康德无法否认的客观事实。康德也说过，教育艺术是人类的伟大发明，尽管是最为困难的两大发明之一。对于康德来说，面对客观存在的教育世界，真正的教育哲学的提问方式，是“教育何以可能”，而不是“教育是否存在”。教育存在着且的确存在着，是教育哲学在提问之前首先要肯定下来，然后才能接着追问，存在着的教育“何以成为教育”。

康德看到解题的困境。在《论教育学》中，康德暂时搁置对这个问题的形而上的发问，转而立足于文明人的角度，将教育的开端定位在文明世界。“那么我们应该从哪儿开始发展人的禀赋呢？……一种出自生蛮状态自身的发展是难以设想的…… 而且我们发现，出自这种生蛮状态的发展，总是又会堕落回去，然后再重新从那里出来。而且即使是在文明民族那里，在他们那些以书写形式流传下来的最早的信息中，我们也都能发现很强的近乎生蛮的因

① 伊曼努尔·康德. 实用人类学［M］. 邓晓芒，译. 上海：上海人民出版社，2002：255.

素。——而书写要以多少文化为前提啊！因此人们从文明人的角度出发，可以把书写的开始称为世界的开始。”①

如果以这段话后面的“破折号”为界，我们会发现，前后所说不同。前面是说，我们只能从生蛮状态开始发展人的禀赋，因为生蛮状态是人类历史的开端，自然也是教育历史的开端，且“开端”亦是“主宰”，文明时常会堕入生蛮。显然，若教育以此为“开端”，是无法设想的，因为生蛮状态没有任何教化可言。后面是说，既然无法设想，那就从文明人的角度出发，把书写所代表的文化视为世界和教育世界的开始吧！显然，这一破折号的出现，意味着，康德搁置了对“谁是最初的教育者”的追问，直接从文明世界中的受过教育的教育者出发谈论教育。接着这番论说，康德进入了对所谓的两种教育学的分析：一种是机械性的，一种是科学性的。他指出，教育者若要将他人教好，就需要抛弃机械性的教育学，掌握科学的教育学。②就当时德国的教育现实而言，尽管德国处于文明世界，但并不是所有的人的理性都是开化的，家庭中的父母及王侯们都无法作为一个好的教育者承担起将他人的所有自然禀赋充分发展起来的伟大使命。这是因为，他们目光短浅，只操心自己的利益，“都不把世界之至善以及人性被规定要达到的而且具备相应禀赋的那种完美性作为终极目的”③，都不能对教育活动进行科学的设计。若是这样，那应该由谁来进行教育，以便将人的善性发挥出来呢？康德给出的回答是，好的教育者，只能是作为私人的少数的“最开明的专家”。当人们把教育交到其手中时，才会受到更为完整和完善的教育，人类的向善的禀赋才能实现。

搁置了教育开端的问题，将教育者直接规定为文明世界中的启蒙了的专家，认为是他们促进了教育的进步和完善，这看似解决了康德所言的“见识取决于教育，而教育复又取决于见识”④的教育难题。不过，问题并没有真正解

① 伊曼努尔·康德. 论教育学［M］. 赵鹏，何兆武，译. 上海：上海人民出版社，2005：7-8.

② 伊曼努尔·康德. 论教育学［M］. 赵鹏，何兆武，译. 上海：上海人民出版社，2005：8.

③ 伊曼努尔·康德. 论教育学［M］. 赵鹏，何兆武，译. 上海：上海人民出版社，2005：8.

④ 伊曼努尔·康德. 论教育学［M］. 赵鹏，何兆武，译. 上海：上海人民出版社，2005：7.

决。首先，教育哲学的根本使命是追问“教育何以可能”，这一追问不可能被放弃。康德仍然需要解释，作为文明世界中的“第一个人”也就是“最开明的专家”，他必先受教育，那他所受的教育究竟来自何处；其次，在康德那里，既然人类在其类的整体中接受教育，从而不可能有超出类整体的单个人对人类的教育，那么最开明的教育专家对不开化的其他人进行教育又如何可能；再次，在康德眼中，“个人”的能力总是有欠缺的、不健全的，这意味着，所谓的“最开明的专家”其实是不可能的。用《论教育学》的编者同时也是康德的学生林克（Rink，F. T.）的话说，“单个的人将永远不能完全摆脱弱点，甚至不能完全改正错误”[①]。康德自己亦说，“在人这里，即使是在（就行动而言）最好的人这里，都提出了趋恶的倾向”[②]。他在《关于一种世界公民观点的普遍历史的理念》中指出，人因为会对自己的同类滥用自己的自由，也会因为自己的动物性的偏好而诱使自己成为规定自由界限的法律的例外；所以，人就需要一个主人去强迫他服从一个普遍有效的意志，而这个主人也是一个有主人的人。[③]不断追问的结果就是，应该有一个“最高的元首”，这个最高的元首作为一个人，自身应该是公正的。不过，根本无法找到他，因为人性是一块“曲木”，“从造就出人的如此弯曲的木头中，不可能加工出任何完全直的东西”[④]。显然，最开明的专家是“个人”，既然所有的“个人”无法摆脱弱点与趋恶倾向，亦无法不是一块曲木，那他又如何能够成为教他人为善的善人呢？最后，姑且承认最开明的教育专家是可能的，但这种专家是否真如康德所言，凭自己的力量就能推动人类的教育不断趋于进步和完善，令人怀疑。按照杜威（Dewey，J.）对康德所代表的18世纪的“世界主义”的理想的评论，“散在各处的私人能宣传这个主义，但是他们不能实现这个事业。一个裴斯泰洛齐（Pestalozzi，J. H.）能尝试种种实验，并且劝告有财产和权力的慈

① 伊曼努尔·康德. 康德全集：第9卷［M］. 李秋零，译. 北京：中国人民大学出版社，2010：445.

② 伊曼努尔·康德. 单纯理性限度内的宗教［M］. 李秋零，译. 北京：中国人民大学出版社，2003：36.

③ 伊曼努尔·康德. 康德全集：第8卷［M］. 李秋零，译. 北京：中国人民大学出版社，2010：30.

④ 伊曼努尔·康德. 康德全集：第8卷［M］. 李秋零，译. 北京：中国人民大学出版社，2010：30.

善家追随他的榜样。但是，甚至裴斯泰洛齐也认识到，要有效地实行新教育思想，需要国家的支持。要实现产生新社会的新教育，终究有赖于现存国家的活动。所以，民主主义教育的运动不可避免地成为由政府实施和管理的学校的运动"[①]。显然，这样的结果是康德所反对的，因为作为世界主义者，他反对国家和政府成为教育的承担者。

三、走向历史中的天意

如何处理"谁是最初的教育者"这个棘手的难题呢？寻思许久的康德，最终走向了历史。因为人类不是超越时空的抽象存在，人类生活在历史之中，人类的教育亦在历史之中。康德走向的是历史中的"天意"，即被康德称为"自然的一个隐秘计划"。它是人之上的看不见的"自上而下的智慧"。这种智慧它自己做事，"不论我们是否愿意（fata volenten，nolenten trahunt：愿意者命运领着走，不愿意者命运拖着走）"[②]。正是借助这种超人智慧所施加的自上而下的、具有强制性的教育影响力，受教育者的自然禀赋得以不断实现，最终达到天意所规定的完满—— 世界的永久和平与普遍的道德完善。历史中的"天意"，不是基督教中的神。基督教所着眼的是人的原罪及神的拯救，即人原本居于"天国"，因原罪而堕入"历史"，为了获得拯救，人类需要通过对神丰富恩典的领受走出"历史"，最终进入"天国"。这是一条立体维度的救赎之路。历史中的天意则与之不同，天意固然是神圣的、有目的的，但它的目的只能实现在天意所计划的合规律的历史的进程中，即在作为天意之目的的人类所有原初禀赋的发展中，实现在因天意的干预而出现的"普遍的世界历史"中。[③]这是一条平面维度的由恶向善的进步之路。如果从信仰的角度谈，那么，前者信仰的是神，后者信仰的则是历史。明晰这一点，是要我们避免形成一种错误的认识，以为康德又走向了他先前否定的神。事实是，他走向了普遍的历史。谈完这一点，我们还是回到康德的"天意教育"中。在《实用人类

① 约翰·杜威. 民主主义与教育［M］. 王承绪，译. 北京：人民教育出版社，2001：104.

② 伊曼努尔·康德. 康德全集：第7卷［M］. 李秋零，译. 北京：中国人民大学出版社，2008：371.

③ 伊曼努尔·康德. 历史理性批判文集［M］. 何兆武，译. 北京：商务印书馆，1990：8.

学》及《学科之争》中，康德对天意的教育力量有着相当清晰的论说。在康德看来，“人类在其类的整体上的教育，也就是说，是集体而言的教育，不是所有个人的整体，在其中人群不是一个体系，而只是一个收拢起来的聚合体，这种教育着眼于追求一种公民的、应当基于自由原则、但同时也基于合法的强制原则的宪政，人毕竟只能期待于天意，也就是说，期待于一种智慧，这智慧虽然不是他的智慧，但毕竟是他自己的理性的那个（由于他自己的罪过而）无力达到的理念——这种自上而下的教育，依我说是有益的，但却是粗暴的，是对人的天性的严厉的、通过诸多不幸并且临近毁灭整个人类的改造，亦即把人并非有意要的、但一旦存在就继续保持下去的善，从永远自己与自己内在分裂的恶里面产生出来的”[①]。对此，我们可以尝试着，从以下几个方面去分析康德所言的这种源于“天意”的“自上而下的教育”。

首先，人只能寄望于这样一种“自上而下的教育”。这是因为，人是有罪的，或者说人是脆弱的，或者说人类在促进向善的禀赋的实现上被偶然性左右。所以，不能把人的向善禀赋的实现交给由人来进行的“自下而上的教育”，只能交给由超越于人的天意来进行的“自上而下的教育”。可以说，康德对人的理性是持悲观态度的，认为人的理性无力将人导向善的理念。进言之，就人的本性的现实而言，康德认为“人天生是恶的”。人一旦动用自己的自由任性，就会将对道德法则的背离纳入自己的准则，且这一点是就“族类”而不是就“单个人”而言的，因此，这种咎由自取的恶是普遍的属人的特性。康德因此不相信卢梭所言的自然状态中的“人的本性的善良”，认为坚持这一观点的人只需把在托富阿岛、新西兰岛等地的残酷的屠杀场面，与哲学家的假说加以比较就行了。[②]同样，康德也不认为文明状态中人的本性是善良的，倘若有人赞成，“那么他必然会听到对于人性的一长串令人忧伤的抱怨”[③]。既然就“人”这个“族类”而言，人天生是恶的，那怎么能依靠人去发展其向善的禀赋呢？怎么能寄望于“自下而上的教育”呢？如果说，康德在《论教育学》

① 伊曼努尔·康德. 康德全集：第7卷［M］. 李秋零，译. 北京：中国人民大学出版社，2008：323-324.

② 伊曼努尔·康德. 单纯理性限度内的宗教［M］. 何兆武，译. 北京：中国人民大学出版社，2003：15.

③ 伊曼努尔·康德. 单纯理性限度内的宗教［M］. 何兆武，译. 北京：中国人民大学出版社，2003：18-19.

中还对人的教育怀有信心，相信完满的教育理念的引导，相信不断改进的代际教育，相信掌握了科学教育学的最开明的教育专家，相信巴泽多（Basedow, J. B.）所开展的必要的教育实验，认为从这样的好教育中，人类的全部的原初的善能够从世界中产生出来；那么，在此后的《学科之争》中，康德则明确否认了这种“自下而上的教育”能够引导人趋于完善。在他看来，“期待通过在家庭传授中，继而在从低级直到最高级的学校里，在经过宗教学说强化的精神陶冶和道德陶冶中对青年的教育，最终将达到不是仅仅教育出好的国家公民，而是把他们教育成为永远继续进步并维持下去的善，这是一个很难让人希望如愿成功的计划…… 但是，既然应当进行这种教育的毕竟是人，因而是自己必须为此而受教育的人，所以，由于人类的脆弱性，鉴于有利于这样一种效应的各种情势的偶然性，人类进步的希望就只能期待于一种自上而下的智慧（它如果是我们看不见的，就叫作神意）来作为积极的条件”[①]。

其次，在“自上而下的教育”中，就道德性而言，目的是善的，手段却是恶的。即是说，虽然“自上而下的教育”之目的是人的向善禀赋的充分发挥，但其实现的方式是恶的，它是通过许多不幸的而且几乎使整个人类遭受毁灭的方式，对人的天性进行严峻改造，以此促进善的产生。进言之，善，并非人有意为之，因为人虽然拥有向善的原初禀赋；但人天生是恶的，他对自由的运用只能将他导向恶。由此，善只能是看不见的天意机械地作用于人类恶劣之心灵的结果。亦即，善产生于“永远自己和自己处于内在的分裂之中的恶”，它并不是人所期待、人有意为之的道德后果。在《论永久和平》中，康德认为，自然的善良目的（永久和平）是通过人们的不和冲突而产生的。

这种内在的分裂和不和的冲突，其实即《关于一种世界公民观点的普遍历史的理念》的“命题四”所提到的“大自然使人类的全部禀赋得以发展所采用的手段就是人类在社会中的对抗性”，亦即“非社会的社会性”。人的本性有走入社会的倾向和偏好，因为他感到只有在社会中才是人；不过，这种走入社会的倾向和偏好却与不断威胁分裂这个社会的一种普遍对抗结合在一起，因为他在自身中又发现了使自己孤立化的非社会的属性，这种倾向如此的强烈，以致使得他处处遇到对抗。然而，也正是在这种普遍的对抗中，人潜藏的自然

① 伊曼努尔·康德. 康德全集：第7卷［M］. 李秋零，译. 北京：中国人民大学出版社，2008：90.

禀赋被唤醒，迈出了从野蛮到文化的真正的第一步，并逐步趋于完善。[①]如果没有天意所设计的社会中的人与人之间非社会性的普遍对抗，如果人们都生活在田园牧歌式的和睦与惬意之中，那人性中的自然禀赋将永远在沉睡之中。[②]

正是看到了天意用来实现所有禀赋发展的“非社会的社会性”，康德在《论教育学》中批判了德国君主们错误的教育观念。这种观念认为，未来的小君主们只需在君主们所设计的封闭的宫廷世界中接受自由自在的教育，而不需要走向大社会，在普遍的对立中发展自己的自然禀赋。这种教育观念是错误的。因为“那种孤零零立在田野中的树，会长得歪歪斜斜，枝蔓旁生；相反，树林中的树木由于有邻近树木的阻碍，就会长得高耸挺拔，以求获得其上方的空气和阳光。对于王侯们来说也是如此。而且对他们来说，由某个出身自臣民的人来进行教育，总是比受同类教育要好”[③]。

从教育思想史的角度而言，康德的天意教育观是革命性的，它意味着古典教育的消逝，现代性教育的开启。原因不难理解，在古典教育传统中，人的本性谋求的不仅是能够胜任劳作，根本上，他谋求的乃是能够安然地享受闲暇，因为闲暇是劳作的目的，是全部人生的唯一本源，终极的完满的幸福只能实现在闲暇之中。[④]职是之故，为了人之至善的教育，必然是操持闲暇的“闲暇教育”，它的使命就是在环境优美且有朋友相伴的条件下，引导求教者的灵魂过上一种因自由而高尚的闲暇生活。

康德的天意教育则是对古典教育的反动，因为天意教育作为实现人类所有禀赋发展的手段，是人类在社会中的对抗性，这种对抗性意味着教育活动所着眼的不是因自由而高尚的、愉悦的闲暇活动，而是人人相互攫取、纷争和嫉妒。虽然康德的天意教育观承认人有一种谋求舒适生活的自然本性，但是“要求人类摆脱这种怠惰和无所作为的心满意足而投身到劳动和艰辛困苦之中

---

① 伊曼努尔·康德. 康德全集：第8卷［M］. 李秋零，译. 北京：中国人民大学出版社，2010：28.

② 伊曼努尔·康德. 康德全集：第8卷［M］. 李秋零，译. 北京：中国人民大学出版社，2010：29.

③ 伊曼努尔·康德. 论教育学［M］. 赵鹏，何兆武，译. 上海：上海人民出版社，2005：9.

④ 亚里士多德. 亚里士多德选集：政治学卷［M］. 颜一，秦典华，译. 北京：中国人民大学出版社，1999：279.

去”[①]。在这个意义上，天意教育是使人忙碌的实用教育，而不是使人自由的闲暇教育。这意味着古典教育传统的断裂，同时标志着现代性教育的开启。因为现代性教育的根本特征就是动力性，即不让人停下来，让人的身心动起来，使其在与他人的竞争中获胜。

四、教育的终结

当康德为了克服“谁是最初的教育者”之追问的困境，走向了由天意隐秘地强制性地实施的自上而下的教育，走向了由天意通过人类自身之中的某种恶而实现一种非预期的道德后果时，教育就终结了，因为教育是由人操持的有意识、有目的的艺术活动。

对于“什么是教育”，康德在《论教育学》中有清晰的言说：教育必须由人操持，教育的承担者必须是“人”。[②]如果教育不由人来操持，教育的承担者不是“人”，那所谓的教育就不是“教育”。无论是《实践理性批判》中的“纯粹实践理性的方法论”，还是《道德形而上学》中的“伦理教学法”与“伦理的修行法”，还是《论教育学》中的自然性教育及实践性教育，所有教育的承担者都是“人”，而不是超越人的神圣存在。

对于教育，除教育者是“人”外，还有相当重要的一点是，“教育人”所承担的教育活动必须是有意识、有目的、有计划的活动。教育者须清楚地意识到，教育的目的是将人的所有向善禀赋发挥出来，且为实现这一目的必须掌握判断性的而非机械性的教育艺术，即判断性的教育艺术能够以理性的方式实现人的道德完善——人对客观法则的敬畏、对义务概念的认知、对感性偏好的排斥。如果教育艺术放弃了判断性，那教育就变成了机械的规训，而“依靠规训是达不到教育的目的的，问题首先在于让孩子们学习思考，对那些一切行动由之而出的原则进行思考”[③]。正是通过对源于立法理性的客观法则的思考，学生们的道德品格得以培育，他不仅明晰了“对自身的义务”（在他的人

① 伊曼努尔·康德. 历史理性批判文集［M］. 何兆武，译. 北京：商务印书馆，1990：8.

② 伊曼努尔·康德. 论教育学［M］. 赵鹏，何兆武，译. 上海：上海人民出版社，2005：5.

③ 伊曼努尔·康德. 论教育学［M］. 赵鹏，何兆武，译. 上海：上海人民出版社，2005：11.

格中有着高贵的人性的尊严），亦明晰了“对他人的义务”（敬畏和尊重人的权利）。这意味着，教育人所把握的教育艺术，只能通过善的手段去实现善的目的，即以理性的方式实现理性的成长。

“教育中的一切成功与否，取决于人们是否能在各个领域确立正确的根据，并使得它们能为儿童所理解和接受。”①

由康德对教育的界说审视由天意所实施的自上而下的教育可发现，自上而下的教育解构了由人操持的积极的能动的教育。

首先，自上而下的教育的承担者是天意，天意是外在的超越的神秘存在，它不是人。教育需由人来承担，那由天意所实施的自上而下的教育就不是教育。由此，由人操持的教育被终结了，真正承担教育的人被放逐了，他与受教育者都成为天意实施其隐秘计划的纯粹工具。

其次，由天意所实施的自上而下的教育，虽然最终目的是“普遍的世界公民状态”下的人类所有自然禀赋的实现，但在实现的过程中，人自身对自然禀赋的实现却没有清晰的目的意识。人只是在向善的无意识当中被动地接受外在于人的天意的支配，在无意为善中将向善的原初禀赋实现出来。与之相反，在真正的“教育”中，“教育人”必须有意识地、有目的地、有计划地激发和引导“受教育人”发展出自身所蕴含的原初的禀赋。受教育人在教育者引导下的原初禀赋的实现过程也必须是有意识的，他必须知道自己正在过的教育生活之目的就是自觉地实现原初的禀赋，而不是作为一个被动的提线木偶，任由教育人主宰和支配。当然，与“教育人”相比，“受教育人”的这种意识有一个发展的过程，这是由其生长性决定的。

再次，天意通过人类的某种邪恶而实现出一种非预期的道德后果。在由天意所实施的教育中，善产于恶。正是人所怀有的恶的意念，推动着他与他人展开普遍的对抗和冲突。在这种普遍的对抗和不和中，人类的向善的原初禀赋被实现出来。这被康德视为“非社会的社会性”，天意正是通过它实现了与人在具体实践之中的那种意图相反的自然目的。在此意义上，“让我们感谢大自然之有这种不合群性，有这种竞相猜忌的虚荣心，有这种贪得无厌的占有欲和统治欲吧！没有这些东西，人道之中的全部优越的自然禀赋就会永远沉睡而得

① 伊曼努尔·康德. 论教育学［M］. 赵鹏，何兆武，译. 上海：上海人民出版社，2005：46.

不到发展”[①]。而由人操持的真正的教育，只能以善的方式实现善的目的，因为“受教育人”具有人格性，也就是具有源于纯粹实践理性的内在尊严。这就要求“教育人”必须呵护和培育“受教育人”的内在的尊严，不可以毁损他的高贵的内在尊严。受教育人也必须以“人的方式”对待包括自己在内的人，而不能以“物的方式”对待人，因为人人皆平等地拥有内在的尊严。在这方面，不存在高人一等的例外情况，不存在正当地贬低和污蔑他人、把他人当作工具使唤的例外。因此，受教育者“必须能与他人保持友谊，而不是只顾自己”[②]。他还应胸怀坦荡，这样他的目光就会像太阳一样明朗。[③]他“必须尽早懂得敬畏和尊重人的权利”[④]，而且要特别注意将其付诸实行。他应该具有谦卑的品质，也就是应该“把自己的价值与道德的完满性作一种比较”[⑤]，他不能依据他人的价值来评估自己的价值，因为这会产生对他人的贬低，也就是嫉妒。“这样一来，他就总是会幻想他人的消亡，因为如果那人不存在的话，就不必进行比较，这样他自己就是最好的了。这种扭曲的竞争精神所激起的只能是嫉妒，而有益的竞争则是激励一个人去做某事。”[⑥]在自上而下的教育活动中，由于人人心怀恶的意念，或者说心怀虚荣心、权力欲、贪婪心，竞相猜忌、彼此对抗，且它们还被视为人应当感谢的一种恶，而不是被视为需要运用强有力的德性立马与之做坚决斗争的一种恶，人的教育活动本应具有的对恶习的鄙视、对道德法则的敬重、对人的尊严的尊重、对他人的仁爱、使人具有谦卑的品格就被扫荡了，强调以善的方式实现善的目的的“人的教育”就被终结了。

---

① 伊曼努尔·康德. 历史理性批判文集［M］. 何兆武，译. 北京：商务印书馆，1990：7-8.

② 伊曼努尔·康德. 论教育学［M］. 赵鹏，何兆武，译. 上海：上海人民出版社，2005：39.

③ 伊曼努尔·康德. 论教育学［M］. 赵鹏，何兆武，译. 上海：上海人民出版社，2005：43.

④ 伊曼努尔·康德. 论教育学［M］. 赵鹏，何兆武，译. 上海：上海人民出版社，2005：44.

⑤ 伊曼努尔·康德. 论教育学［M］. 赵鹏，何兆武，译. 上海：上海人民出版社，2005：45.

⑥ 伊曼努尔·康德. 论教育学［M］. 赵鹏，何兆武，译. 上海：上海人民出版社，2005：41.

康德本想立足于历史哲学，通过走向历史中的天意解决“谁是最初的教育者”的难题，使人的教育获得坚实的真理性根据，但走向天意的道路终结了由人来进行的人的教育在人发展中的积极作用。但无论怎样，人的教育不能被天意取消和终结。首先，从天意教育的角度观之，人的自由意志、人的人格尊严、人的道德自律、人的对道德法则的敬畏、人的对抗感性冲动的德性，因人成为天意实施其计划的纯粹工具和被动存在而消失了。不过，倘若这些体现着人之能动性和积极性的东西消失了，即使天意真能将人造就为“普遍的世界公民状态”中的、其所有原始禀赋都得到发展的类存在，使人能在无意识中创造出自己的本质，那又有什么意义呢？因为人在这个过程中消失了。其次，真正善好的教育，目的与手段永远是统一的，而不是分离的。难以想象，天意教育能够运用恶的手段达到善的目的。再次，天意教育会因其消极而走向其反面，也就是“自下而上的教育”。这是因为“仅仅把一切事情都让给自然去做，毕竟否定教育的本意；这是教育交给环境中的偶然事件。教育过程的进行，不仅需要有某种方法，而且需要某种积极的机构，某种行政机关。这个理论所主张的‘一切能力的完全的和和谐的发展’，在社会方面就是要有开明的和进步的人类，要实现这种发展，要求有明确的组织”[①]。如是，就要回到康德在《论教育学》中所认为的、教育需交给“最开明的专家”的立场。这亦可视为康德教育思想发展的吊诡。事实上，康德之后的德国，无论是理论还是现实，都走向了国家教育。[②]这本是康德在《重提这个问题：人类是在不断朝着改善前进吗？》所否定的那种“自下而上的教育”，康德的教育思想由此陷入矛盾。

五、教育实践论的解困

在追问“谁是最初的教育者”问题上，康德之所以会陷入矛盾，根由在于他的认识论批判所导致的二元论在教育领域中的应用。康德的二元论体现在他对感性世界与超感性世界、自然与自由的区分之中，且后者是根本。当他将二元论的思维引入对教育的深思中时，就必然会出现“教育者”与“受教育

---

① 约翰·杜威．民主主义与教育［M］．王承绪，译．北京：人民教育出版社，2001：103-104.

② 约翰·杜威．民主主义与教育［M］．王承绪，译．北京：人民教育出版社，2001：106.

者”的二元论，且教育者是根本。可问题是，教育者不是超人和神而是人，是人就必然受教育，那教育者所受的教育又从何而来呢？如果继续追问下去，就因为始终存在着一个不可消除的“教育者”与“受教育者”的二元论，而无法最终探究到“谁是最初的受过教育的教育者”。康德意识到了这个二元论所导致的难题，所以，他走向了历史中的天意，试图通过历史中的天意教育来解决这个难题，即认信一个超越人的智慧的智慧作为教育者，这个超越的教育者能够通过人自身的内在分裂，也就是“非社会的社会性”，使人类的全部自然禀赋得到发展，从而避免作为人的教育者因为必先受教育而带来的追问困境。不过，走向天意并没有真正解决问题，因为天意消除了“人的教育”在人的自然禀赋发展中的积极的作用，消除了人通过“人的教育”而建立起来的人类的尊严。根本的是，天意的引入又制造出新的“历史二元论”。“那种超越于人之上的以‘天命’为规定依据的必然历史与另一种由现实的具体个人本身所构成的具体历史的对立。康德用历史的二元论取代了根源于《纯粹理性批判》之中的现象和本体的二元论，那种以‘天命’为规定根据的必然历史取代了本体的位置，而现实的具体个人本身所构成的具体历史则取代了现象的位置。”[①]这种历史的二元论，体现在教育领域中，就是天意教育与人的教育的对立。往深处说，就是天意所代表的“教育者”与人所代表的“受教育者”的对立。如此这般，康德试图通过天意教育解决的“教育者”与“受教育者”的二元论仍然存在，教育何以可能的根本问题仍然没有得到解决。

如果教育二元论导致了困境，那该如何走出困境呢？我们的答案是，从“教育二元论”转向“教育实践论”。教育实践论所立足的是非二元论的关系论。也就是说，教育者与受教者并不是主客二分的，而是一种同处教育域的主体间的交往关系。这种教育域中的交往关系不是别的，而是“教育实践”。如此，就没必要如康德那样，将教育者与受教育者区分，认为教育者是受教育者发展的必然前提，进而认为教育者必先受教育，由此去接着追问谁来教育教育者，因为教育者与受教育者本就相互影响、彼此推动，没有谁是绝对的主体、谁是绝对的客体。马克思（Marx，K.）在《关于费尔巴哈的提纲》的第三条中有明确论说。“有一种唯物主义学说，认为人是环境和教育的产物，因而认为改变了的人是另一种环境和改变了的教育的产物——这种学说忘记了：环境

① 吴彦.法、自由与强制力［M］.北京：商务印书馆，2016：340.

正是由人来改变的，而教育者本人一定是受教育的。因此，这种学说必然会把社会分成两部分，其中一部分高出于社会之上（例如在罗伯特·欧文那里就是如此）。环境的改变和人的活动的一致，只能被看作并合理地理解为革命的实践。”[①]马克思对费尔巴哈（Feuerbach，L. A.）所代表的“机械唯物主义学说”的批判，并不完全适用于康德，因为康德的教育学说虽然认为人是教育的产物，但并没有忘记“教育者本人一定是受教育的”。不过，康德与费尔巴哈一样，都坚持认为存在教育二元论，即教育者与受教育者的二元论；都认为教育者高于受教育者。即使走向天意，康德也仍然认为天意作为教育者高于具体历史中的人。因此，他并没有摆脱马克思的批判，“把社会分成两部分，其中一部分高出于社会之上”[②]。其中，高出于社会之上的那部分，包括不受教育的神、圣人，也包括不受教育的隐秘的天意。马克思提出的解决二元论的方案，就是使“人与环境一体”的“革命的实践”：“环境的改变和人的活动的一致，只能被看作并合理地理解为革命的实践。”[③]就教育领域而言，就是使教育者与受教育者一体的教育实践。进言之，在教育实践中，教育者与受教育者并不是彼此外在的，而是彼此交融的。也因此，教育者与受教育者所展开的实践活动是自由的活动，这亦符合了亚里士多德（Aristotle）对实践的界说——实践是自身就是目的的活动。

在教育实践论中，因为二元论被排除了，所以二元论框架中的受教育者也自然被排除了。具有受动性的受教育者变成具有能动性的“学习者”，他的自然禀赋之发展并不完全被动地依赖于教育者，他内蕴的主动性能够激发他不断地探问和感触世界，也就是与自我和世界发生实践性的关系，且在这种实践性的关系中不断发展和完善自我。这意味着，在“自我实践”的意义上，学习者不是一块纯粹的白板，也不完全是一块被动等待着被良匠切磋琢磨的璞玉，他自身亦是教育者。按照雅思贝尔斯（Jaspers，K.）的说法，教育的过程即让学习者“在实践中自我联系、自我学习而成长，而实践的特性是自由游戏和不断尝试”[④]。同样地，在这一教育实践论的框架中，作为教育者自身也是一个

① 马克思，恩格斯. 马克思恩格斯选集［M］. 北京：人民出版社，1972：17.

② 马克思，恩格斯. 马克思恩格斯选集［M］. 北京：人民出版社，1972：17.

③ 马克思，恩格斯. 马克思恩格斯选集［M］. 北京：人民出版社，1972：17.

④卡尔·雅思贝尔斯. 什么是教育［M］. 邹进，译. 北京：生活·读书·新知三联书店，1991：4.

能动的、积极的学习者，而不是生来就知的先知先觉者。他热爱生命和世界，他能够运用自己的经验和理性不断地认知和实践自我，让自己趋于完善之境。在此意义上，教师也是一个自我实践者，而不是一个不受任何教育的“绝对教育者”。当然，对于学习者而言，单纯依赖自我实践是不够的，因为他毕竟不是一个能够娴熟地运用自己理性的成熟存在，他必须与教育者发生实践性的关系。学习者，必须在有见识的教育者所秉持的理性之光的烛照下，激发出其潜在的向善的原初禀赋，进而独立勇敢地运用自己的理性之光进行判断和行动，成为一个好人和好公民。但在这一实践性的教育关系中，教育者并不是宣示真理、不可以被质疑的绝对权威，他把自己视为可能犯错的有限权威，所以，他乐于开放自己，接受来自充满求知热情的学生们的审查，以此推动他不断地超越意见世界，趋近真理世界。在这个意义上，假如康德再次向我们提问“谁来教育教师”，那我们给出的答案就是“学生”。我们不能再认为学生是无知的、脆弱的，只能生活在被监护的状态下。他们有自己的热情、知觉和理性，能够对自己和世界做出一定的认知和判断。这些热情、认知和判断值得教师们严肃对待，以此作为检审自己所拥有的知识是否是真理的一个重要标准。如此说来，教育者与受教育者，不是二元对立的关系，而是相互推动、相互烛照的关系。当然，我们也承认，教育者终究是教育者，他具有更多的、更深刻的、更可靠的洞见。由此，学生就需要主动接受教师的理性之光的照耀，以去点亮自己的理性之光。教育教师的学生，同时又是向教师学习的谦卑的“求教者”。

在思想史上，把教育视为师生一体的“实践性关系”，并不是没有过，典型的代表就是苏格拉底（Socrates）。苏格拉底的师生关系论，就是“他的爱情论，即师生之间的友谊和感情只应基于：在共同生活中相互劝勉，力求向善，彼此促进，实现理想”[①]。在这种爱情论中，师生是平等的伴侣关系：教师不是主宰者，学生亦不是无知者，师生在彼此的相互激发中共同寻求和彰显真理，完善自我和对方。这种共同走向真理之路的爱情论式的师生关系，在苏格拉底的探索概念的对话法中体现得淋漓尽致。[②]这种对话，是一种实实在在

---

① 威廉·文德尔班. 哲学史教程：上卷［M］. 罗达仁，译. 北京：商务印书馆，1987：111.

② 威廉·文德尔班. 哲学史教程：上卷［M］. 罗达仁，译. 北京：商务印书馆，1987：133-134.

的教育实践。在这一实践中，教师与学生是平等的，他们都不掌握真理。那真理在哪里呢？真理就在师生彼此开放的实践中，亦即在相互诘难的对话中。既然真理在对话式的教育实践中，那这样的教育实践就是目的在其自身的自由的活动。这真正体现了亚里士多德所言的，实践就是自身即是目的的活动，因为教育对话活动所欲求的真理就在对话活动中，而不在对话活动外，师生始终围绕着真理在进行自由运转。①

当然，就康德的教育学而言，它并不是没有注意到对话法，康德在《道德形而上学》和《论教育学》中都提及这一教育方法。不过，客观地说，康德并没有把教育本质视为一种自身就是目的的对话式的实践。在他那里，有理性的教师始终在教育中居于主导和支配的地位，学生的主体性主要体现在教育结束之后，而不是在教育过程中。这一点在他的《论教育学》中尤为明显。他除在一般意义上强调学生的人格尊严外，并没有在严格意义上认为师生是教育过程中的平等参与者和对话者。正因为如此，他才会纠结于“谁是最初的教育者”之难题，甚至即使走向天意教育也仍然存在一个冷峻的旁观者与具体的行动者的二元论。

原因在于，康德的实践概念是封闭的，它难以开放自己。康德把实践视为“纯粹实践理性的活动”以及与“纯粹实践理性”有关的活动。“实践只是主体性在本体世界或理智世界中的表现，正如理论是它在现象世界或感性世界中的表现一样。”②当康德把实践概念迁移到关涉“自由”的教育领域当中、把教育视为一种实践时，因为实践概念自身来自封闭的主体性，所以，教育实践自身也走向了封闭性，从而不是真正的教育实践。这一封闭性，体现在具有主体性的教师对主体性尚未彰显的受教育者所施加的教育影响中。其中，教师因拥有了主体性成为教育权威而难以向学生敞开自我，学生也因被视为被动的“受教育者”而难以主动地检审教师。总之，作为实践的对话，在刚硬的、封闭的教育实体中消失了。如果进一步对康德的实践概念进行解析，就会发现，它所蕴含的其实就是理性原则与感性原则之间的持续不断的争战。这争战源于康德对道德动机的纯粹性的规定，因这一严格规定，康德绝不允许道德动机掺

① 卡尔·雅思贝尔斯. 什么是教育［M］. 邹进，译. 北京：生活·读书·新知三联书店，1991：12.

② 张汝伦. 历史与实践［M］. 上海：上海人民出版社，1995：258.

杂哪怕一丝一毫的感性味道。具体到孩子，他虽然天生是一个有限的理性存在者，但他旺盛的感性冲动压制着他的理性能力的实现。于是，若要使孩子成为真正有理性的人，就必须通过有理性的教育者的强力意志，压制和去除存在于孩子身上的野性和激情。[①]由此，康德在其教育学说中，反复强调“教育必须带有强制性”[②]，且这种强制性贯穿学童所经历的两个教育阶段。自然地，在学童的品格中，“首要的一条是服从”[③]。如此这般，教师与学童的关系就变成强制与被强制、塑造与被塑造的关系。这样的教育关系，显然不是真正的教育实践。真正的教育实践，是师生平等地相互促进，是师生双方共同参与的活动，是如游戏那样的自身就是目的的自由活动，是有着因自由而产生的愉悦的活动；而不是师生间的不断争战以及由此带来的痛苦的、不自由的活动。当然，康德并不把强制视为奴役，强制是为了自由，但争战、强制、惩罚很难让学童感受到自由。

当我们明晰了康德教育学说的根本问题在于他的教育二元论，走出困境的道路就已然明晰了，那就是从教育二元论转向教育实践论。当然，这不是否认康德的教育学说，因为康德对“谁是最初的教育者”之问题的探问，“时时提醒着我们：‘培养人者自己又是怎样被培养的？’作为一个老师，如果没有这样的意识，也就没有自我反省的意识，那就不能算是一个好老师”[④]。在这个意义上，这是教师教育哲学的第一问题，与康德共思，乃是我们做一名好教师的根本。

［选自《教育研究》2019年第6期］

---

① 伊曼努尔·康德. 论教育学［M］. 赵鹏，何兆武，译. 上海：上海人民出版社，2005：41.

② 伊曼努尔·康德. 论教育学［M］. 赵鹏，何兆武，译. 上海：上海人民出版社，2005：29.

③ 伊曼努尔·康德. 论教育学［M］. 赵鹏，何兆武，译. 上海：上海人民出版社，2005：36.

④ 陈家琪. 自由如何培育［N］. 新京报，2012-08-12.

时代与心境：傅统先先生的学术人生

张茂聪[①]

2020年，是我国著名哲学家、教育学家、教育哲学学科重要奠基人傅统先先生（1910—1985年）110周年诞辰。先生于 1932年毕业于上海圣约翰大学，曾受聘在暨南大学、正风文学院、东吴大学、圣约翰大学等院校任副教授、教授等职。1948年8月，先生赴美国哥伦比亚大学师范学院攻读哲学博士，师从美国社会改造主义的重要代表人物劳普（Raup，R.）。1950年，先生获得博士学位后回国，1952—1985年任职于山东师范学院（1981年更名为山东师范大学）教育系。先生的学术人生融哲学、教育学、心理学为一体，始终主张运用哲学的观点研究教育问题，提出哲学是思想，教育是行为，认为这是整个生活的两个方面。[②]先生翻译了杜威（Dewey，J.）的《人的问题》（*Problems of Men*）、《确定性的寻求：关于知行关系的研究》（*The Quest for Certainty*：*A Study of Relation of Knowledge and Action*）、《经验与自然》（*Experience and Nature*）等论著，译介了皮亚杰（Piaget，J.）的《发生认识论》（*Genetic Epistemology*）、《儿童的道德判断》（*The Moral Judgment of the Child*）等著作。较早出版了《教育哲学讲话》《现代哲学之科学基础》《美学纲要》等专著，晚年与张文郁教授合著《教育哲学》一书。先生在《申报》《平论》《教育研究》等报刊上发表论文二百余篇。先生在哲学、教育学领域

① 张茂聪，山东师范大学教育政策与管理研究中心教授，教育学博士，主要从事教育学原理、教育改革与发展研究。

② 傅统先，张文郁. 教育哲学讲话［M］. 上海：世界书局，1947：18.

做出的独特贡献，离不开其在求学和治学过程中坚定的以教育改造中国的教育理想、扎根于教育实践的行动和为中国教育事业奋斗终身信念的支撑。

一、志存高远，战乱中求索教育救国

先生的一生一直为实现民族复兴，探索教育救国而努力。他亲历了上海的繁华与糜乱、战乱与颓败。面对动荡时局，眼见大批的青年放纵自己、颓废不堪，强烈的家国情怀和民族忧患意识使先生较早地意识到人心问题才是根本问题。先生引导鼓励青年要在颓败空气中养成乐观态度，确立崇高理想，用一种战斗的精神达至最圆融完整的和平境界。①

（一）少怀大志，只身一人远赴上海求学

1910年，先生出生于湖南省常德县一个回族小商人家庭。他少怀大志，立志成为教书先生，经常在游戏中扮演“小先生”的角色，为自己的卧室题名为“立志轩”。1925年，在母亲的鼓励下，先生只身从湖南常德辗转至上海求学，考入上海民立中学。②为了节省费用，他借居于上海西门小桃园街清真寺内，因而受伊斯兰教影响颇深，早晚均做礼拜，听讲教义。此时期在先生心中埋下了泛神论的种子。1926年，先生转入当时上海最好的高中之一圣约翰大学附属高中。1928年高中毕业后，直接升入圣约翰大学。圣约翰大学在当时有“东方哈佛”之美誉，其师资配备、学术研究诸方面在当时亚洲乃至全球堪为一流，培养了张伯苓、陶行知、陈鹤琴等著名教育家。期间，先生主修哲学，辅修教育学，受到了严格的学术训练和西方哲学熏陶。先生学习刻苦认真，广泛涉猎了以黑格尔（Hegel，G. W. F.）为主的西方近代哲学著作。大学四年级开始在学术上崭露头角，被聘为校刊《约翰年刊》英文部编辑，学报《约翰声》中文版主任、英文版编辑。在《约翰声》上发表《柏拉图的哲学》《关于易经的考据》等论文，并着手撰写《知识论纲要》③一书。从圣约翰大学毕业后，先生因身患疾病未能直接参加工作，在家休养期间，潜心钻研哲学。为了解决认识论上的问题，先生曾跟随哲学家、佛学家蒋维乔学习佛学，结识了哲

① 傅统先. 哲学与人生［M］. 北京：首都经贸大学出版社，2012：366.

② 梁自洁. 山东现代著名社会科学家传：第1集［M］. 济南：山东教育出版社，1991：285.

③ 该著作于1933年5月由作家书屋出版，先生特别论述了当时新兴的新实在论和批判的实在论，并宣扬了黑格尔学派。

学家张东荪等人，这对其后来的学术道路产生了重要影响。在这一时期，先生翻译了《格式塔心理学原理》（*Principles of Gestalt Psychology*），撰写了《现代哲学之科学基础》《美学纲要》等著述。

（二）战乱中探索教育救国

1935年，先生病愈后到上海国立暨南大学附设实验学校任教，并积极推行“设计教学法”，从此与教育结下不解之缘。1937年，因上海“八一三”淞沪抗战爆发，先生利用授课的机会，积极向学生宣传爱国主义，唤醒青年发扬民族主义精神。先生的爱国行动曾一度触怒日寇，不断受到日伪特务机关的恐吓。为免遭迫害，1939年8月，先生迁居于圣约翰大学校内，并受聘圣约翰大学讲师。同年，他翻译出版波林（Boring，E.）等著《心理学》（*Psychology*）。1940年9月，先生在职进修圣约翰大学研究生院教育哲学硕士。1942年，先生以《从实在论角度重述唯心主义》论文获文学硕士学位。因太平洋战争，国内形势恶化，学校美籍教师相继离校回国，受校长沈嗣良邀请，先生于危难之际执掌圣约翰大学教育系。

教育救国依然是知识分子肩负的时代使命。面对学校教育破产、家庭生活腐败的社会现实，先生力图以哲学复兴民族精神，出版大学国文教本《哲学与人生》，借以引导青年树立乐观、积极、现实的人生观，鼓舞青年直面困难，不断求索，培植健全人格。他说：“人生是奋斗的，我们要在奋斗中去求胜利。生活是变迁的、痛苦的，但是在变迁的生活中，我们却找得到变迁的秩序条理，在痛苦中，我们却能求到愉快幸福。”①先生主张以教育改造社会，这种教育与传统教育截然不同，先生将之称为“新教育”。先生的“新”体现在知行合一、学校生活与社会生活密切相连。先生对内立足中国现实，对外置身于世界文化融会发展的趋势之中探索教育改造中国之路。先生发表了《与梁漱溟先生谈中国民族之前途》《以教育救中国》《如何使教育适应社会需要》《中国文化之新精神》等文章，并以笔名“觚斋”发表了《世界文化之分歧与会流》。在先生的视野中，哲学和教育是一回事儿，哲学家予以社会生活一种适当的评价而建立社会的理想，教育家则执行哲学家所创立的社会理想。

在国难深重的抗战时期，先生深感中国文盲太多，教育应肩负起扫除社

① 傅统先. 哲学与人生［M］. 北京：首都经贸大学出版社，2012：366.

会文盲、为社会服务的重任。先生在上课时动情地说:“中国的文盲太多了,只要看曹家渡这一角就不知有多少,这些文盲的存在是圣约翰大学的耻辱,更是我们伟大的教育系的耻辱。假使在学校的附近有那么五六所义务学校,由教育系同学主办,那么不出三年,包你可以把这一角的文盲全部扫除,这是圣约翰的光荣,更是我们教育家的光荣。”于是,先生亲自带领教育系学生在圣约翰大学附近创办康乐民众补习学校、中南中学、爱群小学、圣约翰大学附属中学等多所学校。这些学校的创办为推行“新教育”、扫除文盲、解决平民子弟上学问题起到了关键作用。[①]

(三)为回族教育文化事业发展竭尽全力

先生是回族人,家族世代信奉伊斯兰教。早年先生借住在上海小桃园清真寺期间,大教长李先慧带领先生学习《古兰经》《天方典礼》《天方性理》等伊斯兰教的经典著作,促使先生萌生了对宗教哲学的浓厚兴趣。这段借宿生活奠定了先生同伊斯兰教界的密切联系。1925—1926年,先生以读经班学员的身份参加了上海回教学会,跟随当时中国伊斯兰教界著名的大教长哈德成和达浦生学习“经学”。

大学期间,先生发表长文《追求中的真宰》,开始受到伊斯兰教界的关注。毕业之际,先生受上海伊斯兰经学研究社的邀请,为学员讲授自己撰写的《知识论纲要》一书。这一时期,先生为上海伊斯兰教的文化事业做出了卓有成效的贡献。1934年,先生与王义、鲁忠翔等穆斯林青年共同创办上海回族职业补习夜校,印发穆斯林刊物《改造》,发起成立中国回教文化协会,编辑出版《中国回教文化丛书》。1940年,先生受商务印书馆王云五约请出版《中国回教史》一书,蜚声伊斯兰学界,该书被称为民国时期与白寿彝的《中国回教小史》、金吉堂的《中国回教史研究》、马以愚的《中国回教史鉴》齐名的中国回族史的代表成果。[②]白寿彝在其《中国回教小史》(1944年)中所阐发的观点,可以说是代表许多人对先生《中国回教史》一书的看法。中国回族史的研究是一门很艰苦的学问。研究这门学问的人,须

---

① 张茂聪,董艳艳.论傅统先对中国教育的独特贡献[J].山东师范大学学报(社会科学版),2020(2):79-91.

② 张茂聪,董艳艳.论傅统先对中国教育的独特贡献[J].山东师范大学学报(社会科学版),2020(2):79-91.

具备几种语言上的工具，须理解回教教义和教法，须熟悉中国史料及阿拉伯文、波斯文、土耳其文中的记载，他不仅要有这些言语文字上的资料，更要懂得回教的精神，懂得中国回教人的心。[①]先生通过撰写《中国回教史》认识到，各教之间不能各立门户，而应跨越鸿沟互相交流。诚然，早年先生是信奉伊斯兰教的，但先生并非偏执盲目，而是注意研究与分析世界各种宗教的起源与发展，强调宗教间的尊重与沟通，并通过学习哲学特别是杜威实用主义哲学后，先生逐渐从哲学的高度对待世界、自然、自我。

二、志趣卓然，孜孜探求新近之哲学

先生为学始于哲学。在先生看来，哲学能够指导人生。先生学贯中西，先后研究宗教哲学、黑格尔客观唯心主义哲学、杜威实用主义哲学、马克思主义哲学。先生的很多思想理论就是建立在哲学基础上的。

（一）转向黑格尔客观唯心主义哲学

先生中学时期深受伊斯兰教泛神论的影响，萌生了对宗教哲学的浓厚兴趣。先生入读圣约翰大学后，对其哲学思想起到关键性作用的应属斯宾诺莎（Spinoza，B.）和黑格尔。斯宾诺莎主张，“上帝不是一个人，而是自然本身或自然法则”[②]。这一哲学观正与先生当时所信奉的伊斯兰教泛神论相契合，并构思了“把心灵和物质联结起来的实体或上帝，从而获得一种统一体”[③]的基本判断。在学习探索过程中，先生更进一步学习到黑格尔客观唯心主义哲学，专心钻研黑格尔的《逻辑学》（*Logic*）、《精神现象学》（*Phenomenology of Spirit*）、《历史哲学》（*Philosophy of History*）等著作，并涉猎黑格尔学派罗伊斯（Royce，J.）的《现代哲学之精神》（*The Spirit of Modern Philosophy*）等。大学四年级时，先生已经阅读了大量的知识论著作。1933年，他出版了第一本哲学著作《知识论纲要》，详细考察了依据论、直觉论、感觉论、理性论对于知识起源问题之认识。先生认为这些学说都不能解释知识之来源，因为“感觉给理性以原料张本，理性组织之，支配之。

① 房建昌. 简论回族著名学者傅统先先生［J］. 宁夏大学学报（社会科学版），1987（3）：74–80.

②③ 贺麟. 斯宾诺莎主义的宗教方面［J］. 中国社会科学院研究生院学报，1986（2）：6–9.

凡概念、知觉、感觉、官感，无一非心灵之活动”[①]。先生进而论述了实在论、代表论、新实在论、批判的实在论、观念论在知识价值问题上的观点。先生将这些学派划分为实在论与观念论两大阵营。实在论主张，“有一个外在的世界的存在，它是离开任何意识或任何心灵而独立存在的”[②]。先生趋于观念论的主张，他承认外界存在的实有，但是存在不能离开普遍心灵而独立。《知识论纲要》的出版，标志着先生的哲学思想从泛神论向黑格尔客观唯心主义的转折。

（二）探索科学与哲学之关系

先生是较早综合运用爱因斯坦（Einstein，A.）相对论、蒲朗克（Planck，M.）量子论、格式塔（Gestalt）心理学等当时新兴自然科学知识阐发黑格尔客观唯心主义的学者。先生潜心研究爱因斯坦的《相对论原理》（*The Principle of Relativity*）、罗素（Russell，B.）的《物质的分析》（*The Analysis of Matter*）、弗洛伊德（Freud，S.）的《精神分析引论》（*A Seneral Introduction to Psychoanalysis*）等著作。1934年，先生发表了《新物理学中之宇宙观》《生机哲学在生物学上之基础》等系列文章，探讨哲学之物理学和生物学上的依据。在《新物理学中之宇宙观》的导言中，江振声写道：“其所作之《新物理学中之宇宙观》多根据于马克思威尔（Maxwell，J. C.）、鲍尔（Bohr，N. H. D.）等之原著。吾国学者对于相对论探讨甚多，而阐明量子论者尚寡。傅君斯作，实为介绍量子论之先声！言论独到，理论精深，而对于物质之波力论与新物理学对于哲学问题之新曙光，尤开明尽致！”[③]1936年，先生出版了《现代哲学之科学基础》一书，认为“现代哲学和科学已发展到使双方互相契合、互相合作的地步，实则科学和哲学是相依为命的。科学愈发达，哲学之任务亦愈繁重”[④]。先生指出，相对论之于哲学，在消极方面打破了空—时之绝对性与客观性，在积极方面建立了“空—时”之连续性[⑤]；新物理学之于哲学，打破了因果律之旧见解，采取了统计法的既然观念[⑥]。先生在综合论述的基础上以“科学之趋向于唯物欤唯心欤”为结束，指出科学的发展趋向于唯心论。

①② 傅统先. 知识论纲要［M］. 上海：作家书屋，1933：280.

③ 傅统先. 新物理学中之宇宙观［J］. 光华大学半月刊，1934（3）：1–18.

④⑤⑥ 傅统先. 现代哲学之科学基础［M］. 上海：商务印书馆，1936：11、56、238.

先生之所以研究科学与哲学之关系的问题，与当时思想界长期存在的“哲学消灭论”有着密切的关系。20世纪20年代，中国思想界掀起“科玄论战”，科学与哲学的关系成为辩论的核心内容。以胡适为代表的“科学派”主张由科学取代哲学。1929年，胡适先生在上海大同中学作题为“哲学的将来”的演讲，主张科学可以代替哲学。胡适先生认为，“将来只有一种知识，科学知识。将来只有一种知识思想的方法，科学证实方法。将来只有思想家，而无哲学家”①。张东荪等人则与胡适先生的观点相反，认为哲学不可能被科学所取代。张东荪认为，“近代以后的哲学只限于认识论，因为认识论是科学所不能夺去的，所以和科学没有冲突”②，言下之意，科学与哲学是相互合作、密不可分的。

先生的《现代哲学之科学基础》力辟科学发达会使“哲学店关门”之谬说，在当时理论界特别是哲学界产生了较大影响，成为“旧中国哲学界最早探讨科学哲学的著作”③。先生撰写该书的立场是论证黑格尔客观唯心主义，是反唯物论的，也随即参与了一场全国性的唯物辩证法论战。1934年10月，张东荪编著《唯物辩证法论战》，收录了先生的《辩证法唯物论批判》一文，该文长达3万余字。先生在考察唯物论发展史，列举新唯物论者及其代表作，阐述新唯物论理论形成的基础上，从一般方面和特殊方面对新唯物论展开批判。该著作还收录牟宗三、张东荪等人的文章，共 14 篇。张东荪在“弁言”中特别交代“除傅统先君外，其余都是按交稿顺序次第排列”④。仅此就足以判断这篇文章的重要地位。该书出版后，引起叶青等人关于感觉、意识、实践等问题的论争，并最终以辩证唯物论者获胜而结束。但有学者认为，“胜利多半只是组织上的胜利，而不是全部哲学理论上的胜利”。仔细考察先生对于辩证法唯物论的批判，我们就会发现，这一时期先生对于辩证法唯物论的拒斥，实是基于其已形成的唯心主义本体论、宇宙论、知识论的哲学体系而做出的学理性思考。从论战的立场和过程看，先生是站在反对唯物辩证法的立场；从积极意义看，在客观上推动了中国思想家尤其是马克思主义学者对相关问题的再思考，间接促进了马克思主义中国化的进程。对先生自身知识谱系而言，也为其后期

①② 张东荪. 科学与哲学［M］. 北京：商务印书馆，1999：157.

③ 刘凌，吴士余. 中国学术名著大词典［M］. 上海：汉语大词典出版社，2001：41.

④ 张东荪. 唯物辩证法论战［M］. 北平：民友书局，1934：弁言.

转向杜威实用主义研究积淀了深厚的哲学基础。

三、学贯中西，西方教育中国化的传播者和辩护者

唯物辩证法论战结束后，先生的哲学思想逐渐从黑格尔客观唯心主义转向杜威实用主义。先生对杜威是服膺的，他在 1947年出版的《教育哲学讲话》一书中指出，“我们现在所需要的是气魄雄伟的大哲学家或教育家，他的理论是代表时代精神而领导着一般人向前走的，如杜威之在美国一样”[①]。

（一）杜威学说中国化的传播者

1948年8月，先生怀着对真理追求的热忱，远赴美国哥伦比亚大学师范院攻读哲学博士学位。在此期间，先生跟从著名哲学家兰德尔（Randall，J.）和内格尔（Nagel，E.）分别研学逻辑与科学方法。在美国教育哲学家劳普（Raup，R. B.）指导下完成《形成道德判断的方法论——基于国际比较的视角》（*Methods in Moral Judgement: An Intercultural Analysis*）的博士论文[②]着重论述杜威道德判断与“美国学派”[③]道德判断之间的异同。先生认为，杜威所倡导的“以道德判断方法为核心的教育思想的发展，既是西方文化传统的延续，又是一种分化。它延续了西方的传统，因为它承认智力和理论概括在判断的描述性方面的功能作用”[④]。而“‘美国学派’的道德判断的方法论，实质上是对杜威学说的批判性发展，但是仍有自身的局限性，该学派尚未充分阐述个体如何在更迫切的承诺和更直接的人际关系中，使自己更接近理想状态下的民主而不强迫的社群相关方面的方法论特征”[⑤]。

与国内一般研究杜威哲学的学者相比，先生的独特之处是他不仅在教学

① 傅统先. 教育哲学讲话［M］. 上海：世界书局，1947：138.

② 张茂聪，董艳艳. 论傅统先对中国教育的独特贡献［J］. 山东师范大学学报（社会科学版），2020（2）：79–91.

③ “美国学派”，以先生的导师劳普教授为核心，其成员包括进步主义现代实验主义者阿克斯特尔（Axtelle，G.）、美国进步教育联谊会主席贝恩（Benne，K.）等美国教育家。该学派主张，以“民主而不强迫的社群”的理想（un-coerced community of persuasion）作为道德判断充分性的保证。

④ Thoong-sien F. Methods in Moral Judgement: An Intercultural Analysis［D］. New York：Teachers College，Columbia University，1950：5–6.

⑤ Thoong-sien F. Methods in Moral Judgement: An Intercultural Analysis［D］. New York：Teachers College，Columbia University，1950：45.

和研究中对杜威实用主义进行了长期的探索，在实践中宣扬杜威实用主义，还译介杜威哲学著作并发展了杜威教育学说。20世纪50年代起，中国学界掀起批判杜威及其实用主义思想的运动，先生也难免被卷入这一政治狂潮，但先生坚守内心的信仰，专注于翻译杜威著作，主要包括《经验与自然》（*Experience and Nature*）、《自由与文化》（*Freedom and Culture*）、《确定性的寻求——关于知行关系的研究》（*The Quest for Certainty*：*A Study of Relation of knowledge and Action*），以及同邱椿合译出版的《人的问题》（*Problems of Men*）。尽管先生当时是受命作为内部批判西方资产阶级思想的资料而翻译杜威著作，具有“被动”的成分，但是在主动性上促进了先生自己乃至整个学术界对杜威的研究。这个时期先生翻译的杜威系列著作，较早年翻译的著作具有更加严密的逻辑性、更加深厚的学术性和更加广博的学科知识领域。①许多学者对于这一时期先生之于杜威学术思想传播所做出的贡献给予了高度评价：“要翻译杜威这样的大哲学家的作品，光懂语言是不够的，还要有西方哲学史的造诣，翻译者本人最好就是一个哲学家、思想家。这些条件，傅统先都是具备的。”②杜威哲学著作的译介更加完善了先生的知识体系，又对实用主义有着更为透彻的理解。

先生根据中国社会的实际情况，在批判我国形式主义的教育、书本教育问题的基础上，继承和发展了杜威的教育思想。首先，先生认为“教育是生长，是整个人格不断向真、向善、向美的生长”。先生解释说，“杜威的‘凡是不断发展、不断生长就是生命’这一表述过于宽泛……似乎杜威所言不断发展、不断生长指向的是有机体，但是植物、动物和人类都是有机体，这三者在本质上是不同的。发展是人类所特有的，对植物与动物而言是没有意义的。因此，教育是人类所特有的，教育不仅是生长，而且是整个人格的生长”③。先生进一步运用格式塔心理学原理论证人格朝向真、善、美的方向发展。因此，教育是教人做事的。其次，关于杜威“学校即社会”的学说。在先生看来，学

① 张茂聪，董艳艳. 论傅统先对中国教育的独特贡献［J］. 山东师范大学学报（社会科学版），2020（2）：79-91.

② 张茂聪，董艳艳. 论傅统先对中国教育的独特贡献［J］. 山东师范大学学报（社会科学版），2020（2）：79-91.

③ 张茂聪，董艳艳. 论傅统先对中国教育的独特贡献［J］. 山东师范大学学报（社会科学版），2020（2）：79-91.

校与社会的关系并非仅将学校办成雏形的社会，社会也是实施学校教育的延伸。他针对形式主义的教育割裂学校与社会的弊病，主张把社会生活的方面，如政治组织、道德准则、经济结构等作为教育的材料，学生的学习应随时和社会事业相印证。因此，学校应指导学生通过参加社会调查等活动，体验都市和乡村的生活。[①]在调查、观摩、实习的过程中，鼓励青年把自己所学的知识与经验投身到服务社会、改造社会中去。再次，先生认为以儿童为中心，反对教师的主导作用，这是错误的。教师作为成人能够以先知先觉的资格指导学生，教师在教学中应发挥主导者的作用。但是教师只是学生发展的辅助者，而不能替代学生发展。因为儿童具有自己独立的人格。他进一步指出，儿童的教育应符合心理的程序，但是高深的知识应符合逻辑的程序。基于此，他主张小学教育应符合儿童的家庭和学校生活，中学教育应该与邻近的工厂、商店等发生联系，大学的教育应鼓励青年运用自己的所学投身到民间，帮助他们改善生活。

（二）为皮亚杰发生认识论辩护

先生对皮亚杰的研究用情颇深，有着自己透彻的理解。他是我国较早翻译皮亚杰《发生认识论》（*Genetic Epistemology*）、《儿童的道德判断》（*The Moral Judgment of the Child*）的学者，还翻译了皮亚杰的《儿童语言与思维》（*The Language and Thought of the Child*）、《教育科学与儿童心理学》（*The Science of Education and the Psychology of the Child*）等著作。一般人视皮亚杰为儿童心理学家、逻辑学家，而先生认为皮亚杰是发生认识论者，因为“他之所以研究儿童知识的发生与发展是为了解决认识论上人类知识之发生与发展的问题”[②]。

先生在《教育研究》（1979年第 2、3、5期和1980年第1期）上先后翻译发表了皮亚杰关于《发生认识论》的四次演讲稿。先生意识到学界对皮亚杰发生认识论存在不同程度的误解，又撰写了《试论皮亚杰的发生认识论》一文。一是驳斥美国聂伯拉斯大学西格尔（Siegle，H.）的观点。西格尔认为，皮亚杰把“根据”一词在逻辑和心理学上的两种不同的含义混为一谈。先生在举例

① 张茂聪，董艳艳. 论傅统先对中国教育的独特贡献［J］. 山东师范大学学报（社会科学版），2020（2）：79-91.

② 皮亚杰. 儿童的道德判断［M］. 傅统先，陆有铨，译. 济南：山东教育出版社，1984：序言.

论证的基础上指出，皮亚杰并没有把逻辑和心理学混为一谈，而是企图把两者互相印证，综合利用。[①]二是同国内皮亚杰发生认识论的研究者进行商榷。当时我国学界出现的关于皮亚杰的争论中，有研究者认为，皮亚杰的基本观点是唯心的。在先生看来，皮亚杰的发生认识论中确有唯心主义的因素，但皮亚杰的发生认识论与认知发展阶段理论从科学的角度证实了马克思主义认识论，包括感性认识与理性认识是辩证统一的关系、人的主观能动性、实践是检验真理的唯一标准等真理。

1982年，先生敏锐地意识到我国学界对皮亚杰结构主义的认识存在歧义，便创造性地将皮亚杰学说同马克思主义认识论相结合，以马克思主义学说为指导对皮亚杰的结构主义给予客观考量。在先生看来，皮亚杰的结构主义同其发生认识论一致，并不是唯心主义的，而是与马克思主义认识论有着异曲同工之处。先生认为，把皮亚杰的“适应”理解为一种被动地应对外界的反应，而不是一种能动地改造世界的行为，显然这是对皮亚杰理论的误解。在先生看来，皮亚杰对于“图式”以及由图式发展到具体运算结构，最后达到形式运算阶段的理解，不能和康德（Kant，I.）的先验范畴相比拟，[②]皮亚杰的全部试验工作都是解决儿童思维发生和发展论。

四、东学启智，奠基中国教育哲学新范式

虽说先生推崇杜威的实用主义哲学是显而易见的，但对马克思主义哲学的深度研究则又对其思想起到了革新作用。在从杜威实用主义转向马克思主义哲学的过程中，先生始终尝试以哲学为指导研究教育问题，力图寻求适合中国国情的教育哲学，赋予中国教育发展之灵魂。先生在探索教育哲学建设的学术历程中，撰写《教育哲学讲话》（1947）、《教育哲学》（1986）等著作，建构了其体系化的教育哲学思想。

（一）对教育哲学的深度阐释

先生认为，准确把握教育哲学必须首先厘清什么是哲学、什么是教育及两者之间的关系。先生将哲学视为人生的指明灯，强调哲学与人生和生活息息相关。先生指出，“哲学是以现实生活环境中所发生的重大问题为出发点，一

---

① 傅统先．试论皮亚杰的发生认识论［J］．教育研究，1979（2）：83-90.

② 傅统先．试论皮亚杰的发生认识论［J］．教育研究，1979（2）：83-90.

方面参照科学的知识、艺术的直觉、宗教的信仰和生命的情欲；另一方面运用逻辑的推理、语言的表达、系统的融会，对于整个人生作一番通盘彻底的检讨和评价来求索一个合情合理的人生之道，树立一个十全十美的理想社会。”[①]关于教育到底是什么，如前所述，先生认为，教育是整个人格向真、向善、向美的生长。在学习马克思主义哲学之后，先生更为明确地指出，教育是培养人的活动，主要是指对人的世界观的塑形。在先生的视野中，人的培养离不开哲学。他认为，“教育使哲学不落于空洞而使其切乎生活，哲学使教育不流于机械而使其活泼富有生气”，教育哲学则是“运用哲学对教育事实进行评价，并依据评价树立教育理想过程的产物”。[②]在对这一问题探讨的过程中，先生始终将人作为教育的对象，彰显人性的真善美，表现了强烈的人文关怀。

（二）奠基以哲学研究教育问题的教育哲学研究范式

在《教育哲学讲话》一书中，先生运用历史研究法追溯教育哲学发展史；运用基础研究法寻求教育哲学的生物学、社会学、心理学基础；运用问题研究法研究教育中的哲学问题，探索教育本质、教育目的、教育价值等教育根本问题；运用派别研究法分析自然主义教育哲学、唯心主义教育哲学、实验主义教育哲学。在先生和张文郁合著的《教育哲学》一书中，则采用哲学之教育应用，构建了以价值论与教育、伦理学与道德教育、认识论与教学、美学与美育为核心的教育哲学研究框架，并兼采各派教育哲学之体系研究，奠基了我国以哲学分析教育问题的教育哲学研究范式。在先生的视域中，“教育哲学是哲学的一个分支学科，是一门用哲学来探讨教育理论和实践诸方面问题的学科”[③]。同时，先生进一步指出，“教育哲学是教育研究上的一个分析和综合阶段，抽绎出教育学的一般理论，因此可以说它是教育学的一个分支学科”[④]。先生并没有将教育哲学研究问题囿于哲学问题或教育问题，因为在先生看来，无论是关于本体论、宇宙论等哲学问题，还是关于教育本质、教育目的等教育根本问题的探讨，它们是教育哲学中的理论问题和应用问题，都是教育哲学研究所应涉及的。

---

① 傅统先. 教育哲学讲话［M］. 上海：世界书局，1947：18.

② 傅统先，张文郁. 教育哲学［M］. 济南：山东教育出版社，1986：2.

③ 傅统先，张文郁. 教育哲学［M］. 济南：山东教育出版社，1986：1.

④ 傅统先，张文郁. 教育哲学［M］. 济南：山东教育出版社，1986：6.

（三）确立以马克思主义为指导的教育哲学研究

先生曾明确提出，“人民教师必须是一个马克思主义者……人民教师必须继续不断地学习马克思、列宁主义的系统理论……从而对年青一代起着模范作用”[①]，并以之为工具对原有的哲学体系进一步修正。1979年，教育部召开第一次全国教育科学规划会议，决定在教育系教学计划中恢复“教育哲学”课程，先生受教育部委托撰写《教育哲学》一书。在20世纪80年代，教育界由于长期受“左”的思潮影响，应该如何重新阐述与定位杜威教育哲学思想？如何处理西方教育哲学同马克思主义哲学之间的关系？如何为国家培养德智体美劳全面发展的社会主义建设者和接班人？为此，先生结合自身四十余年的学术沉淀，鲜明地指出，“引领中国教育哲学向前发展的是马克思主义哲学，在教育哲学领域，怎样运用马克思列宁主义和毛泽东思想来研究教育哲学，正确地阐明教育的本质和规律，指导教育的实践，这是我国教育科学研究工作者的一项重要任务”[②]。先生以身示范，坚持辩证唯物主义和历史唯物主义的世界观和方法论，运用马克思主义价值观批判资产阶级价值观，运用马克思主义伦理学批判资产阶级道德观，奠基了以马克思主义为指导的教育哲学研究之路。

五、躬身实践，力倡教育助益人的全面发展

先生从未离开过教育，青年时期奔走疾呼，探索教育救国，折射出一代知识分子忧国忧民的人格魅力。出国深造后，他毅然选择学成归国。1951年9月，先生到苏州华东革命大学政治研究院接受为期半年的思想改造。学习结束后，先生被分配到山东师范学院任教。[③]先生秉持教育兴国的理念，以高涨的热情扎根于教育事业，为祖国培养全面发展的建设人才，进行了诸多有益的探索，提出了富有先见性的教育理念。

（一）创建青年教师培养制度，促进教师专业发展

先生在执掌山东师范大学教育系期间，十分重视青年教师培养，积极探索以老带新的助教培养制度。一是指导青年教师学习苏联经验，改进教学方法。先生治学严谨又不失灵活。“傅统先老师的课，上得生动活泼，课堂上的

① 傅统先. 儿童品德教育讲话［M］. 济南：山东人民出版社，1954：9.

② 傅统先，张文郁. 教育哲学［M］. 济南：山东教育出版社，1986：14.

③ 范晓婷，张茂聪. 山东高等师范教育的历史沿革及影响：兼论山东师范大学发展史［J］. 山东师范大学学报（人文社会科学版），2018（6）：101-115.

大辩论，使我至今难忘。”[①]为了提高年轻教师的教学能力，熟练运用各种教学方法，先生要求教师必须根据教育目的、教学任务、学科性质、学生年龄、学校环境和设备条件选择合适的教学方法。先生指出，科学的教学方法必须符合于社会主义、共产主义教育的目的，能使学生很容易地接受知识、学会本领，能唤起学生的自觉性和积极性，不仅要能保证学生掌握系统的知识、技能和熟练技巧，而且还要能够培养学生优秀的道德品质。[②]先生强调，教学方法必须是完成一定教学任务的手段……脱离了教学目的和教学内容，单纯地追求教学方法，必然是不免流于形式主义。[③]二是指导青年教师进行科学研究。为祖国培养全面发展的社会主义新人，“依靠于教学质量的提高，而提高教学质量，除贯彻教学改革外，开展科学研究工作，有其决定的意义”[④]。在先生的支持与帮助下，教育系教师撰著了《谈谈怎样上课》《关于教育的本质》等一系列著述。这些著述奠基了山东师范大学优良的学术研究传统。

（二）对德育、劳动教育和美育有深度的思考

中华人民共和国成立以后，先生结合我国教育现状，着重对德育、劳动教育和美育进行了探讨。第一，先生认为，道德教育是全面发展教育最重要的组成部分。先生依据苏联教育经验，主张在培养儿童道德品质的过程中，遵循积极性与实践性的原则、连续性与系统性的原则、对学生严格要求和尊重学生人格相结合的原则等，灵活运用说服、示范、练习、奖励和惩罚等方法。第二，在《儿童品德教育讲话》中，阐述了教育必须与生产劳动相结合。先生认为，教育与生产劳动相结合是实现人的全面发展的根本途径。1980年11月，先生受邀参加联合国教科文组织在巴黎召开的关于普通教育与生产劳动关系的专家会议，并作《中国的普通教育与生产劳动相结合》的报告。回国后，他在《教育研究》上发表《谈谈生产劳动与普通教育相结合的几个问题》，系统阐述了对于教育与生产劳动相结合问题的看法。第三，美育是实现人的全面发展的重要组成部分。先生认为，美育能促进智力的提升，能够丰富人的思想情感，有助于提高其社会主义思想觉悟和共产主义的道德品质。美育可以促进身

---

① 顾国华. 文坛杂忆全编（6）[M]. 上海：上海书店，2015：86.

② 傅统先. 教学方法讲话 [M]. 济南：山东人民出版社，1954：6-8.

③ 傅统先. 教学方法讲话 [M]. 济南：山东人民出版社，1954：75-76.

④ 胡锡奎. 国家过渡时期总任务与高等学校的科学研究工作 [J]. 科学通报，1954（5）：1-6.

体健康的发展。先生认识到，学校教育忽视美术课教学计划设计与实施，美术教师的地位尚未受到应有重视。先生根据我国美育在学校实施的实际情况，提出相应的改革建议，主张在学校里进行美育，不应只限于上几节音乐和美术课，可通过组织学生春游、露营或参观名胜古迹等课外活动，以及邀请职业艺术家到学校里执教艺术课等形式进行美育，同时应重视各种艺术之间的共通性等。可见，先生对全面发展教育的探索，不仅仅是简单的移植或模仿，而是对我国人才培养目的与需求的审慎思虑。

（三）教书育人，培养优秀后学

1956年，先生在“个人十二年发展规划”中制订了一个“为师范学院培养一批胜任教学与科研的高层次人才的计划”。遗憾的是，次年由于受“整风”运动、“反右”运动的影响，该计划被搁浅了，但先生在晚年也为我国培养了一批优秀的教育学者。

先生尤其注重培养学生的爱国之情。先生晚年躺在病床上，还用深沉而有力的语气嘱托学生：“读书！读书！再读书！效力祖国，造福人民！”这份嘱托，令人动容。先生要求学生阅读教师所指定的参考书，它可以帮助学生深入理解和巩固教师在课堂上所讲授的内容；可以对于教师在课堂上所提出的重点进行比较全面的钻研，从而充实教材内容，扩大学生知识领域；学生通过独立阅读参考资料可以发展自己独立工作和独立思考的能力。①先生重视开阔学生的国际视野，亲自指导学生翻译《儿童的道德判断》（*The Moral Judgment of the Child*）、《学习的条件》（*The Conditions of Learning*）等西方经典著作。在先生的言传身教下，弟子们尽自己所学，遵其“效力祖国，造福人民”的嘱托，为我国教育事业的发展贡献自己的学识与才干。

1979年春，先生当选为中国教育学会第一届理事会常务理事，兼任《教育研究》杂志的编委。翌年，先生受联合国教科文组织邀请，出席了在法国巴黎召开的国际会议。先生以终身学习的姿态，紧跟时代步伐，在晚年还密切关注国际学术前沿动态，负责通校、审阅、翻译了联合国教科文组织出版的《学会生存：教育世界的今天和明天》《世界电化教育概况：利用教育技术进行科学教育的新倾向》等。1985年3月2日，先生在上海辞世。次年，先生与张文郁合著的《教育哲学》出版。

---

① 怎样阅读参考书［N］. 山东师院，1955-12-10.

先生立足于中国教育实践、站在学术发展的国际前沿，肩负教育家的责任与担当，集毕生之力置身于中国教育事业的发展。求学期间刻苦学习宗教哲学和黑格尔客观唯心主义哲学，催生其哲学研究生涯；在教书期间，深入钻研杜威实用主义哲学，并以之为参照，从哲学的高度探讨教育问题。留学归国后，先生以极高的热情学习马克思列宁主义、毛泽东思想，并以之为指导，不断反思、批判，逐步构建了自己的教育思想体系，对教育本质、教育价值、教育目的等教育根本问题深入研究。先生对德育、劳动教育、美育的见解堪为当下建设全面发展教育体系，指导学校和家庭教育的有益借鉴。先生严谨治学的精神、无私奉献的教育情怀，也永远值得我们学习与继承。

［选自《教育研究》2020年第10期］

舍勒价值伦理学中的“榜样追随”及其教育意蕴①

孙瑞玉②

［摘要］榜样教育是教育实践的常用方式，但对榜样教育的理论反思缺乏从“教育者应当如何通过榜样教育来引导学习者（去好地）生活”这个伦理学基本问题维度的系统探究。舍勒价值伦理学认为“榜样追随”是人格生成的重要时机。榜样教育的原发机制是促成学习者的“榜样追随”。“榜样追随”以“爱”为原发动力，以“同思同构”为本真状态，以“人格生成”为根本朝向。基于此，学校榜样教育实践可以通过审慎思考榜样、教师、学生三者的关系，悉心呵护学生爱的能力，躬亲引领学生投身与榜样同思同构的状态，敏于体察师生的人格生成进程来构建一条现象学伦理学的榜样教育路径。

［关键词］榜样；榜样教育；榜样追随；人格生成

榜样教育是教育实践的常用方式，也是引发各领域探究的重要议题。“教育者应当如何通过榜样教育来引导学习者（去好地）生活”是榜样教育必须

① 本文系全国教育科学规划2015年度教育部青年课题“基于儿童价值体验的价值教育研究”（课题批准号：EAA150348）的研究成果。

② 孙瑞玉，山东师范大学教育学部副教授，主要从事教育哲学研究。

回答的基本伦理问题。它既关系榜样教育的目的澄清，又关系其路径设计。但已有的相关研究对这个问题的关注和反思不足。德国哲学家舍勒（Scheler，M.）通过现象学的本质直观将榜样归于人格并阐明“榜样追随”是人格生成的重要时机，从而赋予榜样根本性的理论地位。舍勒的价值伦理学包含对榜样教育基本伦理问题的完整回答：教育者应当通过榜样教育引导学习者追随榜样并在“榜样追随”中实现人格生成。本文旨在详细阐述舍勒的回答，并尝试建构一条现象学伦理学的榜样教育路径。

一、榜样教育的基本伦理问题有待反思

“人应当如何（去好地）生活”是伦理学的建基问题。“教育者应当如何通过榜样教育来引导学习者（去好地）生活”是榜样教育必须回答的基本伦理问题。如果缺失对这个问题的探究，榜样教育容易陷入目的茫然和路径混乱的困境。但已有研究缺乏对这个问题的关注。

教育学关于榜样教育的研究成果主要表现为以下几个方面。一是在洛克（Locke，J.）、卢梭（Rousseau，J. J.）、马卡连柯等学者经典的教育学著作中提到榜样教育；二是当代研究者基于上述学者的榜样教育思想探究榜样如何形成、选择和树立[①]；三是对教科书中榜样选择和嬗变的研究；[②]四是对价值多元背景下榜样教育困境和实践路径的思考[③]。心理学领域对榜样教育最为关注的是班杜拉（Bandura，A.）的社会学习理论，强调榜样示范在儿童学习过程中的重要作用。[④]后续研究大多是建立在社会学习理论的基础上，或者对榜样教育生效的条件进行分析[⑤]，或者通过设计具体的实验探究榜样教育的有效途径[⑥]。社会学相关研究的焦点之一是分析榜样与偶像的关系，探究它们的社

---

① 陈桂生. 学生行为引导中的榜样问题［J］. 教育学术月刊，2008（7）：5–7.

② 张丽敏，谢均才. 中国大陆小学品德教科书中榜样的嬗变：人民教育出版社1999年版和2005年版小学品德教科书内容分析［J］. 教育学报，2016（3）：28–44.

③ 李祖超，邵敏. 青少年榜样教育困境与策略分析［J］. 中国教育学刊，2011（1）：80–83.

④ 阿尔伯特·班杜拉. 社会学习理论［M］. 陈欣银，李伯黍，译. 北京：中国人民大学出版社，2015：17–47.

⑤ 朱本. 榜样与榜样教育［J］. 教育研究，1994（3）：30–33.

⑥ 张吉连. 榜样教育有效途径的比较研究［J］. 心理学报，1984（1）：27–33.

会示范与传播路径[①]；焦点之二是通过问卷调查呈现不同年龄阶段人群的榜样选择、榜样学习效果状况[②]。这些研究各有侧重，但都未系统探究榜样教育的基本伦理问题。

伦理学领域中涉及榜样教育的主要有康德（Kant，I.）的义务伦理学、舍勒的价值伦理学、扎戈泽波斯基（Zagzebski，L.）的典范主义德性伦理学、诺丁斯（Noddings，N.）的关怀伦理学。康德认为，“好的样板不应当充当典范，而只应当充当合乎义务的东西的可行性的证明”[③]，经验性的榜样教育仅是对儿童进行德育初期采用的一种激发性手段，而不是道德教育的根本路径。诺丁斯从关怀伦理角度出发，认为榜样示范是道德教育过程的重要组成部分，教育者需要成为榜样向学生演示如何去关怀。[④]康德和诺丁斯的伦理学对榜样及榜样教育着墨不多，榜样教育在他们的思想体系中仅是一种经验性的方法，并未对其进行系统反思。与前两者不同，榜样（或译为典范）是扎戈泽波斯基伦理学的核心，她用“是否值得钦佩”这种直观情感作为榜样的判断标准，并提出叙事与模仿是通向道德榜样的实践路径。[⑤]扎戈泽波斯基的伦理学包含对榜样教育基本伦理问题的回答，但因其将榜样视为经验性的人而使榜样教育难以摆脱由经验的偶然性、片面性带来的低效困境。

舍勒在其价值伦理学中尝试将“人应该如何生活”这个根本的伦理学问题转换为“我（作为人格）应该如何生活”的问题，并进行系统回答。“‘我’（作为人格）应该朝向本己的观念的爱的秩序、观念的价值本质去存在和自身生成，而这一人格生成的时机在于：自身价值感受和榜样跟随。”[⑥]舍勒悬置榜样的经验性存在设定，将其还原为一种体现价值状况应然存在要求的统一的价

① 邱伟光. 青少年偶像和榜样的社会示范与传播路径［J］. 思想理论教育，2012（14）：4–7.

② 朱宁波，袁媛. 青少年道德榜样教育现状的调查研究［J］. 教育科学，2013（5）：64–69.

③ 康德. 道德形而上学（注释本）［M］. 张荣，李秋零，译. 北京：中国人民大学出版社，2013：253.

④ 内尔·诺丁斯. 学会关心：教育的另一种模式［M］. 于天龙，译. 北京：教育科学出版社，2014：22.

⑤ 叶方兴. 扎戈泽波斯基的典范主义德性理论［J］. 哲学动态，2016（6）：81–86.

⑥ 张任之. 质料先天与人格生成：对舍勒现象学的质料价值伦理学的重构［M］. 北京：商务印书馆，2014：460.

值人格形式，并赋予榜样重要的理论地位。舍勒对“榜样追随”的阐述中包含着他从现象学立场对榜样教育基本伦理问题的系统回答。

我国教育学领域从20世纪90年代开始关注舍勒的知识社会学，21世纪初开始研究舍勒的价值伦理学。近年来对舍勒价值伦理学的教育学探究主要集中在以下几个主题。一是整体介绍舍勒的人格思想进而分析其对当前道德教育的启示。[①]二是基于舍勒对康德义务论应然逻辑的批判，呈现舍勒对价值能然体验的强调，探索价值教育中兼顾应然与能然的可能途径。[②]三是关注舍勒对爱的理解。有学者通过辩证分析爱与认识的关系追问教育的可靠基础[③]；有学者透过舍勒对爱的现象学直观重新理解教师之爱，认为师爱构成教师意向生活与情感生活的最高阶段[④]。四是基于舍勒对主体间关系的探究，从他者经验对儿童成长意义的角度解读师生关系[⑤]，并认为教师需要从志向到行动对学生进行价值引领[⑥]。这些研究成果从不同维度呈现出舍勒价值伦理学思想中的教育意蕴，但尚未关注到舍勒“榜样追随”思想在其价值伦理学中的理论地位、对榜样教育基本伦理问题的回答以及对榜样教育实践的可能启示。本文尝试在这个方向上做出努力，建构一条现象学伦理学的榜样教育路径。

二、舍勒价值伦理学对“榜样”的本质直观

理性与情感是在西方伦理学建基问题上具有张力关系的两极，其中隐含一系列对应和对立关系。对应关系包括理性与先天的对应、情感与后天的对应以及理性与形式的对应、情感与质料的对应。对立关系包括理性与情感的对立、先天与后天的对立以及形式与质料的对立。面对这一系列对应和对立关

① 杨蓁. 舍勒人格思想研究及其对当前道德教育的启示［D］. 南京：南京师范大学，2007.

② 孙瑞玉. 论价值教育中的“应然”与“能然”：基于舍勒价值现象学的视角［J］. 教育研究与实验，2013（2）：44–48.

③ 高伟. 爱与认识：对教育可靠基础的追问［J］. 教育研究，2014（6）：10–19.

④ 朱晓宏. 重新理解教师之爱：基于舍勒的情感现象学视域［J］. 教育研究，2009（11）：53–57.

⑤ 朱晓宏. 他者经验与儿童成长：师生关系的另一种解读［J］. 教育研究，2011（9）：76–81.

⑥ 朱晓宏. 论教师的价值引领：从志向到行动［J］. 教育研究，2017（10）：106–113.

系，舍勒试图寻找一条既不同于一般质料伦理学，如亚里士多德（Aristotle）善业伦理学，也不同于形式伦理学，如康德伦理学的道路。他提出了一个根本性的问题：究竟有没有一门质料的伦理学，它仍然还是“先天的”？并给出了具有革新意义的回答：有。舍勒以情感先天为基，建构了一门质料先天伦理学。情感具有先天的意向感受力，人们通过情感感受把握先天的价值以及价值的客观层级秩序，并呈现为每个人“爱的秩序”。[①]人格作为伦常价值（善/恶）的原初载体，其存在的本真样式就是动态地超越实际的爱的秩序，朝向观念应然中的爱的秩序去生成。人格生成有两种可能的时机，其一是本己人格的自身价值感受，其二是在爱中对榜样人格性（陌己人格）的追随。[②]这两种可能的时机，在现象学意义上同样原本，同样有效。

（一）榜样是一种陌己人格

舍勒基于现象学—存在论立场将榜样理解为一种陌己人格。把握舍勒的人格内涵是理解其榜样概念的必要前提。“人格”最早在斯多亚学派的古典道德哲学中获得哲学含义。中世纪哲学通过“实在论”与“实存论”的争论对其进行了存在论意义上的探索。近代经验论和唯理论从认识论维度借助“意识”概念来界定人格。康德对传统人格理论进行综合，批判经验性的心理学人格，确立了先验人格和道德人格的理解路向，却无法有效解释作为逻辑主体的人格和作为道德主体的人格如何统一的问题。舍勒立足现象学立场批判康德的先验统觉自我及其人格理性主义，呈现出对人格的现象学—存在论本质直观。

舍勒对人格的本质直观首先排除实存者及实在属性，显现出正在进行的诸行为。在追溯尚未分异的诸行为之“进行者”的过程中，舍勒发现“自我”仅仅对应内感知行为，并不能对应所有行为，由此拒绝“自我”，将“人格”确立为尚未分异的诸行为之“进行者”。舍勒明确指出人格不可对象化，“人格只是实存和生活在意向行为的进行中，这属于人格的本质。因而它本质上不是‘对象’”[③]。人格具有非现成性，它既为诸行为奠基，又在诸行为的进行中

① 张祥龙. 舍勒伦理学与儒家的关系：价值感受、爱的秩序和共同体［J］. 世界哲学，2018（3）：74–87.

② 张任之. 质料先天与人格生成：对舍勒现象学的质料价值伦理学的重构［M］. 北京：商务印书馆，2014：460.

③ 马克斯·舍勒. 伦理学中的形式主义与质料的价值伦理学：为一门伦理学人格主义奠基的新尝试［M］. 倪梁康，译. 北京：生活·读书·新知三联书店，2004：477.

动态生成。人格具有统一性，它不单纯是感性的或理性的，而是作为一切行为尚未分异的统一而存在。不同行为者对应不同人格，个体行为者对应个体人格，集体行为者对应总体人格。在个体行为者中，“我”对应本己人格，“非我”对应陌己人格。榜样不是一个实在的人，而是一个“非我”的尚未分异的诸行为“进行者”，是一个陌己人格。

（二）榜样植根于价值应然

通过现象学还原，经验性的“人”这一层实在设定被悬置，榜样归于人格。接下来，舍勒在本质直观中呈现使得榜样区别于其他陌己人格的内涵。“榜样就其内涵而言是在人格统一之统一形式中的一个有结构的价值状况、一个在人格形式中的有结构的如此价值性，但就内涵的榜样性而言则是一个奠基于这个内涵之上的应然存在要求的统一。”[①]舍勒的表述表明，首先，榜样奠基于价值之上，反映的是一个有结构的价值状况，价值状况是榜样的基底；其次，榜样表现为一个统一的人格形式，这个人格形式承载“一个有结构的价值状况”；再次，榜样彰显着一种“应然存在要求”，是一个人格价值的“应然存在要求”；最后，人格价值状况有高低善恶之别，与价值状况的“应然存在要求”相对立的是价值状况的“应然不存在要求”。舍勒用“反像”来指称与榜样相对立的陌己人格。

（三）榜样为范本奠基

虽然舍勒通过现象学还原将榜样归于人格，并揭示其价值根基，但不可否认的是，榜样确实与具体的人有着难以分割的密切联系。舍勒通过引入“范本”概念，厘清两者的关系。在舍勒看来，“用榜样一词所指的根本不是这个有皮肤有毛发的实际的人”[②]，实际的人只是一个“范本”。“榜样本身在那个被意指的、作为范本起作用的人身上或多或少相即地被直观到——但它并不是从它的经验偶然的属性状态中被提取出来、被抽象出来，或作为它身上的实在部分或抽象部分被发现。”[③]简言之，榜样是一种价值人格形式，而范本是或

① 马克斯·舍勒. 伦理学中的形式主义与质料的价值伦理学：为一门伦理学人格主义奠基的新尝试［M］. 倪梁康，译. 北京：生活·读书·新知三联书店，2004：564.

② 马克斯·舍勒. 伦理学中的形式主义与质料的价值伦理学：为一门伦理学人格主义奠基的新尝试［M］. 倪梁康，译. 北京：生活·读书·新知三联书店，2004：568.

③ 马克斯·舍勒. 伦理学中的形式主义与质料的价值伦理学：为一门伦理学人格主义奠基的新尝试［M］. 倪梁康，译. 北京：生活·读书·新知三联书店，2004：568.

多或少体现这种人格形式的具体的人。我们不是从范本身上提取或发现榜样，榜样不是奠基于范本之上。相反，范本奠基于榜样，是先有了榜样意识才可能发现哪个具体的人体现着榜样人格。由此可以得出：榜样是具有恒久性的，而范本具有偶然性。如果某个被认为是范本的人不再体现榜样人格了，那么他就不再是范本，但是这个范本迷失的过程丝毫不会影响榜样的恒久性。

至此可以这样概括舍勒对榜样本质特征的现象学规定：榜样是一种体现价值状况应然存在要求的统一的价值人格形式。舍勒意义上的榜样并不是一个具体的经验性的人，而是一种陌己人格形式。范本是体现榜样人格的具体的人，榜样为范本奠基。

三、舍勒价值伦理学对榜样教育基本伦理问题的回答

榜样教育的基本伦理问题具体表述为：教育者应当如何通过榜样教育来引导学习者（去好地）生活？依据舍勒价值伦理学可以确定榜样教育之所以能起作用的原发机制是促成“榜样追随”。围绕“榜样追随”需从其原发动力、本真状态和根本朝向三个维度具体分析。维度的条分只是行论述之便，实际上这些维度时刻处在相互交织的张力境域之中。

（一）促成“榜样追随”是榜样教育的原发机制

舍勒在其价值伦理学中几乎没有直接用到“榜样教育”这个概念，虽有提及教育，但大多是指说教教育、规范教育。舍勒认为这些教育方式在学习者人格生成中无法起到根本作用。

在舍勒看来，人格在根本上只能被人格影响，只能被人格引领，人格在追随理想人格的过程中经历生成。上文提到本己人格生成有两种可能时机：其一是本己人格的自身价值感受，其二是在爱中对榜样人格性（陌己人格）的追随。这两种可能时机，在现象学意义上同样原本，同样有效。所以，榜样作为一种理想的人格形式，在影响人格生成过程中起着原发的基底作用。陌己人格对人格生成的影响是在“榜样追随”时机中产生的。即使没有教育者有意识的、专门开展的榜样教育，学习者也有“榜样追随”的时机，也在经历人格生成。如果教育者开展的榜样教育能自觉促成学习者的“榜样追随”，那么必将对学习者的人格生成产生积极的正向作用。如果教育者开展的榜样教育并不自觉促成“榜样追随”，但也没有将“榜样追随”的通道完全阻断，那么最终发挥作用的还是“榜样追随”。如果通道被完全阻断，这样的榜样教育则无法促

成人格积极生成，甚或起到消极作用。

榜样教育发挥作用的原发机制是促成“榜样追随”。“榜样追随”是指学习者和榜样之间是一种追随与被追随的关系。这种关系建立在价值基础上，而且这个价值指的是人格价值。“最高的价值不是一个物事价值，不是一个状态价值，不是一个法则价值，而是人格价值。”[①]对于一个人来说，最高价值不是占有好的事物，不是处在好的状态，不是遵守一个好的法则，而是拥有好的人格。一个人格因承载一种价值应然存在状况的统一，而成为榜样。另一个人格在爱的本质直观中被这种价值状况所吸引而向往追随。这样的追随因爱而生，原发自然，无丝毫刻意，无丝毫强制。就像一个婴孩儿时刻追随着母亲，如果追随被禁止反而使其身心不安、不知所措。

（二）“榜样追随”的动力、状态和朝向

1. “爱”是“榜样追随”的原发动力

舍勒非常强调“爱”在“榜样追随”中的作用。是什么使得一个人格对一个榜样的追随成为可能？是“爱”。当然这个爱不是日常意义上的一种情感，而是舍勒所理解的作为激发认识和意愿的催醒女的爱，是作为精神和理性之母的爱，是先于认识的原行为。“人格与它的榜样的人格性内涵所具有的被体验到的关系，就是建基于在对这个内涵的爱之中的追随”，如果没有爱，一个人格就无法明察到榜样所承载的价值，更不会追随。在这个意义上，我们将爱理解为“榜样追随”的原发动力。需说明的是，这里的原发不仅表示时间上的开始，而且还表示一经发生则源源不绝、伴随始终。

爱犹如黑夜中的火炬，同时映照出了本己人格和作为陌己人格的榜样，并一直照亮本己人格追随榜样的道路。“通过它，一个在者离开自己（但仍然是这个有限的在者），以便作为意向性之在者分有并参与另一在者之在，使二者不会以任何方式成为彼此分离的实在部分。”[②]在爱中，一个人格直观到了在另一陌生人格中的那独特的趋于完美的价值应然状况，倾心所愿地离开原来的自己，改变原来的自己，在不懈追随榜样的过程中，体验榜样之所在，亲历

① 马克斯·舍勒. 伦理学中的形式主义与质料的价值伦理学：为一门伦理学人格主义奠基的新尝试［M］. 倪梁康，译. 北京：生活·读书·新知三联书店，2004：558.

② 马克斯·舍勒. 伦理学中的形式主义与质料的价值伦理学：为一门伦理学人格主义奠基的新尝试［M］. 倪梁康，译. 北京：生活·读书·新知三联书店，2004：560.

榜样之所是。

2. “同思同构”是“榜样追随”的本真状态

一个人格爱上了一个榜样，开启了追随之旅。虽然通常情况下榜样人格确实在某个具体的人身上显现着，但一个人格爱上的是一个承载价值应然存在状态的人格，而不是一个具体的经验性的人。“榜样在它的含有爱意的范本上被直观到，它吸引并抵达，而我们则‘跟从’，这个词的意思并不是指愿和做……而是在于一种对它的可被自律明察所达及的人格价值内涵的自由献身。”[①]“跟从”或者“追随”不是指“愿和做”，这表明追随不是模仿范本具体的意愿和行为，而是向榜样人格价值内涵的“自由献身”。

“原发的并不是对榜样的行为的相同进行，甚至不是对榜样的行动和表达姿势的仿效。”[②]舍勒认为，榜样的最大价值不在于它的意愿和行为，而仅仅在于它的“可被直观和可被爱的存在与如在”[③]。“可被直观和可被爱的存在与如在”在意愿、行为之先，为意愿、行为奠基。换言之，一个榜样被爱，不是因为它表现出来的意愿和行为，而是因为它更为原初的价值应然存在状态。在不同的境域中，同一的价值应然存在状态很有可能表现为不同甚或相反的意愿和行为。如果简单模仿外显的意愿、行为而没有体验到为之奠基的“存在与如在”，则无法真正实现“榜样追随”。当然这里不是说“榜样追随”坚决拒绝所有意愿、行为模仿，而是说外显的模仿不是最根本的。

“榜样追随”不是意愿、行为模仿，其本真状态是本己人格与榜样的“同思同构”。这涉及本己人格如何把握陌己人格的问题。上文已经提到，人格在舍勒这里具有非现成性、非对象性的特征，“因此，陌己人格就不会被以对象化的方式来把握，毋宁说，人格只能通过对它的‘各个行为进行的一同进行或追复进行和在先进行’来把握之”[④]。人格，包括作为陌己人格的榜样永

---

① 马克斯·舍勒. 爱的秩序［M］. 林克，等译. 北京：北京师范大学出版社，2017：104-105.

② 马克斯·舍勒. 伦理学中的形式主义与质料的价值伦理学：为一门伦理学人格主义奠基的新尝试［M］. 倪梁康，译. 北京：生活·读书·新知三联书店，2004：567.

③ 马克斯·舍勒. 伦理学中的形式主义与质料的价值伦理学：为一门伦理学人格主义奠基的新尝试［M］. 倪梁康，译. 北京：生活·读书·新知三联书店，2004：560.

④ 马克斯·舍勒. 伦理学中的形式主义与质料的价值伦理学：为一门伦理学人格主义奠基的新尝试［M］. 倪梁康，译. 北京：生活·读书·新知三联书店，2004：561.

远处在动态奠基和动态生成之中。"榜样追随"是一个本己人格被一个榜样所吸引，爱上这个榜样，进入到朝向榜样所承载的价值应然存在状况的动态生成之中，自主与榜样同思同构。因为在先奠基的同思同构，使得追随者在行为中表现出来与榜样的"一同进行""追复进行"或者"在先进行"，由此实现向榜样所承载价值内涵的"自由献身"。所谓"自由"指的是，这种追随是自由自主的，是一个人格之倾心所愿，一经引发，不可遏制。所谓"献身"指的是，本己人格无限逼近榜样人格所承载的价值内涵，直至本己人格建立起属于自己的体现这样内涵的价值秩序。

3. "人格生成"是"榜样追随"的根本朝向

一个人格为什么要爱上一个榜样，为什么要追随一个榜样，这一切的根本朝向是"'我'要拥有更好的人格"。在舍勒看来，"更好的人格"所承载的价值应然存在状况，对于我们有先天的吸引力。舍勒意义的人格具有"成年性"特征。这里的成年并非年龄划界，而是看是否能够克服"自身欺罔"。如果"一个孩子不再将父母的体验毫不自觉地当作自己的体验，而是完全原发地去理解他的周围世界的体验意向，原发地去'一同进行'这些意向，他就是'成年的'，他也就可以成为一个人格"[①]。虽然人格具有成年性特征，但并不影响"榜样追随"的根本朝向。对于尚未形成人格的个体来说，他在"榜样追随"的际遇中经历从人格萌芽到人格的生成过程；对于已经形成人格的个体来说，他在"榜样追随"的际遇中经历人格的不断完善。

教育者应当如何通过榜样教育来引导学习者（去好地）生活？舍勒价值伦理学的回答是，教育者需要通过教育活动促成学习者的"榜样追随"，引导学习者爱上榜样并进入与榜样同思同构的状态，在"榜样追随"中实现人格生成。

四、促成"榜样追随"，实现"人格生成"的教育路径

美国学者弗林斯（Frings，M. F.）指出："舍勒对位格典范性的讨论也可以说是送给当代伦理学、儿童教育以及普通教育的最好礼物。"[②]舍勒对

① 张任之. 质料先天与人格生成：对舍勒现象学的质料价值伦理学的重构［M］. 北京：商务印书馆，2014：338.

② 张任之. 质料先天与人格生成：对舍勒现象学的质料价值伦理学的重构［M］. 北京：商务印书馆，2014：447.

"榜样追随"的精辟论述确实为我们思考榜样教育开启了独特视角，提供了有益启示。

（一）审慎思考榜样、教师、学生三者的关系

榜样教育涉及榜样、教师、学生三者的伦理关系。开展榜样教育，需要对三者的关系进行审慎思考。

1. 教师与榜样之间的关系

在学校榜样教育中，对教师与榜样之间的关系存在两种常见的理解。一种观点认为，教师就是榜样，或者说教师应该成为榜样。另一种观点认为，教师是榜样的树立者，榜样是教师为了达成教育目的为学生树立的。第一种观点将榜样理解为某个具体的人，这是舍勒要还原掉的。第二种观点认为榜样由人树立，这是舍勒所批判的。

首先，榜样是一个承载价值应然存在要求的人格，而不是一个具体的人，这一点在上文中已有详细论述。其次，榜样原发存在，不能被人为树立。舍勒明确指出，"榜样意识完全是前逻辑的，并且是先于对哪怕只是可能的选择区域的把握的意识。是它才规定了评判和选择方向。"[①]榜样不能被树立，甚至不能被选择，因为其实是它预先决定了选择的方向。所以，教师既不是榜样，也不可能成为榜样的树立者。那么，二者之间究竟是一种什么关系呢？

教师应该是榜样的追随者。教师在追随榜样的过程中通过"为师的人格自律"尽可能成为体现榜样所承载价值应然存在要求的范本。教师的人格自律并不意味着教师已经拥有至善人格，而是指教师自主去完善本己人格。教师想引导学生向哪个榜样学习，首先需要自己真正被这个榜样所承载的价值秩序所吸引，需要自己真正爱上这个榜样，并在追随的过程中尽可能成为范本。这样理解，既可避免由对教师的至高道德定位而导致很多教师望而却步，又可避免将榜样工具化而遮蔽榜样和教师之间的内在联系。

2. 学生与榜样之间的关系

学生和榜样之间不是模仿与被模仿的关系，而是追随与被追随的关系。在基础教育中，学生群体年龄跨度较大，需要分未成年和成年两个阶段来具体分析。上文已经说明，舍勒意义上的人格具有成年性特征，但对成年与否的划

---

① 曼弗雷德·S. 弗林斯. 舍勒的心灵［M］. 张志平，张任之，译. 上海：上海三联书店，2006：68.

分不是以年龄作为标准，而是看一个人能否克服“自身欺罔”。如果一个孩子不再将父母的体验毫不自觉地当作自己的体验，而是能够自主把握自己和他人的意向体验，那么，即使这个孩子只有十一二岁，舍勒也认为他已经拥有人格。这样看来，在基础教育阶段，有必要分情况来讨论学生与榜样之间的关系。

尚未形成人格的学生难以对榜样所承载的统一的价值秩序产生整体体验，而是片断化地、暂时性地感受到某种价值的吸引。对这些学生来说，养育者、教师的作用尤为重要。因为他们尚未克服“自身欺罔”，很容易将父母、教师的体验不假思索地当成自己的体验。处在这个阶段的学生不是直接追随榜样，而更多是经由教育者的实存人格来追随理想人格。教育者有义务对学生进行保护，尽可能让他们避免遭受“反像”的负面影响。

已经拥有人格的学生具有明察能力，能够整体体验榜样所承载的统一的价值秩序，能够爱上榜样，在爱中直接追随榜样。对于这些学生来说，虽然他们已经不是经由教育者的实存人格来追随榜样，但是教育者依然重要。如果教育者也在追随学生所追随的榜样，乃至成为范本，他们就作为实例对学生起到鼓励作用；如果教育者承载“反像”的价值秩序，乃至成为反面范本，他们也作为实例起到警示作用。

3. 教师与学生之间的关系

基于舍勒的价值伦理学思考榜样教育中的师生关系，会发现教师的使命不是为学生树立榜样，也不是把榜样教给学生，而是准备时机并与学生适时同行。教师立足于人类文明的宽大正面，基于素质教育的培养目标，敏感捕捉开展榜样教育的各种时机，并结合日常教学进行专业化的准备。这些时机在邀请、等待学生的到来。学生是时机的激活者，一旦学生进入某个时机，这个时机就会瞬间启动，开始榜样教育进程。

在榜样教育中，师生除了有“时机准备者”和“时机激活者”这层关系，还有进一层的“互爱同路者”的关系。教师在一种具有原构力的时机中期待、邀请学生，并与学生一同步入对价值序列更高的榜样的追随进程。人格是非现成的，它借助于时机，总是在动态地自身增殖、自身生成。在榜样教育中，教师和学生是追随榜样的同路者，而且是互爱的同路者。源于真挚的师爱，教师以人格自律行进在追随榜样的途中，并尽可能成为范本，展示榜样的可爱、演绎榜样的吸引和召唤。既感受到榜样的吸引，又加之对教师的爱，学生更容易步入“榜样追随”之路。

（二）悉心呵护学生爱的能力

厘清榜样、教师、学生在榜样教育中的关系后，需切实思考如何更好地促成“榜样追随”。榜样教育的关键是促成“榜样追随”，“榜样追随”的前提是爱上榜样。虽然榜样教育是教育实践中常用的方法，但其效果却不尽如人意，其中一个重要原因就是学生难以真正爱上榜样。没有爱，何来追随？

舍勒认为，“在人是思之在者或意愿之在者之前，他就已是爱之在者”①。但身处实用性价值无限僭越的“价值颠覆”的社会，爱的眼睛被遮蔽，爱的心灵被禁锢，很多人成了精于计算却内在迷惘的价值盲。人们爱钱权名利，多于爱价值秩序；人们爱现实利益，多于爱榜样人格。令人担忧的是，这种现象正在影响着我们的孩子。在榜样教育中，教师需要悉心呵护学生爱的能力。这包含两个层面，即教师既要主动给予学生专业之爱，又要悉心回应学生的爱。爱需要由爱来培养，虽然每个人都有爱的潜能，但是并不是每个人都能真正去爱。诺丁斯曾说，一个人爱的能力高低取决于被爱的经历。②教育关系在最根本上是爱的关系，教师作为文明代言和社会代言要主动给予学生专业之爱，以自己对人类文明成果、对正向价值以及对学生的爱来激活学生爱的能力；与此同时，当学生表达出对于人类文明、对于正向价值以及对于自身和他人的爱时，教师需要悉心回应学生爱的表达。

正向价值的对立面是负向价值，爱的对立面是恨。教师在培养学生爱正向价值的能力之同时，也在培养学生恨负向价值的能力。对于尚未拥有人格的未成年学生，教师需要呵护学生片断化地、变动性地爱某种正向价值的能力，同时也需要鼓励他发展排斥某种负向价值的能力。对于已经拥有人格的成年学生，教师需要保护学生爱某个正向榜样的能力，也需要和他一起去明察“反像”中蕴含的排斥力量，促成其与“反像”逆向的价值成长。

（三）躬亲引领学生投身与榜样同思同构的状态

在榜样教育中，师生是互爱同路者关系。一旦教师邀请学生进入榜样教育的时机，师生爱上了某个榜样，就开启了“榜样追随”的进程。“榜样追随”的本真状态是同思同构，榜样教育中的榜样追随涉及榜样、教师、学生三

① 马克斯·舍勒. 伦理学中的形式主义与质料的价值伦理学：为一门伦理学人格主义奠基的新尝试［M］. 倪梁康，译. 北京：生活·读书·新知三联书店，2004：564.

② 马克斯·舍勒. 爱的秩序［M］. 林克，等译. 北京：北京师范大学出版社，2017：105.

者的同思同构。换言之，教师需要躬亲引领学生投身与榜样同思同构的状态。

1. 追随榜样人格，避免简单模仿

在日常的榜样教育中，学生很容易陷入对范本的简单模仿。要真正进入同思同构状态，教师首先需要思考学生进行简单模仿的原因，并针对原因采取相应措施予以避免。可能的原因如下：一是学生将某个范本当作榜样；二是学生没有被榜样所承载的价值状况所吸引。榜样教育的过程中总会有范本呈现，而且很多时候是从呈现范本开始的。因为范本是一个可感的实例，可以引发学生的崇敬和向往。但需要注意的是，范本仅仅是榜样教育的引子或例证。教师要引领学生去把握使得范本成为范本的榜样人格，以及使得榜样成为榜样的价值应然存在状况。所以在范本选择和呈现的环节，教师可以更多采用“匿名范本”或者“范本组／群”的方式，来降低学生对现成性、对象化范本的关注，增强学生对榜样所承载价值秩序的体悟。

2. 开展“心—理”实验，形成陌己理解

“心—理”取帕斯卡尔（Psacal，B.）“心有其理”的意思，强调“心”对于价值秩序的直观。“心—理”实验指的是教师引导学生在“感受＋想象”活动中开展对榜样或者范本所承载价值秩序的直观，其目的是获得对作为陌己人格的榜样的理解。在舍勒价值伦理学中，价值由低到高的秩序为感性价值、有用价值、生命价值、精神价值和神圣价值。[①]相应地，作为榜样的价值人格类型由低到高排序为生活享受的艺术家、引领精神、英雄、天才、圣人。教师可以引导学生对所爱榜样的价值人格类型进行直观，进而直观榜样人格的价值秩序，接下来通过想象来变换价值秩序，直观不同的变换对榜样的影响。通过教师引导学生在“感受＋想象”活动中开展的对榜样人格价值秩序进行直观的“心—理”实验，可以帮助学生更好地体验与榜样人格同思或者追复榜样之思的过程，实现对榜样之统一人格的陌己理解。

3. 置身共同实践，实现同思同构

投身与榜样同思同构的状态最终体现在师生具体的生活实践当中。同思同构的状态是前概念的、非对象化的，在具体行为之先，为具体行为奠基。它可能是与榜样不约而同地“一同进行”，可能是对榜样倾心所爱地“追复进

① 内尔·诺丁斯. 学会关心：教育的另一种模式［M］. 于天龙，译. 北京：教育科学出版社，2014：22.

行”，也有可能是迫不及待先于榜样地“在先进行”，这取决于具体的实践境域。通过“心—理”实验直观到榜样人格所承载的价值秩序、理解榜样人格之后，师生需立足自身生活实践，基于自身境域，追随榜样人格展现的价值应然。师生作为“榜样追随”中的“互爱同路者”，自主思考，以各自的践行方式亲历有着共同朝向的人格生成。教师在实践中可能偏重于着眼学生的长远发展，以文明代言人的身份与学生共同实践，通过自己的思想言行向学生呈现自重自爱、对学生的热爱、对文明的热爱、对生活的热爱。学生在实践中可能偏重于立足长远，以学习者和传承者的身份通过切身实践去自重自爱、爱他人、爱文明、爱生活。师生的具体行为不同，师生的行为与榜样、范本的具体行为也不相同，但彼此间的“同思同构”使得他们如此行为的价值秩序是相同的。

（四）敏于体察师生的人格生成进程

榜样教育的原发机制是促成“榜样追随”，最终目的是学生人格的正向生成。当然，教师人格的不断完善是实现该目的的必要前提。如何判断由教师有意识、有目的开展的榜样教育是否促成了、在什么程度上促成了师生人格的正向生成？进行富有价值敏感的观察、开展基于互爱同路关系的对话和尝试价值反思的现象学写作是三种可以采用的方式。

1. 进行富有价值敏感的观察

富有价值敏感的观察指教师具有足够的价值敏感，能敏锐捕捉在榜样教育过程中学生的状态、言行，并追溯到使学生出现这些状态、言行的价值诉求和价值秩序。进而思考榜样是强化了学生的价值诉求还是引发了学生的价值冲突，学生是否开启“榜样追随”进程，学生的价值秩序有哪些变化。富有价值敏感的观察可以针对所有学段的学生，也可以在榜样教育过程中的任何时段进行。

2. 开展基于互爱同路关系的对话

基于互爱同路关系的对话指师生就彼此在“榜样追随”中遇到的困难、取得的成就以及伴随这一切的所思所感，以“互爱同路者”的身份，平等地进行分享、交流、探讨。对话可以一对一进行，也可以分小组进行。需要强调的是，教师在对话中不是说教者，也不是控制者，而是关爱者、同路者、平等的交流者。“对话是双方共同追求理解、同情和欣赏的过程……对话永远应该是一个真正的探寻，人们一起探寻一个在开始时不存在的答案。”①通过完全真

① 内尔·诺丁斯. 学会关心：教育的另一种模式［M］. 于天龙，译. 北京：教育科学出版社，2014：23.

诚的、敞开心扉的对话，教师既可以把握自己的人格生成进程，也可以体察学生的人格生成进程。基于互爱同路关系的对话适用于小学及以上学段的学生，在师生爱上了榜样进行榜样追随的过程中开展较为合适。当和小学低学段的学生进行对话时，教师需要注意通过情景化的再现描述和具象化的语言来保证学生能够顺利参与对话。

3. 尝试价值反思的现象学写作

前两种方法都发生在教师与学生共享世界之中，而价值反思的现象学写作与它们不同，它是本己人格刻意从共享世界退身，寻找一个与自身独处的空间，进行一场经由文字追逐价值体验之流的探险。在舍勒看来，最高的价值不是物事价值、不是状态价值、不是法则价值，而是人格价值。人格价值以价值体验之流的样态交织存在，在纵向上表现为以内时间意识为基底的价值保持—价值当下—价值预持的流动，在横向上表现为感受意向活动对价值的构建结构，在级序上表现为感性价值、有用价值、生命价值、精神价值和神圣价值的上升秩序。价值反思的现象学写作就是迫使本己人格进入瞬息变幻的价值混沌之中与之共舞，在亲历的同时反思，在反思的同时表达，在表达的同时生成。所以这样的写作不是总结，不是描述，而是人格生成的现象学实践。这种方法有一定难度，它需要去除遮蔽的现象学还原能力，需要足够敏感的价值直观能力，还需要自我反思能力以及用语言文字来进行反思的写作能力，但它是最能呈现并促进人格生成进程的方法。使用这一方法需要经过学习和训练，范梅南（van Manen，M.）在其实践现象学中呈现的对现象学写作的思考可以为教师们提供有益指导。[①]当教师进入价值反思的现象学写作状态并体验到价值反思写作的成就之后，就可以指导能够克服“自身欺罔”的成年学生进行写作。写作的过程本身和作品都是对人格生成进程的生动呈现。

［选自《教育研究》2020年第5期］

① 马克斯·范梅南. 实践现象学［M］. 尹垠，蒋开君，译. 北京：教育科学出版社，2018：459-481.

生生之道：先秦儒家教化哲学的理论基础

——以《中庸》为主体的研究

周卫勇[①] 曾继耘[②]

[摘要]《中庸》是以命、性、道、教一体贯通的理路来阐发教之为教的。“教”的根本在道，而道的根本在人性；人性是人之为人的根本规定性，人性的实质是天命；天命是天道自然之“分”，天命即天道。天生人，人性之中天道本具，人性的彰显即蕴含着天道流行。天人一体，天道作为宇宙生命体生命运行的根本机制，其决定人自然生命生长和道德生命意义生发的内在机理，构成了先秦儒家教化哲学的理论基础，这一内在机理就是“生生之道”。“生生之道”以天道的实在、实有为其学理的本体，以自当不二、内本外末、成己成人、生生不息等为其教化哲学的生命价值追求，以“诚明两进”为基本的方法论基础，并在此基础上，进一步将其方法论的实践落实为日用伦常中个体生命意义的真实体验与内在生命力的自我兴发。

[关键词] 生生之道；先秦儒家；教化哲学；《中庸》

探讨先秦儒家教化哲学的理论基础，最重要的经典依据就是《中庸》。

① 周卫勇，山东师范大学教育学部教授，教育学博士，主要从事中国教育史、先秦教化哲学研究。

② 曾继耘，山东师范大学教育学部教授，教育学博士，主要从事课程与教学论、中小学教育教学改革研究。

《中庸》以命、性、道、教一体贯通的理路来阐发教之为教，其内在逻辑思路是教之为教其根本在道，而道之为道其本原为天道；天道运行，这一宇宙生命体生命运行的机制及其内在的、决定人自然生命生长和道德生命意义不断生发与升华的机理，构成了先秦儒家教化哲学的理论基础，这一理论基础就是“生生之道”。

一、《中庸》“修道之谓教”的本义及其学理溯源

《中庸》开篇即曰：“天命之谓性，率性之谓道，修道之谓教。”这是《中庸》全书的总纲，也是先秦儒家教化哲学的总纲。其中“修道之谓教”一语，是《中庸》关于“教”的基本主张。这一主张的关键在于确立了道与教的内在关联，即《中庸》是以道立教，教的根本在道，无道不成教。但问题是，既然《中庸》主张“教的根本在道”，为何却曰“修道之谓教”？“修道”的本义与《中庸》之“教”到底有什么内在关联？在《中庸》诠释史上，关于“修道”的阐释存在许多明显的学术分歧。例如，朱熹释“修”字为“品”[①]，意为修饰、条理之义，而“品节”的主体，朱熹以为是圣人，是圣人品节自己的道以“为法于天下”，即以此作为天下人行为的标准，而这些标准的进一步落实，朱熹认为就是“礼、乐、刑、政之属”。如此，朱熹实际上把《中庸》之“教”理解成了“礼、乐、刑、政之教”。明儒王阳明反对朱熹的主张，他认为“道”是不能“修”的，因为“道本是完完全全、增减不得、不加修饰的”[②]，这实际上就把朱熹“圣人修道”的观点彻底推翻了。同时，王阳明认为“礼、乐、刑、政之属”虽然也是教，但这是圣人治天下之法，而不是“教”的本原，《中庸》论教是从本原上立论的，朱熹以“教”为礼、乐、刑、政之属，不符合《中庸》本旨[③]。王阳明对朱熹的反对是深刻而确当的，但是王阳明并没有进一步说明《中庸》是如何从本原上论教的，同时也没有清

---

① 朱熹：“性道虽同，而气禀或异，故不能无过不及之差，圣人因人物之所当行者而品节之，以为法于天下，则谓之教，若礼、乐、刑、政之属是也。”（朱熹. 四书章句集注［M］. 北京：中华书局，2011：19.）

② 王阳明：“道即性即命，本是完完全全，增减不得，不加修饰的，何须要圣人品节？”（吴光，等. 王阳明全集·传习录上［M］. 上海：上海古籍出版社，2012：33.）

③ 王阳明：“礼乐刑政是治天下之法，固亦可谓之教，但不是子思本旨。……子思性、道、教，皆从本原上说。”（吴光，等. 王阳明全集·传习录上［M］. 上海：上海古籍出版社，2012：33.）

楚地阐明《中庸》“修道之谓教”的基本内涵，这就为进一步探讨有关问题留下了学术空间。首先，关于“修道”之义，其要不在于“修”字如何理解，而在于既然“道”不能修，那么“修”的对象是什么呢？先秦儒家论教言学，其根本是强调修身，所以《大学》曰“自天子以至于庶人壹是皆以修身为本”，《中庸》亦曰“修身以道，修道以仁”，故《中庸》“修道之谓教”的主张应该包括两层基本含义：其一是从学理上确立了教之为教的根本在于道，无道不成教；其二是从教化实践的层面确立了教之为教，其根本在于修身以行道。按照第二层含义来理解，《中庸》“修道”一词实际上是“修身行道”的简约之称，其基本含义是修身即在于行道，行道本身就是修身，若不能修身行道，人不能成其为人，教亦不能成其为教。如果将以上两层含义合而言之，《中庸》“修道之谓教”是一语双关，既明“教”之内在学理（教的根本在道），又明此学理在现实中的实现之道（修身行道），用现代哲学语言来表达，它是理论意义与实践价值实现的统一。同理，《中庸》“修身以道，修道以仁”也皆是一语双关，在学理意义上，它强调修身的根据在于道，行道的根据在于仁；从学理的现实实现而言，它指的是修身在于行道、行道即是修身，修身行道就是为仁、体仁。《中庸》“修道之谓教”之“道”，无论从学理上还是现实意义上，都是指人道。人道是人的当行之道，人行当行之道即有当行之则，那么此“当行之则”源出何处？或曰决定人道的根本是什么？这是《中庸》教化哲学的又一个重要学理问题。按照《中庸》的逻辑，人要成为一个人就要行人道，而决定人能否行人道的根本在于人能否依循自身固有的人性，故曰“率性之谓道”。“率”字之义，先儒多解为“循”，“率性”是循而不悖其性，故人行人道的根本保证在于不悖其性而行之，其学理意义即在于：道之为道，其根本在人性。先秦儒家认为人性是人之为人的根本，是人最根本的天命自然，人生而即有、自身本具，人道当行之则即本于此自身内在之人性，故《中庸》开篇提出“率性之谓道”的主张之后，又引孔子之言曰：道不远人。人之为道而远人，不可以为道。《诗》云：“伐柯伐柯，其则不远。”执柯以伐柯，睨而视之，犹以为远。故君子以人治人，改而止。

“道不远人。人之为道而远人，不可以为道”，强调的是人不能从自身之外寻求为人之道的根本之则。“伐柯伐柯，其则不远”，是说人手拿斧子砍伐斧子柄，标准就在自己的手中，此为“其则不远”，但孔子说“睨而视之，犹以为远”，何故？因为虽然此标准就在自己手中，可谓近在眼前，但其仍是外在之则，不是本身之物，君子行当行之道而为人，当行之则无须外求，就在当人之身。身，是指人的一身之全体，古人认为人一身有百体，而一体即有一体之性，但就人一身之全体而言，则人有全体之性，此全体之性就是人性；人道当行之则，本此全体之性。所以人道是从人性当中生发出来的，人道当行之则是由人性决定的。《中庸》“率性之谓道”的主张，正是在此意义上将人道与人性直接贯通，其基本内涵有三：其一，道的根本在人性，离性不为道；其二，性本具道，此道是自然之天道，“率性”是循此自然之天道而不悖以行人道；其三，道不离行，人道是人在真实的生活中做人、为人之道，人日用伦常的现实生活之中，即蕴含着天道流行。

道的根本在人性，率性之谓道，那么人性的根本又是什么呢？由此必须进一步上溯至《中庸》的天命论。虽然与天命有关的观念是自远古时期一直传承的古老观念，但天命的概念起源于西周，这是学术界的主流观点。西周天命的基本内涵是“天之命”或“天所授命”之义，从中可以看出它仍然保留了古代巫文化的明显痕迹，即天上有天庭，天庭里有上帝，是上帝在发号施令，人通过“巫”或者是占卜之术可以与天沟通而知天命。西周天命观的最大变化是认为“天命靡常”，即天命不是固定不变的，如果统治者无德，则天命就可转移。孔子虽然仍然继承和使用了西周的天命概念，但对西周天命观念进行了重大改造，这主要表现在两个方面：第一，孔子将有神的天彻底转变为自然的天，天只是宇宙全体的总称而已；第二，天道大化流行而生人与万物，人生而有其命，而且不用通过“巫”，也没有必要进行占筮，通过自己的努力就能与天交通而知天命。孔子自己就认为其“五十而知天命”，而且主张“不知命无以为君子”。既然人人皆能知天命，则人与天之间必有某种根本性的连接，这种根本性的连接是什么呢？关于这一点，我们无法从孔子关于天命、天道以及人性的论述中找到确定的答案，但在《中庸》之中则明确回答了这一问题。《中庸》开篇即曰“天命之谓性”，这一主张在先秦儒家经典中可谓石破天惊之语，它第一次明确了人与天之间最根本的生命意义连接，将人之为人的根本规定性直接贯通于天命。但是，关于“天命”的义理疏解，自汉至清的众多学者多沿用“天之命令”“天所授命”“天所赋”等传统含义，如此总给人一种人是天所命令之对象的感觉，因而不免具有天、人两分之嫌，这与《中庸》的主张不尽一致。清儒戴震力辟众说，明确提出了自己关于天命的主张。他指出，古人言辞，“之谓”“谓之”有异，凡曰“之谓”，以上所称解下，如《中庸》

“天命之谓性，率性之谓道，修道之谓教”，此为性、道、教言之，若曰：性也者，天命之谓也；道也者，率性之谓也；教也者，修道之谓也。[①]戴震所谓“性也，天命之谓也”，是说性之为性，其根本就是天命。清儒刘沅也有类似的主张，其曰：“‘命’字先儒作‘犹命令’解[②]，是天自为天，人自为人，下文致中而天地位说不去。”又说：“盖天之命即天之性。命，所以‘生生’之义；性，所以存主之义。”[③]这里刘沅“盖天之命即天之性”的说法与戴震是一致的，至于刘沅所说“下文致中而天地位说不去”一语，是就《中庸》“致中和，天地位焉，万物育焉”而言的，《中庸》此语所表达的是一种天人一体的世界观，天人一体意味着人不是天所命令的对象，人是天这一大的生命体的有机组成部分；天生人，是天把自己的天性命定在人身上以为人性，故人性即天性，人性是人最根本的天命。天命自然，不可改变，故儒家主张“顺天承命”，人自觉其天命、领受其天命，以天命自然为根据，行人之当行之道，以彰显和实现天命的意义，正是人的生命意义所在。但必须指出的是，天命对人的这一根本规定性本身也是对人的限定性：人生有此天命即有此人性，人性决定了人是一个人，所以人必须做人，同时人也只能做人。《中庸》正是本此“天命之谓性”的基本哲理，以天而贯人，由人而言天，使其教化哲学的学理由人性直达天命，从而在天命与人性的自然贯通上，完成了人与天之间生命意义的连接。人性即天命，如果进一步溯源，那么天命又是什么呢？《大戴礼记·本命》曰：分于道谓之命，形于一谓之性，化于阴阳，象形而发谓之生，化穷数尽谓之死。故命者，性之终也，则必有终矣。命与人性的自然贯通上，完成了人与天之间生命意义的连接。人性即天命，如果进一步溯源，由此，《中庸》教化哲学以道立教，教之为教的根本在道，而道之为道的本原正是天道，故王阳明曰：“此‘教’字与‘天道至教’、‘风雨霜露无非教也’之‘教’同。”[④]“天道至教”出自《礼记·礼器》，其曰“天道至教，圣人至德”；“风雨霜露无非教也”出自《礼记·孔子闲居》，其曰“天有四时，春秋冬夏，风雨霜露，无非教也；地载神气，神气风霆，风霆流行，庶物露生，

---

① 戴震．孟子字义疏证［M］．北京：中华书局，1961：130.

② 此是针对朱熹而言。朱熹在《中庸章句》中认为：“命，犹令也；性，即理也。天以阴阳五行化生万物，气以成形，而理亦赋焉，犹命令也。”

③ 刘沅．槐轩全书（一）［M］．成都：巴蜀书社，2006：55.

④ 吴光，等．王阳明全集·传习录上［M］．上海：上海古籍出版社，2012：33.

无非教也。”由《礼记》所载可以看出，所谓“天道至教”，是指天道大化流行、天感地应、万物化生的自然过程，而天感地应、万物化生的这一自然过程就是天地自然之教，它是人间教化的自然大本原，也是人间教化的最高境界。对此，《中庸》于全篇的最后也做出了明确表达，其曰：“《诗》曰：‘予怀明德，不大声以色。’子曰：‘声色之于化民，末也。’”这是借孔子之言对此《诗》加以阐发引申，孔子之意是认为声色之教固然也可称之为教，但它只能是教之末流。所以《中庸》又曰：“《诗》曰：‘德輶如毛。’毛犹有伦。‘上天之载，无声无臭。’至矣！”天道流行、天感地应、化育万物、无声无臭的天地自然之教，才是先秦儒家教化的最高境界。

二、生生之道：人的自然生命生长和道德生命意义的生发之道

教的根本在于道，道的本原是天道。由此，先秦儒家教化哲学的理论基础，一定与天道息息相关。在先秦儒家看来，天道作为创生万物的宇宙生命体生命运行的根本机制，它内在地包含人与万物的性命之理，此理就是“生生”。那么为什么说“生生之道”是先秦儒家教化哲学的理论基础呢？

“生生”一词出自《易传》。《易传·系辞上》曰：一阴一阳之谓道，继之者善也，成之者性也。仁者见之谓之仁，知者见之谓之知，百姓日用而不知，故君子之道鲜矣。显诸仁，藏诸用，鼓万物而不与圣人同忧，盛德大业至矣哉！富有之谓大业，日新之谓盛德。生生之谓易，成象之谓乾，效法之谓坤，极数知来之谓占，通变之谓事，阴阳不测之谓神。

“一阴一阳之谓道”，此道指的是天道，“一阴一阳”指的正是天道运行的机制，阴、阳两气对生迭运，阳生阴、阴生阳，天道健行不息、周行不已，是以大生、广生天下万物。那么，天道“一阴一阳”运行机制，又何以能够大生、广生天下万物？《易传·系辞下》曰：“天地之大德曰生。”“生”是天地本有之德，天道的运行所彰显的正是天地大生、广生之德，故包括人在内的天下万物因之而生。那么天下万物既有此生，又如何完成此生？特别是对人来讲，人既有此生，人的生命成长的机理是什么？人的道德生命意义生发和实现的机理又是什么？由此便涉及先秦儒家教化哲学的理论基础问题。《易传》对此的解释是层层递进的。其曰“一阴一阳之谓道，继之者善也，成之者性也”，“成之者性”是说天道运行不仅生万物，而且各定其命、各成其性于万物之中，此即“乾道变化，各正性命”之义《易传·乾·彖》。“继之者善”是说

万物既有此生，则其生命生长的内在机制仍然是承继此“一阴一阳”之天道的，继而不隔，此之为善；若进一步引申其义，宇宙是一个大的生命体，它以“一阴一阳”之道创生人与天下万物，人与万物既有此生，则以“一阴一阳”为运行机制的天道即命定在人与万物的本性之中，故人与万物的生命生长机制也是“一阴一阳”，此之为“继”。《易传》继而又曰“显诸仁，藏诸用，鼓万物而不与圣人同忧”，“鼓”是振作之义，天道的运行不仅生万物，而且还振作万物之生命的成长，意即万物的生命活动是天感地应，万物应天而动，这一切都是天道运行的自然结果。进而《易传》提出“生生之谓易”，此“生生”是从天道运行的机能、功能上对天道“一阴一阳”的另一种表达，同时也是对天道“一阴一阳”的内在生命机理的揭示，所以天地一阴一阳创生万物之道，通常也称之为“生生之道”。正是天道这一内在的生命机理，最终奠定了“生生之道”为先秦儒家教化哲学理论基础的意义。

关于“生生之谓易”的义理疏解，后儒多认为此“生生”之义既是就《易经》这本书而言，也是就“易”字的本义而言，其实两者的含义是统一的，其核心是在天人一体的世界观下揭示人生命变化的根本机理，既包括人的自然生命生长，但更侧重人道德生命意义的生发。《易传·说卦传》曰：昔者圣人之作《易》也，将以顺性命之理，是以立天之道曰阴与阳，立地之道曰柔与刚，立人之道曰仁与义。兼三才而两之，故《易》六画而成卦。

对《易经》而言，此“性命之理”指的就是“生生”，而所谓天道阴阳、地道柔刚、人道仁义，皆是顺此“生生”之理的另一种表达而已，或者说天道、地道、人道皆是“生生”之道，“生生”是包括宇宙在内的一切生命体生命生长的根本机理。但是，这里有一个很重要的问题。天道生生，其运行的机制是一阴一阳，地道生生，其运行的机制是刚柔交错，它们指的都是天地自然之道，是天道运行自然而然的呈现；但是以人道生生对应“仁义”，却不纯粹是自然之道，而是由自然而当然，那么“天道生生”与“人道生生”之间，为什么会有这样的不统一？问题的关键在于“生生”这一生命机理除决定人的自然生命生长之外，是否也蕴含着仁义之当然生发的内在机制？这是直接关乎“生生”本身能否生发出人道德生命意义的问题，因而也是其能否成为先秦儒家教化哲学之理论基础的根本性问题。《易传·说卦传》认为圣人作《易》是“和顺于道德而理于义，穷理尽性以至于命”。此“道德”是指天道、天德之自然，而“义”指的是当然，“和顺”之义即意味“义”之当然并不是外在于天道、天德之自然，圣人不是外在于人自然本具的生生之道而于人身之外另外创造出一套“义”之当然来要求人遵守，换言之，“仁义”即内在于人的本性之中，人本身即具有道德性的本能，“生生之道”既是人自然生命生长的机理，也是人道德生命生发的机理，“生生之道”本身即能生发出人的道德生命意义。所以孟子说：“仁义礼智非由外铄我也，我固有之也。”(《孟子·公孙丑上》)人行仁义之道是“由仁义行”而非“行仁义”。(《孟子·离娄下》)

那么“生生之道”与先秦儒家教化又有什么关系呢？在先秦儒家看来，人的生物性本能和道德性本能是既相互依存又有矛盾的，前者关乎人的生命生存，后者决定人的生命意义，但如果人的生物性本能和欲望过于强烈，就会遮蔽或阻碍道德生命的成长。如果人只是满足自身的生理性欲望，则人无异于禽兽。所以对人而言，“生生”这一性命之理对人的道德生命意义的生发，并不是一个自然而然的过程，人行“仁义”当然之道需要人自己来“修”，只有不断地修行，人道才能生发和扩充人性中的道德性本能的力量，从而更好地彰显其道德性能，如此“生生之道”就与先秦儒家教化具有了本质的关联。孔子说：“德之不修，学之不讲，闻义不能徙，不善不能改，是吾忧也。”(《论语·述而》)孟子也说：“人之有道也。饱食、暖衣、逸居而无教，则近于禽兽。”《孟子·滕文公上》圣人之忧是忧人不能行当行之道，是忧人不能成为人而成为禽兽。圣人因有其忧所以立教，而教之为教并不是另有其理、另有其道，其理正是人自身本具的“生生”性命之理，其道也是人自身本具的生生之道。正是在这种意义上，融人的自然生命生长和道德生命意义生发为一体的生生之道，构成了先秦儒家教化哲学的理论基础。

三、生生之道：本体论、价值论和方法论解读

生生之道，就其本义而言，指的是人的自然生命生长和道德生命意义的生发之道，此道构成了先秦儒家教化哲学的理论基础，所谓“教之为教其根本在道”，也可以说先秦儒家教化的内在规定性就是此“生生之道”，舍此生生之道，则教不为教。理解生生之道的学理内涵，关键在于“生生”二字。如果从修辞学的角度分析，“生生”一词正如同先秦儒家典籍中的君君、臣臣、亲亲、尊尊等一样，是最具有中国传统文化意蕴的表达方式。其根本就是一个“生”字，而“生生”是同字叠用，其基本含义是既生则生、使生成为生、以

生完成生。在此基础上，借鉴现代哲学的一些思维方式，我们可以从以下三个方面进一步展开对“生生之道”的理解。

第一，“生生之道”的本体论。按照《中庸》哲学的基本思维方式，“生生之道”的“本体”不是一种冥幻虚无的抽象化存在，而是真实存在的实有之体，《中庸》称之为“诚”。《中庸》曰：“诚者，天之道也；诚之者，人之道也。”由此，“生生之道”的本体指的是以“一阴一阳”为根本运行机制的天道，此“天道”是一种真实、实有的存在，而“生生之道”正是此“一阴一阳”之天道内在的生命机理；天道的运行，正是此生生之道的彰显与实现。朱子在《易本义》中将“生生”之义释为：“阴生阳，阳生阴，其变无穷，理与书皆然也。”朱子此解有三层基本的含义：其一，“生生”的本体就是“一阴一阳”之天道；其二，“生生”作为天下万物生命运行的基本原理，是以阴、阳对生迭运为根本机制；其三，“生生”意味着天道运行不已、变化无穷，故其生生不息。天生人，此“一阴一阳”之天道即在人的本性之中，故人性之中天道的存在，同样是一种真实、实有的存在；人行人道，所彰显和实现的正是天道（诚），故曰“诚之者，人之道也”。《中庸》以“诚”言“天道”有其特定的道德性意义，因而也与人道德生命意义的实现紧密相关。首先，“诚”与“伪”相对，“诚”本身即有去伪存真之义，它侧重强调的是人性本具的天道以及道德本能是实有、真实、不虚、不幻的，正因为如此，它才能生发出真实的生命意义。其次，“诚”不仅意味着本体的真实与实有，而且这种本体是清明纯粹、精纯不杂的，所以人性无不为正，人性本具的生生之道所彰显和实现的是人之为人最根本的道德生命意义。再次，诚则为一，一则不贰，不贰则无争，无争则和，和则生物，所以《中庸》曰：“天地之道可一言而尽已，其为物不贰，则其生物不测。”最后，“诚”的实质是“仁”，人道德生命的生长就是“仁生”，做人就是为仁、体仁。

第二，“生生之道”的价值论。“生生之道”作为先秦儒家教化哲学的理论基础，体现着先秦儒家自当不二、内本外末、成己成物、生生不息的生命价值追求。

首先，“生生”有因其生而生之之义。天生人，人既有此自然之生，就要实现和完成此生。“生生”是自然与当然的统一，自然是当然的根据，当然是自然的实现，两者一体相关；不自然必不当然，不当然一定违背自然，故曰自当不二。人的自然之生，是人一切生命价值实现的前提和根据，而人生命价值的实现，正是人先天自然生命价值的彰显。

其次，“生生”体现着先秦儒家内本外末的生命价值追求。人的生命价值有内在价值和外在价值之分，内在价值即人的道德生命价值，它以“生生之道”为根本的生发机理，所彰显和实现的是人内在的道德性本能，只有这种内在生命价值的实现，人才能成为一个人而不是禽兽；凡功名利禄等一切身外之物，虽与人的自然生命生长乃至道德生命价值实现有一定关联，但皆是外在价值，它既不能由“生生之道”这一内在的生命机理所生发，也不构成人生命价值的根本。《礼记·大学》曰“物有本末，事有终始，知所先后，则近道矣”，以“生生之道”为人道德生命意义或生命价值生发的机理，其所体现的是以内在价值为本、外在价值为末的生命价值观，反之则本末倒置，虽汲汲于功名利禄，并不能真正地尽性成人。但是，先秦儒家并非绝然否定人对于功名利禄的追求，故孟子曰“修其天爵而人爵从之”。①“天爵”指的是人内在的以道德性为根本的生命价值，“人爵”指的是功名利禄等外在价值；“从之”之义所强调的正是内本外末的生命价值观，外在的功名利禄只能处于“从”的地位，既可能从之而来，也可能从之而不来，其来与不来，都不能对人生命价值的实现起决定作用，故《中庸》曰“君子居易以俟命”。

再次，“生生”是以己之“生”兴发和成就他人之生，亦以他人之生兴发和成就己之生，是成己之生与成人之生的共生相与，是成己成物的内在统一，故“生生之道”是成己成人之道。《中庸》曰：“诚者，非自成己而已矣，所以成物也。成己，仁也；成物，知也。性之德也，合外内之道也。”此“合外内之道”，“外”指的是成人，“内”指的是成己，两者不是一种先后关系，而是一体相关、同生共成，故成己即能成人，成人即能成己。

又次，“生生”是生而又生、生生不息，以人自然生命的繁衍相续和道德生命价值的永恒完成对个体生命有限性的超越。故生生之道，是人的自然生命繁衍相续和道德生命境界的不断升华之道，其最高的生命境界是与天为一，参赞天地之化育。

第三，“生生之道”的方法论。虽然《中庸》所涉及的与“生生之道”有

---

①《孟子·告子上》：“有天爵者，有人爵者。仁义忠信，乐善不倦，此天爵也；公卿大夫，此人爵也。古之人修其天爵，而人爵从之。今之人修其天爵，以要人爵，既得人爵，而弃其天爵，则惑之甚者也，终亦必亡而已矣。”

关的方法论十分丰富，如居易俟命、素位而行、道不远人、力行近仁等，但其最具教化哲学意义的方法论体现则是《中庸》“诚明两进”的主张。《中庸》曰：“自诚明，谓之性；自明诚，谓之教。诚则明矣，明则诚矣。”对此经义的阐释是极富挑战性的，自古以来释者莫衷一是、歧义纷呈。但就其基本的含义而言，此“诚”是指性体之本然，性触物而动，人本性固有的“生生”之德（天道）就一定会因此而显发；若引申其义，人性“生生”之德的显发，人自身一定会有所觉通与体验，《中庸》“慎独”思想中的“隐微见显”之义[①]，就包括此种意涵。自我本性的彰显以及由此引发的自我内在体验，构成了人生命价值实现的动端，但就其本身而言，它是由人的本性所决定的人本能性的行为，是人的本性自然，故曰“自诚明，谓之性”。反之，如果人在日用伦常的现实生活中，获得了源自本性的、真实的生命意义体验，那么这种体验就会使人产生一种发自内心的自我满足感。《论语》开篇即曰“学而时习之，不亦说乎”，《孟子》亦曰“反身而诚，乐莫大焉”，其中“说（悦）”“乐”之义所表达的正是这样一种情感的愉悦与满足，进而这种情感的愉悦与满足反过来会进一步兴发本性固有的生命力，使本性内在的“生生之道”得以进一步彰显与实现，这正是《中庸》教化哲学的入德之门，故曰“自明诚，谓之教”。在日用伦常的现实生活之中，这种个体自我生命意义的体验与内在生命力的兴发不断循环往复，本性内在的生命力不断扩充与彰显，则人的生命意义和精神境界因此而不断升华，如此则是诚明两进，故《中庸》曰“诚则明矣，明则诚矣”。

由此，“生生之道”作为先秦儒家教化哲学的理论基础，它是以天道为其学理本体，以“诚明两进”为其方法论基础，而其教化的实践则落实为日用伦常之中人自身真实的生命意义体验和生命力的自我兴发，这种体验与兴发所彰显和实现的是人本性内在的道德性本能，它决定着人之为人最根本的生命价值和生命意义，因而也体现着先秦儒家教化哲学内在的生命精神，故先秦儒家教化哲学可以称为以“生生之道”为理论基础的生命意义之学。

［选自《教育学报》2018年第10期］

① 《礼记·中庸》：“莫见乎隐，莫显乎微，故君子慎其独也。”

02

德育原理

作为伦理实体的学校

徐继存[①]

[摘要] 教师不应把学校仅仅视为谋生的场域，更应将其视为塑造自己心灵、提升精神境界、塑造自我、追求卓越的伦理实体。学校只有真正成为伦理实体，教师才能获得自身存在的价值规定，从而为教师提供安身立命的基地和精神家园。学校伦理实体的建设应该在学校实体基础上进行，完全否定甚至推翻学校实体既有规章制度的做法既不现实也不可能。在推动学校伦理实体建设的过程中，校长不仅要清楚地把握学校的性质和教师的角色定位，努力使自己成为学校伦理精神的典范，还要注意引导教师超越教室的阻隔，消除学科的偏见，使教师感受到彼此情理联系的价值和意义，开拓共同享有的伦理空间。为了在道德和伦理上成为学生的引导者和示范者，教师应该自觉地认识到他们作为教育者的道德角色和伦理责任，在伦理性的教育教学实践活动中不断塑造和成就自我。

[关键词] 学校；伦理实体；伦理精神；伦理空间

学校是教师平等相遇的公共空间，教师的学校生活交织和反映着教师的德性和伦理。在现实的学校生活中，教师不只是一种功能性的存在，同时还应是一种伦理性的存在。教师只有全身心地投入学校公共空间的维护和营造，过

---

① 徐继存，山东师范大学教育学部部长、教授、博士生导师，主要从事课程与教学基本理论研究。

上一种有德性的生活，才能展现应有的人格和尊严。因此，将学校建设为真正的伦理实体，既是学校深化改革与发展的必要，也是教师职业幸福的关键所在。

一、学校伦理实体的价值

人虽然是不同于动物自在性存在的自为性存在，但人的真正自由并不是孤立的、蛰伏于自身的单子自由，而必须以与他人的社会性交往和相互联系为基本条件。因为，个体的“生命表现，即使不采取共同的、同他人一起完成的生命表现这种直接形式，也是社会生活的表现和确证。人的个体生活和类生活不是各不相同的，尽管个体生活的存在方式是——必然是——类生活的较为特殊的或者较为普遍的方式，而类生活是较为特殊的或者较为普遍的个体生活”①。这就是说，人的尊严、幸福和自我的实现不是个体自给自足的，只有在与他人的相互依存关系中才能得到表现和确证。无论人的相互依存关系多么复杂和多样，它都内在地具有某种性质的伦理关系。因而，人的世界是也应该是伦理的世界，蕴含着人之相遇相通共感共应的普遍性伦理关切。人际的这种伦理关切不仅是对人的自然属性的一种超越，也是对人的原子式存在的一种扬弃。

现实的伦理世界是以伦理实体的形态而存在的。伦理实体首先是现实存在的社会实体，而不是某种虚拟或虚设的幻影。但是，并非任何一个社会实体都是现实的伦理实体，只有当具体的伦理关系实际地、有机地运行并构成或主导该社会实体的伦理秩序时，该社会实体才有资格被称为伦理实体。即使某一社会实体的实际运行伴随或依凭一定的伦理关系，只要这种伦理关系尚未建立和支撑起该社会实体的伦理秩序，那么该伦理关系就不具有伦理实体的意义，该社会实体依然不能算作伦理实体。社会实体的伦理关系取决于该社会实体所具有的伦理性规定，这种伦理性规定则是由该社会实体的所有成员在漫长的社会生产和社会生活交往过程中逐渐孕育和生成的。经过长期实践的不断检验而积累和沉淀，社会实体的伦理性规定就有可能升华为该社会实体的一种普遍性伦理品格、一种伦理精神，最终成为该社会实体成员一切思想和行动的不可动摇和消除的根据和出发点。“伦理精神本身并不等同于客观的伦理实体，由伦

① 马克思，恩格斯. 马克思恩格斯文集：第1卷［M］. 北京：人民出版社，2009：188.

理规范、伦理原则、伦理理想等构成的主观伦理或伦理理念，只是伦理的理论或伦理价值体系，它存在并体现于现实的伦理关系与伦理实体中，它确实可以称作客观伦理实体的核心或灵魂，但并不等同于客观实体本身。”[①]显然，社会实体成员的存在及交往是伦理关系形成的物质基础和客观前提，而社会实体的伦理精神则是社会实体伦理关系形成的主观条件。可以说，伦理实体既是伦理关系的实体，又是伦理秩序的实体。伦理实体一经形成，其内在的伦理关系与伦理秩序就不是静态的、僵死的，而是始终处于一种相对稳定的动态平衡状态之中，它会以“整个的个体”面目出现并与周遭世界相互影响。“伦理行为的内容必须是实体性的，换句话说，必须是整个的和普遍的；因而伦理行为所关涉的只能是整个的个体，或者说，只能是其本身是普遍物的那种个体。”[②]在这里，以“整个的个体”面目出现的伦理实体实际上已经是一个主体，一个具有一定的共同人格的主体。一般说来，完善的伦理实体都有某种共同的人格，这个共同人格是由其成员共同铸就和享有的。由此可见，个体道德上的清静自守不可能孕育出情感的普遍性结构，对于共同人格的形成也无多大实际意义，缺乏强烈的伦理关切，其合乎道德的行为只不过是某种主观的倾向或态度。只有在现实的社会生活中创造了适宜的成德环境，才有可能真正地推动社会的文明和进步。伦理实体是人的安身立命之所，人不能也无法长期忍受无伦理或伦理实体破碎的状态。从伦理实体中可以寻求对伦理关系和伦理秩序的理解，因而伦理实体是把握伦理关系和伦理秩序的“钥匙”。由于时代的发展，社会的分化与重构不断催生了许多新的组织和结构方式，伦理实体的形态已不仅仅限于经典伦理实体——家庭、市民社会和国家。从广义上讲，一切具有伦理内涵的关系都具有某种伦理实体的意义，如果承认伦理关系现实地存在于各种社会实体之中，那么，举凡社会实体皆可成为伦理实体。即使是一些经济实体和法律实体，它们也可以同时是伦理实体，何况本来就存在着以伦理实体为主体和代表的社会实体，如家庭和民族。这意味着伦理实体的观念是现实的，伦理实体的建设不是不可能的。在社会转型时期，社会总体性逻辑的解构和传统社会常规的渐趋失效使得个体在获得前所未有的自由的同时，也如苍莽丛林中迷途的羔羊，背负着选择的重负，遭受着孤独的煎熬。“当每个人都被赋予

---

① 龚群. 社会伦理十讲［M］. 北京：中国人民大学出版社，2010：32.

② 黑格尔. 精神现象学：下卷［M］. 邓晓芒，译. 北京：商务印书馆，1979：9.

己的方式追求独特生活方式的权利时，以自我为中心来衡量有价值的生活方式也就不可避免。于是，个体不得不自己确定自己追寻什么，而他人却无与于其间。于是我们看到了共享的、关系性的概念在精神生活中的逐渐淡化，与此相关的是现代精神生活范式中个人内在的孤独感受。当个体之人作为孤独之人而呈现时，周围之人也就必然作为陌生者而被接纳。”[①]今天，这已经不是一个“个人的问题”和“个人的忧虑”，而是我们共同的处境和命运。尽管现代信息技术为人们提供了无须拘囿于周遭环境就可以迅速建立起社会关系网络的新途径，但它毕竟是一种具有很大局限性的沟通方式。覆盖天南地北的网络关系并不能替代真实的人际交往和情谊。如果要建立亲密的人际关系，就需要人们相互之间的相遇与相处，彼此信任和关爱，并从中获得可以分享的脉脉情谊和温馨的回忆。完全依赖网络来建立社会关系，实际上只不过是一种回避或逃避真实生活世界所面临的困境以及维持正常人际关系所需要的努力和责任的方式。因此，秉持伦理实体的精神，全面地分析和把握社会实体的伦理关系及其结构，通过伦理实体的建设推动整个社会的良序发展就显得极为必要和迫切。

在现代社会的不断分化和重构中，学校是一个普遍而又特殊的社会实体，扮演着无可替代的角色。一方面，接受学校教育早已不是少数人的特权，特别是义务教育的普及使得学校成为一种广泛的社会存在，学校生活成为人的生命历程不可或缺的构成，深刻地影响着人的一生；另一方面，学校是培养人的专门的社会机构，承担着立德树人的国家责任和社会重托，良好的伦理关系和伦理秩序本身就是其基本属性，也是其内在要求。所以，学校首先应当且必须是一种伦理精神的存在，其次才是某种实然层面的权利和利益。黑格尔（Hegel，G. W. F.）指出：“教育的绝对规定就是解放以及达到更高解放的工作。这就是说，教育是推移到伦理的无限主观的实体性的绝对交叉点，这种伦理的实体性不再是直接的、自然的，而是精神的、同时也是提高到普遍性的形态的。”[②]所谓解放，就是要将人从自己的自然情欲、主观任性的桎梏中提升出来，获得一种精神的自由，而这恰恰是教育的旨归所在。可见，只有通过伦理精神将学校塑造为现实的伦理实体，学校才能获得自身的伦理规定性，承担

① 陈赟. 现时代的精神生活［M］. 北京：新星出版社，2008：17.

② 黑格尔. 法哲学原理［M］. 范扬，张企泰，译. 北京：商务印书馆，1961：202.

其伦理责任，履行其伦理义务。反之，学校自身存在的合理性就会受到质疑，这是由学校本身的性质所决定的。学校一旦成为伦理实体，就会造就一种共同的价值态度和行为方式，它可以抑制师生情欲的任性，使其情感得到普遍化的升华，从而辐射社会的各个层面和领域。“教师与学校系统的完整是紧密联系在一起的。教师居于受人信任和尊敬的地位，由于他们这样的地位，给学生造成了巨大的影响。教师的行为直接影响着民众对教师能力的认知，教师以被信任的和有影响力的方式来完成这一职责，也影响着民众对于整个公共系统的信心。”[①]也许，在实际的学校生活中，伦理学不需要，可能也不应该，总是处于教师思想的前沿。但是它必须一直作为一种背景，作为教师孜孜不倦追求的、坚持不懈负责的、伦理意义上的正当和善良。[②]在这种意义上讲，学校教育是一种伦理性活动，而不是一项纯粹技术性工作。教师不应把学校仅仅视为通过某种功能性的角色扮演以谋生的社会实体，而应将其视为塑造自己心灵、提升精神境界、塑造自我、追求卓越的伦理实体。只有这样，教师在学校才能获得自身存在的价值规定，而学校才能为教师提供安身立命的基地和精神家园。

二、学校实体的伦理困境

学校是人类社会发展到一定阶段的产物，它的出现标志着人类教育从自在迈入自为的新阶段，制度化无疑是其最显著的特征。“学校的产生是人类教育史上具里程碑意义的一个重要事件，它导致了人类教育活动的几乎所有要素都出现了前所未有的专门化与制度化的类型：专门化、制度化的教育空间——校舍（而不是任何场所），专门化、制度化的教育活动时间——学习年限（而不是随时地、无限期地进行）。”[③]学校的这一系列制度设计界标了学校的性质，厘定了学校的职责，保证了学校的秩序。可是，由于制度本身又是一种非人格的系统或体制，它不能完全通达人的性情与精神、人的存在的意义，犹如没有生命的机器在不断地建造捆绑人的壳，因而是个体难以支配和控制的结构

① 伊丽莎白·坎普贝尔. 伦理型教师［M］. 王凯，杜芳芳，译. 上海：华东师范大学出版社，2011：123.

② 伊丽莎白·坎普贝尔. 伦理型教师［M］. 王凯，杜芳芳，译. 上海：华东师范大学出版社，2011：7.

③ 吴康宁. 教育社会学［M］. 北京：人民教育出版社，1998：103.

或系统。随着社会流变的加剧，学校的组织结构日趋严密，学校的制度化日益增强，置身于学校时空的教师被彻底地植入了这样的系统或体制，教师之间的关系被转换为人与系统或体制关系的构成部分的存在，教师的学校生活方式变成了用个体的方案去解决系统或体制的矛盾。这正如鲍曼（Bauman，Z.）所言："在这种情境下，各种机构不再试图用预先设计和准备好的惯例来替代个体选择，但是，个体不得不面对稳定的压力，即不得不凭借个体的力量去解决不断变化的社会条件带来的不可预测性、非连续性和空虚。"①一些学校无视教师的主体地位及其相应的教学权利，极其细致地规定了教师的一系列行为规范、责任和义务，强制实施，严格监控，将学校铸造为一个"铁的牢笼"，使得教师不得不在机械被动地担负教学责任、履行教学义务的过程中抽离和夷平了其所有的欲望、情感、个性、内心世界和精神状态。学校教育虽不像工厂里的流水作业线一样活动，但在工具理性和科层管理的宰制下，学校已经明显地被结构化为追求效率以及强化可计算性和可控制性的组织。确定性往往孕育出不负责任，绝对的确定性与绝对的不负责任如出一辙。"假如有人准确地告诉我们该做什么，那么我们实施行动时所具有的智慧、远见和爱心就不再是出于我们自身；这种指令就不是对人道、想象和洞见的呼唤——却成为对唯命是听的叫嚣。"②只要深入学校，我们就不难发现，在同一所学校工作的教师，他们之间不再相互承担责任，彼此甚至丧失了最基本的同情心，行动和感觉就像机器人一样，体验不到真正属于他们自己的东西，完全按照学校强加给他们的模式运行和体验自身。"当人同自身相对立的时候，他也同他人相对立。凡是适用于人同自己的劳动、自己的劳动产品和自身的关系的东西，也都适用于人同他人、同他人的劳动和劳动对象的关系。"③于是，在日常的学校生活中，机械的笑脸常常取代了会心的笑声，无聊的闲话常常取代了坦诚的交流，苍白的绝望常常取代了真正的痛楚。可是，人毕竟是一个整体，他的思想感情和现实社会生活是不可分割地联系在一起的。如果他不能自由地表达自己的感情，

---

① 齐格蒙特·鲍曼. 被围困的社会［M］. 郇建立，译. 南京：江苏人民出版社，2005：16.

② 齐格蒙特·鲍曼. 被围困的社会［M］. 郇建立，译. 南京：江苏人民出版社，2005：218.

③ 马克思，恩格斯. 马克思恩格斯全集：第42卷［M］. 北京：人民出版社，1979：98.

他就不可能有思想上的自由；如果他在现实的社会生活和关系中没有独立和自由，他也就很难有感情的自由。如果教师只有在校外才感到放松和自在，而在校内则感到压抑和苦闷，那么只要有适当的机会他们就会像逃避瘟疫那样逃离学校也就不足为奇了。课程是学校教育得以展开的基本依据，也是学校目标达成与否的判断标准。因而，学校课程的分门别类以及这种分类与教师的区分和分布之间便具有了高度的耦合与配置关系，教师在承担分门别类的学校课程的同时，也在分门别类地被学校课程所重构，从而也就被分门别类地整合到学校秩序之中。在当前甚至可预见的相当一段时期内，学科课程依然是学校课程的最主要类型，所谓的课程融合以及跨学科课程的设计也都是以学科课程为基础和前提的。学科课程不仅仅是学科思想和知识的编码，它同时也是一种社会系统，具有浓厚的社会学的意味。对于教师来说，学科课程是其生存的依据，也是其可持续发展的凭借。从总体上看，与其说教师隶属于学校组织，不如说教师更依附于学科课程。这样一来，学校课程资源的分配常常会引起不同学科教师的高度关注，也是他们产生分歧乃至冲突的重要原因之一。即使公平、合理地分配了学校课程资源，不同学科教师的相互理解也是不容易的。因为，不同的学科具有不同的思维方式和符号体系，其价值表征和意义空间也有很大的差异，接受了不同学科规训的教师也就形成了相应学科的价值观念和思维品质。因此，教师捍卫所任教学科，努力争取更多的课程资源，是非常自然的、无可厚非的。但是，教师对所任教学科的无限捍卫和固守则容易画地为牢，加剧学科课程之间的区隔，这不仅不利于学生对现实世界的整体认识和把握，也容易造成不同学科教师之间的冷漠和疏离。

接受同一学科规训的教师本可以共享学科文化，相互支持和协作，却又因年龄、资历、性格等因素的影响，特别是学校教师评价的个体化倚重而导致教师之间的龃龉。逐渐地，大多数教师更习惯于在各自的教室里工作，他们也认为只有教室才是其领地或城堡，只有在教室里才有自主权。问题在于，教师行使自主权的环境往往是孤立的，而他们不是与其他教师一起开展有关具有挑战性的教育教学问题的研讨。在很大程度上，教师就像他们的学生肩并肩地从事着似乎一样但实质上又互不相干的活动。帕尔默（Palmer，P.）曾形象地描述了教师教学的实际状况。“虽然都是在学生面前进行教学，但是我们的教学几乎总是像独奏一样，永远在同事的眼光以外；相比之下，外科医生或法庭律师经常要在对他们的行业了如指掌的同事的眼皮底下工作。律师在其他的律师面前争论案件，在那里，所有人都能清楚地看到他们的技巧和知识的差距，水平高低一目了然。外科医生在专家的注视之下操作，要是手在做手术时颤抖一下就会马上被人发现，使这种失当行为不大可能发生。但是，教师可以在人体内遗下海绵或错误地切断人的四肢，而除了受害人以外，并没有别的目击者。”[①]当然，教学不是手术，教室不是法庭，教师也不同于外科医师和律师。在这种情况下，教师只能按照自己的良心去行事，事实上很多教师也是这样来确证甚至标榜自己的。“教学是良心活”的说法，既是教师现实教学的一种真实反映，也是教师内心无奈的一种表达。良心是“自己同自己相处的最深奥的内部孤独，其中一切外在的东西和限制都已消失，它彻头彻尾地隐遁在自身之中”[②]。作为人的主观意识与人的自在自为的存在相统一的良心本应是神圣的，而它如果成为人自我立法的唯一，它就会失去其客观现实的内容，沦为意志活动的一种形式，一种个体的自我确信。个体的主观性若被视为一种普遍性，良心就会蜕变为一种形式的主观性，潜含着转向作恶的无限可能性。倘若教师把自己的良心当作其所有教育教学思想和行为的根据和基础，伪善就在所难免。在实际的学校生活中，也许每一位教师都期望建立彼此信任与关爱的秩序，可是作为学校实体的一员，他们常常又精心地计算和攫取可能的利益。正是在这种作为孤立的个体与同时作为学校成员的双重角色扮演过程中，导致了教师道德认知的困惑和迷茫，表现为对道德标准的无所适从，乃至口是心非、言行不一，彼此之间缺少普遍性的联系和起码的认同，不同的价值取向之间始终无法取得相互的宽容与和解。看似自由的每一位教师，其内心充满了孤独和彷徨，他们坚守自己的道德标准和价值观念，同时又对他人的价值判断和行为漠不关心、漠然置之。“一个听凭冲动行动的人，不管他的行为多么慷慨；一个依照本身性格行动的人，不管他的行为多么高尚；一个屈服于无从避免的压力行动的人，不管这压力来自外界或自己的性情，这个人不算在行动，至少不是作为道德的载体在行动。”[③]在我们看来，伪善是对教师职业的亵渎，也是对作为教育者的教师的最大讽刺。

---

① 帕克·帕尔默. 教学勇气：漫步教师心灵［M］. 吴国珍，译. 上海：华东师范大学出版社，2005：142.

② 黑格尔. 法哲学原理［M］. 范扬，张企泰，译. 北京：商务印书馆，1961：138.

③ 以赛亚·柏林. 浪漫主义的根源［M］. 吕梁，等译. 南京：译林出版社，2011：81-82.

三、学校伦理实体的建设

学校生活的秩序并不能证明学校现实的伦理关系就是合理的、充分的。更为重要的是，学校不是孤立于社会之外，它本身就是社会的重要构成。当社会生活和交往方式发生重大变化时，既有的学校伦理秩序就会遭遇震荡和冲击，甚至会失去其存在的合理性依据。因此，学校伦理实体不是自生自发的，而是人为的设计，不是自然形成的，而是人的一项成就。

（一）改进制度设计，浸润伦理关怀

伦理实体并没有其独立的存在，社会实体是其基本的依托。学校伦理实体的建设应该在学校实体基础上进行，完全否定甚至推翻学校实体既有规章制度的做法既不现实，也不可能。由于学校制度本身就是一个价值系统，蕴含着某种人的本性假设以及人与人之间的相互关系的价值观念，教师一般只能按照学校制度预示的方向和限定的范围做出自己的选择。“价值问题的特征就是比认知的问题更加偏重于对主体的态度、立场、情绪、偏好的倚重，价值领域不同于认知领域的特征就是它是情绪性和理想性之间的一种张力。无论是情绪性还是理想性都是与主体的追求、愿望、偏好联系在一起的。”[①]相对于教师而言，学校制度显然具有某种程度的前提性作用。学校伦理实体的建设首先意味着反思并克服现行学校制度存在的问题，努力为教师提供一种制度安排的伦理环境，使教师之间的伦理关系得到学校制度力量的支持和关怀。制度本身如果能够展现人性之善，提供道德与精神的指向，它就不只是意志活动的“规制”，而是天理人情的“礼乐”。[②]没有学校制度的伦理关怀和指导，仅仅要求教师道德的自我修养和完善，甚至对他们提出严格的道德律令，是很难养成教师的自律自觉的。在学校伦理环境的创设过程中，校长无疑起着极为关键的作用。校长通过在学校确立和保持伦理基调，完全能够影响和促进教师道德意识的增强。“校长的行为、决定、政策、程序、习惯、倾向、个人风格和态度，如果校长在将这些强加给教师和学生身上之前，没有从道德角度对此进行思

---

① 赵修义. 主体觉醒和个人权利意识的增长：当代中国社会思潮的观念史考察［J］. 华东师范大学学报（哲学社会科学版），2003，35（3）：10.

② 陈赟. 现时代的精神生活［M］. 北京：新星出版社，2008：163.

考，他们就破坏了真正培养道德社群的机会。”[①]学校的发展固然离不开学校制度的规约，但要真正发挥教师的潜力，使全体教师的行为符合学校的发展愿景，还需要伦理普遍性的导引和伦理精神的观照来激发他们的责任感、使命感和荣誉感，使每位教师都对自己的行为有清醒的觉解。而且，学校的伦理环境和教师的伦理责任本身就是一种强大的教育力量，也应该成为学校管理的重要内容和基本目标。

今天，我们之所以将教师视为专业人员，绝不是仅仅因为他们对学科内容的熟练掌握、他们高超的教育教学技能技巧，而是他们在年复一年日复一日的学校现实生活中以及直面困境和挑战时所展现的智慧和人性光辉，真正地爱他者的孩子，并对未来的社会始终抱有美好的希望和憧憬。“真正的爱，是一种创造性的表现，它意味着关切、尊重、责任感及智慧。它并非令人‘感动’，而是积极地促使被爱的人得以成长与获得幸福，它发自个人本身爱人的能力。”[②]这就要求校长必须清楚地把握学校的性质和教师的角色定位，充分认识学校伦理实体建设之于学校发展与社会进步的价值和意义，努力使自己成为学校伦理精神的典范。

（二）构筑交流平台，拓展伦理空间

伦理关系根源于人的社会生活，直接生成于人的社会交往活动，只有在现实的社会交往过程中人们才有可能形成共同的价值态度和行为样式，滋养休戚与共之感。因而，人们的社会交往活动构成和奠定了伦理关系的合法性基础。既然如此，学校伦理实体的建设就不能仅仅对教师宣布一套套严密的伦理规范，还必须为教师搭建交往的平台，提供他们相互交流的空间。任何时候，伦理规范都是必要的，但不是充分的。遵守一种规范而没有为其理想和价值做出相应的承诺，很可能只有伦理行为的外在表现，而没有内心的伦理认同。只有具体的规范行为及其潜在的理想和价值相互融为一体，伦理规范才有可能不仅仅作为某种礼仪性的规则，而成为一种强有力的道德声明。也就是说，人们完全可以机械地遵守某种伦理规范和程序，而其内心世界依然停留在一种粗鄙的状态。当前，学校普遍重视同一学科教师的教研交流，跨学科教师交流相对

---

① 伊丽莎白·坎普贝尔. 伦理型教师［M］. 王凯，杜芳芳，译. 上海：华东师范大学出版社，2011：147-148.

② 艾·弗洛姆. 自我的追寻［M］. 孙石，译. 上海：上海译文出版社，2013：111.

较少，而这种交流又多放在了教学设计的方式、策略和教学的技能技巧上，很少开展关于教育教学道德和伦理问题的公开讨论。“一次同事之间研讨会经历将会加强教师道德责任的共识，并形成一种形式的教学模范，让人难过的是，这被很多学校忽视。”[①]如此，教师就失去了以伦理的概念思考他们教育教学的机会，更不可能与其他教师一起讨论教育教学的伦理学问题了。如果教师在学校环境中缺乏伦理对话和行为的基本条件，他们之间的伦理关系就很难建立起来，期望他们从伦理上改进教育教学行为就会成为一种奢望。

任何人都不可能是完美无缺的。也许，教师的伦理世界是不精确的，但这种非精确性并非意味着他们的伦理判断就是非理性的、专断的或仅仅是主观的，即使他们在某一具体的学校情境中没有做出适切的伦理反应，也并非意味着他们没有仁爱之心，不能识别美丑善恶。其实，在日常的学校生活中，尽管教师之间会有一些误解、嫉妒和矛盾，但他们无不渴望生活在良好的学校伦理环境中，彼此相互信任、支持和关爱。这是进行学校伦理实体建设的心理基础，也是我们积极推动学校伦理实体建设的信心所在。学校是教师生活的公共场域，教育是教师共同的事业，学校应该超越教室的阻隔，消除学科的偏见，引导教师去感受和体验彼此情理联系的价值和意义，开拓一起享有的伦理空间。同时，学校还需要克服对教师个体的过度评价，适时强化教师集体或团体的评价，并使之在学校制度的设计与安排中充分地彰显出来。

（三）确立主体地位，增强伦理自觉

教师是学校的主体，是学校发展的关键所在。学校伦理实体的建设意味着每个教师都应努力成为伦理主体。然而，伦理主体并非现成的或静止的，而是一种积极主动的自我塑造过程。这种自我塑造过程既是教师对自我生存现状的反思和检视，也是教师对自我完善的一种期盼和追求。因而，它不是一个简单的任务，而是一个过程，一个终身修炼的经历。“如果你还没有看到自己的美，那么，就像雕塑家雕刻一尊准会变得美妙的塑像那样：消掉这一部分，勾刮另一部分，使这里平滑，那里光亮，直到这尊雕像出现一张漂亮的脸。同样，你也必须去掉多余的东西，使弯曲的变直，净洁所有的肮脏，使它变得闪

① 伊丽莎白·坎普贝尔. 伦理型教师［M］. 王凯，杜芳芳，译. 上海：华东师范大学出版社，2011：125.

亮。千万不要停止雕塑你自己的像，直到美德的神圣之光照亮你心中。”[①]如同雕塑家的雕刻，教师的自我塑造要求教师必须打破长期养成的自我固守的惯习和惰性，敢于直面和剖析自我，寻求摆脱过去的自我，建构或创造新的自我，而不是被动地等待他人的牵引和教导。我们知道，人皆有惰性，一旦获得了任何一种自认为可以忍受的生存状态和方式，就很容易满足现状，从而丧失抵御日常生存状态渐趋恶化的意识和能力。

为了在道德和伦理上成为学生的引导者和示范者，教师应该自觉地认识到自己作为教育者的道德角色和伦理责任，深入理解自己关爱学生而采取的决定和行动的重要影响。实际上，即使仅仅为了自己专业的成长和职业的幸福，教师的自我塑造也是极其必要的。只是，教师的自我塑造不能游离于现实的学校生活特别是自己的教育教学活动，而应通过现实生活或在现实的教育教学活动过程中进行；否则，教师的自我塑造就很可能流于一种自我粉饰、一种伪善，背离了学校伦理实体建设的初衷。在实际的教育教学活动过程中，如果教师对学生学习的积极反馈是出于对学生的尊重而不只是为了教育教学效率的提高，如果教师给予所有学生回答问题的机会是出于教育教学公平的追求而不只是教育教学策略的选择，如果教师严厉管教破坏学校纪律的学生是出于对学生的关爱而不只是某种管理技术的运用，那么这种融尊重、公平和关爱于一体的教育教学便具有了伦理的基调和品格，成为一种伦理性的实践。教育教学只有成为这样一种伦理性实践，才能真正塑造和成就教师的自我，不断推动学校伦理实体的建设。

［选自《教育研究》2020年第4期］

① 皮埃尔·阿多. 古代哲学的智慧［M］. 张宪，译. 上海：上海译文出版社，2012：203.

论大学的道德责任[①]

王向华[②]

[摘要]道德责任是伦理学上一个重要的核心概念，它具有广泛性、层次性和自愿性等特征。就道德责任主体而言，学界存在个体主义者和集体主义者之争。个体主义者认为主体和责任只能归于个体的人类行动者，集体主义者认为集体道德责任是真实存在的，满足一定条件的集体是可以承担道德责任的。大学作为一种组织机构，具备一系列的组织机制，有可以确认的道德主体，能作出决策并付诸集体行动，其从事的活动能够导致积极或消极的道德结果。大学具备承担道德责任的集体的条件，能够承担道德责任。大学承担道德责任的合理性是由学术活动的道德性以及教育的道德性决定的。大学道德责任可以通过加强道德领导、强化道德教育以及发挥大学的社会批判功能来实现。

[关键词]大学；道德责任；道德主体

一、道德责任及其特征

“道德责任”这一术语古已有之。但作为伦理学上重要的核心概念，它

① 本文系“山东师范大学优秀青年骨干教师国际合作培养计划”资助项目的研究成果。

② 王向华，山东师范大学教育学部教授、博士生导师，主要从事教育基本理论、高等教育研究。

却是近代随着权利意识的不断强化以及义务概念的不足而发展起来的。吉布森·温特（Gibson Winter）认为："在伦理学词汇中，责任是一个相对较新的术语。它出现在19世纪，但它的意义却有些模糊不清。它对行为进行评价，认为行为的动因在于行为者，而不在于义务（obligation）本身的宇宙或自然结构。19世纪历史意识的觉醒、科学技术的革新以及形而上学体系的坍塌颠覆了义务的固有含义。'责任'一词通过在法律和大众文化的背景下，对职责（accountability）和义务范围进行界定，弥补了义务原有含义的不足。"①

道德责任是一种社会历史范畴，现代意义上的道德责任自然与以往有所不同。道德责任在《辞海》中是这样解释的："人们对自己出于意志自由的行为的后果在道义上所承担的责任。"②在社会生活中，人们对自己的行为具有一定的选择自由，因此必须承担相应的道德责任。本文中的道德责任是指，具有一定自由和能力的个体或集体，以社会客观道德价值为评价标准，履行一定社会所赋予的对自我、他人、社会和自然的责任。③道德责任作为一种道德规范，不仅是判断个体行为和团体活动的道德标准方法，而且是责任主体走向道德完善的必然通道。

道德责任具有广泛性、层次性和自愿性等特征。

第一，道德责任具有广泛性。道德责任相比较于其他责任来说，不限于某一特定领域，它贯穿和渗透于社会各领域的责任之中。在许多情况下，应负政治、经济、法律、行政责任的部门或个人同时也要负道德责任。道德责任的广泛性并不意味着其适用范围的无限性，任何组织和个人所担负的责任都是有限的。

第二，道德责任具有层次性。道德责任大致可被分为三个层次：（1）较低层次的基本道德责任或"底线责任"。这一层次的道德责任是社会秩序得以维持并延续下去的根本，是社会全体成员必须履行的道德责任。（2）中间层次的契约道德责任。中间层次的道德责任主要通过契约、承诺、角色责任或职

---

① Cooper T L. The Responsible Administrator：an Approach to Ethics for the Administrative Role［M］. San Francisco：Jossey-Bass，A John Wiley & Sons Imprint，2006：5.

② 夏征农，陈至立. 辞海（普及本）：上［M］. 上海：上海辞书出版社，2009：696.

③ 郭金鸿. 道德责任论［M］. 北京：人民教育出版社，2008：52.

业责任来履行，因为它常与制度所给予个人的职务、地位有关。这种责任要求责任主体履行已经承担的角色义务，并付诸实际行动。（3）高层次的理想性道德责任。高层次的道德责任带有崇高性、超功利性和理想性等特点，是众多学者先贤所描述的“至善”境界。高层次的道德责任在某种意义上可以看作一种道德使命。一般而言，道德责任的三个层次没有严格的界限。因为随着社会的发展，原来是较高层次的道德责任可能会降为低层次的道德责任。另外，由于所处的社会环境不同，责任主体也会选择不同的道德责任层次，正如知名学者许纪霖所言，人们在“自由意志”下的选择有较高的道德责任，而在“不自由意志”下的选择，只有有限的、底线的道德伦理。①

第三，道德责任具有自愿性。道德责任与其他责任形式的明显不同在于主体承担责任时情感上的自愿性。道德责任的承担虽然有时也需要制度或舆论的强制，但主要是靠人们的自愿选择来完成的。“道德责任所包含的道德的内在的强制力和道德理性，相对于其他道德规范而言，是最集中、最强大和最多的，也是社会的道德要求和个人的道德信念结合得最紧密的。”②

二、大学承担道德责任的可能性

“大学”能够承担道德责任吗？大家通常认为，道德责任主要适用于个人的行动，道德责任的主体是个体的人。从严格意义上来讲，传统伦理学只有对个体的人的规范，没有对集体的规范。对集体道德责任的关注，始于第二次世界大战之后汉娜·阿伦特、雅斯贝尔斯等著名哲学家对于纳粹集团责任的思考。由此伦理学呈现出一个新的研究视域，并越来越引起学术界的关注。

（一）作为道德责任主体的集体

特雷西·艾萨克斯（Tracy Isaacs）曾指出，只要讨论道德主体，就大致可分为两种观点，即个体主义者的观点和集体主义者的观点。③集体的建立、存在、运转和活动是社会生活中的重要事实，它们的行为始终存在道德的和不道

① 许纪霖. 一个正派的社会，不会强迫别人做圣人［OL］. 微信·许纪霖之窗，2016-06-07.

② 罗国杰. 中国伦理学百科全书·伦理学原理卷［M］. 长春：吉林人民出版社，1993：341.

③ Isaacs T. Moral Responsibility in Collective Contexts［M］. New York：Oxford University Press，2011：23.

德的区别。从逻辑上讲，让集体承担道德责任，好像没有太大困难，因为一个集体的活动总会有道德上的结果，主张集体组织作为一个实体能够担负道德责任是合理的。然而，关于集体是不是道德责任的主体问题，在当代西方伦理学界仍存在着争论。

个体主义者认为主体和责任只能归于个体的人类行动者，集体主体和集体责任可以简化为个体主体和责任。海维尔·D. 刘易斯（Hywel D. Lewis）曾指出："价值属于个人，个人是道德责任的唯一承担者。"[①]而集体主义者赞同一种非简化和更为整体性的观点，认为集体主体和集体责任不能简化为个体主体和责任。

集体道德责任的倡导者认为，集体道德责任是真实存在的，但不是所有集体都能承担道德责任。彼得·A.弗伦奇（Peter A. French）借用地质学术语，认为集体有"集合性集体"（aggregate collectivity）和"联合性集体"（conglomerate collectivity）之分。集合性集体"只是聚集在一起的一群人"。[②]"联合性集体是一种个人的组织，它的同一性不能通过联合起来的组织成员的身份来解释。"[③]一般认为，只有联合性集体才是集体道德责任的场所，因为只有联合性集体能够成为一个道德自主体，做出有目的的行动。

总体来看，能够承担集体道德责任的群体需要满足三个条件。

第一，集体应是具有独立道德行为能力的系统、组织或机构。集体与作为行动主体的个人有着极大的相似性，但集体行为又具有超个体性，其行为具有无法由个体所能承担的独特的效果。

第二，集体具有行为意向性，具有决策程序，并能够将其决策付诸行动。[④]集体的行为都是由人做出的，但是我们并不能由此而否认集体本身的能力。与自然人不同，任何一个集体行为都是由其决策机制所决定的，对于一个集体来说，问题的关键不在于其内部成员是否意见一致，而在于这些成员是否

---

① Lewis H D. Collective Responsibility［J］. Philosophy，1948（84）：3–18.

② French P A. Collective and Corporate Responsibility［M］. New York：Columbia University Press，1984：5.

③ French P A. Collective and Corporate Responsibility［M］. New York：Columbia University Press，1984：13.

④ French P A. Collective and Corporate Responsibility［M］. New York：Columbia University Press，1984：13–14.

认可集体共同的决策规则，集体的行为意志就是从这种对决策规则的认同与贯彻中产生出来的。[①]集体作为一个有机整体有自己独立的行为意向，并且作为行为主体能够为自己的行为承担责任，这种道德责任不会因集体中的个体成员而受影响。即使某位成员根本不赞同某一项决策，但他只要没离开这个集体，就仍需对该集体的决策负有道德责任。即使一些成员离开或不存在，集体所应负的道德责任依然存在。

第三，集体行为能够导致积极或消极的道德结果。任何集体的行为必然对他人、其他集体、社会产生积极或消极的道德后果。集体行为的结果并不是集体中每一个体成员行为的简单相加，其影响力要比个体的活动影响大得多。拉里·梅（Larry May）对此也指出："把集体责任归属于一个组织集体的必要条件是，这个集体中的每一个成员所从事的活动或疏忽促成了有害的后果，对于这个后果，集体被认为集体地负有责任。"[②]

（二）大学具备承担道德责任的条件

就责任主体来说，大学作为一种组织，是典型的联合性集体。一是大学具备一系列的组织机制，有一套针对个人的强制性行为标准。二是大学机构有一个可以确认的道德主体，它能做出决策并付诸群体性行动。这些决策是群体通过符合理性的群体意向或群体选择自觉地做出来的。大学能够做出和集体责任相关的行动和意向，因为大学机构内部成员具有共同的利益或需要，他们追求的是共同的目标。三是大学所从事的活动能够导致积极或消极的道德结果。由此我们可以看出，大学具备承担道德责任的集体的特征，能够作为集体主体来承担道德责任。

大学作为一种组织，具有自己的意向性结构。就组织行动而言，大学的行动在集体水平上是直接来自集体的意图的。"集体行动是集体意图的结果。"[③]

从理论上讲，很可能组织或许有意追求一种行动过程，而这种行动过程并不是组织结构中的每个人想追求的。但就大学而言，他们并不需要分享集体

① 甘绍平. 伦理学的新视角［J］. 道德与文明，1998（6）：14–17.

② May L. Collective Inaction and Shared Responsibility［J］. Noûs，1990（2）：269–277.

③ Isaacs T. Moral Responsibility in Collective Contexts［M］. New York：Oxford University Press，2011：29.

总体目标的宏观责任（big-picture commitment），“人们仅仅各司其职时集体行动就能实现”[①]。只要他们履行了他们的职责，他们的行动就会对集体行动做出贡献。集体行动的发生并不是不需要个体的参与，就相关结构而言，如果个体不履行他们的角色，集体行动就不会发生。然而组织的意向性结构与组织内个体发挥其作用的意图是不同的。“组织的结构性特点使他们成为道德主体的最明确的候选人。”[②]不可否认，大学内部有诸多个体性道德责任的存在，只是本文更倾向于研究作为组织的大学的道德责任，更多的是从集体道德责任的视角来研究。

大学作为一种特殊的社会组织，自其诞生之日起便承担着不同于一般社会机构的责任。所谓大学的道德责任是指大学作为责任行为主体，以社会客观道德价值为评价标准，履行一定社会赋予它的对他人、社会以及自然的责任，并对自我行为所产生的后果承担相应的责任。大学的道德责任具体表现为大学在从事高等教育活动时，不仅要倡导并坚持人类理想的道德价值观，而且要运用这些价值观造就公众道德，从而促进社会德性和理性的共同进步。

三、大学承担道德责任的合理性

大学承担“道德责任”由来已久，这是不容置疑的事实。但大学为何要承担道德责任？简言之，大学之所以要承担道德责任，主要是由这种机构的独特性质决定的。大学从诞生之日起就是由教师和学生共同开展活动的机构。教师向学生传递知识构成了教学活动，教师和学生一起发现新知识构成了大学的科研活动。大学通过创造先进的科学技术和培养高级专门人才为社会做贡献构成了大学的社会服务活动。大学的这些本源性活动都是伦理性的，无论是这些活动的目的、进行过程还是结果都涉及对与错、好与坏，因此承担着道德责任。换句话说，大学承担道德责任是因为行动本身有对错之分，因此大学有义务来承担道德责任。本部分主要从学术活动的道德性以及教育活动的道德性来分析大学承担道德责任的合理性。

---

① Isaacs T. Moral Responsibility in Collective Contexts［M］. New York：Oxford University Press，2011：31.

② Isaacs T. Moral Responsibility in Collective Contexts［M］. New York：Oxford University Press，2011：31.

（一）大学学术活动的道德性

自中世纪开始，大学成了专门的以知识性为核心特征的组织机构。随着知识的分化，大学也出现了分化，大学内部的系所、学院等组织结构的形成和确立，很大程度上是由知识的属性所决定的，是不断趋于分化与整合的学科制度化的产物。知识性是大学组织结构存在与发展的基础，也是大学区别于其他社会组织的标志性特性。[①]正如美国著名高等教育学家克拉克所说："知识材料，尤其是高深的知识材料，处于任何高等教育系统的目的和实质的核心。"[②]

所谓知识就是关于客观世界的正确认识，是认识主体与客观存在相互沟通进而达成某种共识的产物。知识在根本上是逻辑或本质的直观表达，这一点也就决定了一般的组织机构是无法承担知识的发展与传播任务的，唯有通过大学方可完成。"对于大学而言，从事学术既是首要责任，也是立足之本。"[③]学术研究的对象是知识，学术的核心内容是知识的发现与创造，而"知识"与"道德"具有不可分割的内在联系，知识与人类的"德性"自古便为一体，大学的产生和发展更是和学者群体的道德追求密不可分。因此，大学具有更加原发内生的道德诉求。[④]大学正是通过各类学术活动不断进行知识创造与知识传播，满足社会需求，实现其道德责任。

学术活动的道德性是根深蒂固的。从学问产生的源头说起，"学问是人之德性所需，亦为人之德性所能"[⑤]。就人的立场而言，可谓"德性在内"，"学问在外"。"自内向外，由德性发展出学问。"[⑥]总而言之，"学问乃是一种自然发展，由天到人，由德性到功力。学问创造仅是人类天赋德性之表现"[⑦]。但随着人类文化日益进步，情形渐渐不同。各种学问，分道扬镳，也可称为"学

① 陈想平. 论大学组织的知识性与科层性［J］. 高教探索，2006（2）：62-65.

② 伯顿·R. 克拉克. 高等教育系统：学术组织的跨国研究［M］. 王承绪，等译. 杭州：杭州大学出版社，1994：12.

③ 崔延强，邓磊. 论大学的学术责任：现代大学学术研究的四重属性［J］. 教育研究，2014（1）：84-91.

④ 崔延强，邓磊. 论大学的学术责任：现代大学学术研究的四重属性［J］. 教育研究，2014（1）：84-91.

⑤ 钱穆. 中国学术通义（新校本）［M］. 北京：九州出版社，2012：304.

⑥ 钱穆. 中国学术通义（新校本）［M］. 北京：九州出版社，2012：304.

⑦ 钱穆. 中国学术通义（新校本）［M］. 北京：九州出版社，2012：306.

问之分野”或“学术之流派”。就学问分野而言，钱穆先生认为，大而言之，一切学问，可有两大分野：一是“自然学”，一是“人文学”。①但无论是自然学还是人文学都离不开德性。“‘德性’之学，实乃不是在‘人文学’与‘自然学’之夹缝中，而是此两大分野的学问上之一种综合学问。”②

时至今日，人们对知识的追求与对道德的追求依然是唇齿相依的关系。为了能够更好地融入和适应社会，人们努力接受完整的教育，学习系统的知识；为了社会的发展和人类的福祉，人们不断探索新的知识，提升生活质量和道德水平。因此，获得知识并不是学术研究的最终目的，学术活动的终极指向是从求知的过程和结果中体验理性、完善人格，并最终把握“善”与“正义”。由此可见，大学追求知识和真理的过程就是一种向善的过程。因此，从学术活动的道德诉求来看，大学承担道德责任是理所应当的事情。

（二）大学教育活动的道德性

在日常语言中，“教育”与“道德”存在必然的联系。“教育”作为肯定性评价词和规范词具有道德的含义，它指称的是通过道德上可以接受的方式以有价值的内容影响学生的活动。它表达的是一个道德概念。③“教育概念之所以是个道德概念，是因为它所反映的实践具有道德的性质。”④教育实践属于道德实践，因为“教育活动不是一种价值无涉的活动，而是一种广受价值左右的活动。教育从不在道德上保持中立”⑤。无论从语言上、从逻辑上还是从事实上来说，教育都与道德密不可分。可以说，“教育的领域是道德的领域。在一般意义上，教育即对道德的自觉追求；在终极意义上，教育即道德”⑥。赫尔巴特在《论世界的美的启示为教育的主要工作》一书中指出：“教育的唯一工作与全部工作可以总结在这一概念之中——道德。”⑦“道德普遍地被认为是

① 钱穆. 中国学术通义（新校本）［M］. 北京：九州出版社，2012：319.

② 黄向阳. 德育原理［M］. 上海：华东师范大学出版社，2000：29.

③ 黄向阳. 德育原理［M］. 上海：华东师范大学出版社，2000：30.

④ 黄向阳. 德育原理［M］. 上海：华东师范大学出版社，2000：30.

⑤ 杨四耕. 教育与道德［J］. 教育理论与实践，2004（2）：43–47.

⑥ 赫尔巴特. 论世界的美的启示为教育的主要工作［M］//张焕庭. 西方资产阶级教育论著选. 北京：人民教育出版社，1979：259–260.

⑦ 赫尔巴特. 论世界的美的启示为教育的主要工作［M］//张焕庭. 西方资产阶级教育论著选. 北京：人民教育出版社，1979：260.

人类的最高目的，因此也是教育的最高目的。”[①]

从教育的本体功能上看，教育是培养人的社会实践活动，但培养什么样的人，就牵涉到价值判断的问题，体现着道德性。“教育的道德性，是人的道德性在教育活动中的集中反映。”[②]从道德性内隐的角度来审视，道德是涉及人与自然、人与社会、人与他人及人与自我之间的关系的，所以，可以把人的道德性看作人对自然、社会（群体）、他人及自我的一种责任感。[③]理想的教育应包含善良的意图或道德的目的；包含有价值的内容，或产生有益的影响；采取合乎道德的方式，或在道德上可以接受的方式。道德性普遍存在于一切教育之中，教育的道德性是根深蒂固的。

从教育作为一项社会事业来看，可以说教育也是一项道德事业，以人的道德本性作为基础，把培养道德人作为教育的目标和理想。它按照一定社会的要求，选择合理的教育方式和手段，通过培养人，实现人的全面和谐发展，进而实现人类社会的福祉。在这里，教育是一个中间环节，而教育在完成这些任务的时候，必定肩负着一定的道德责任。

高等教育处在学制体系中的最高阶段，它是建立在完全的中等教育基础之上的各级、各类专业教育的总称。从这一定义可看出，“高等教育属于教育范畴，是教育的一个阶段，因而高等教育和教育有着共同的本质属性和规律”[④]。高等教育虽有其自身的独特性，但从本质上说具有一般教育活动所具有的道德性。大学是进行高等教育活动的重要机构，高等教育的道德性也就决定了大学应该履行道德责任。

大学作为进行高等教育活动的机构不同于普通的中小学，追求学术、追求真理是其本性。大学的“学术性”特征，决定了大学有其自身发展的内在逻辑，而学术自治与学术自由则是最为根本的前提和保证。大学要充分、有效、正确地行使并保障学术自治与学术自由，必须对各利益相关者履行社会责任。大学自治与学术自由是大学履行道德责任的价值根源。大学的正常运行，大学基本活动的选择与设定都需要价值判断和道德指引。道德性已经根植于大学的

① 孙彩平. 教育的伦理精神［M］. 太原：山西教育出版社，2004：29.

② 孙彩平. 教育的伦理精神［M］. 太原：山西教育出版社，2004：37.

③ 潘懋元. 新编高等教育学［M］. 北京：北京师范大学出版社，2009：5.

④ 黄静，文胜雄. 道德领导的本土化研究综述与展望［J］. 中国人力资源开发，2016（3）：12–18.

天性，道德渗透在大学的各种关系和各种活动中，大学开展教学、科研和社会服务等活动的过程也就是履行道德责任的过程。

四、大学道德责任的实现策略

大学的道德责任主要包含三方面的内容：首先，大学自身要成为道德楷模，在从事各种活动时都要以正确的价值观指引自己的行为；其次，要在教育教学活动中培养有道德的公民；最后，还要进行社会批判引领社会道德。大学的道德责任是三位一体的。大学道德责任的实现可以通过加强道德领导、强化大学道德教育以及发挥大学的社会批判功能来实现。

（一）基于道德领导理论塑造自身

道德领导（ethical leadership）又被翻译为伦理领导、道德型领导、德行领导。“从20世纪80年代开始，道德领导成为领导理论研究的新方向。”[①]在教育领域，一般认为道德领导理论最早由美国教育管理学家托马斯·J. 萨乔万尼（Thomas J. Sergiovanni）于20世纪90年代提出，本部分主要以萨乔万尼的道德领导理论为基础展开讨论。大学加强道德领导有利于更好地实现其道德责任。

第一，大学应建构具有象征价值的大学组织目标。对大学而言，真正的共同愿景，可以说就是通过激发全体教职人员与学生的智慧，逐步形成对全体组织成员具有约束力与指向性的办学理想与目标。清晰的象征性目标，能够将人们紧密地团结在松散的、允许自由表达的共同体中，致力于完成一项共同事业。

第二，基于道德权威与学术权威建立大学组织制度。雅斯贝尔斯曾讲：“大学只能作为一个制度化的实体才能存在。在这样一种制度里面，大学的理念变得具体而实在。大学在多大程度上将理念转化成了具体实在的制度，这决定了它的品质。”[②]大学既要突出来源于教师专业价值、专业认可的专业权威，以及来源于教师对于组织共同体的责任和义务感的道德权威，也要强调现代大学组织制度的建设，这样才能更好地履行大学的道德责任。

第三，构建具有大学特色的组织文化。大学组织文化是大学的灵魂，“大学教育目的的达成与否或质量好坏，很大程度上依赖于大学创设的文化环境，

① 卡尔·雅斯贝尔斯. 大学之理念［M］. 邱立波，译. 上海：上海世纪出版集团，2007：108.

② 眭依凡. 大学的使命与责任［M］. 北京：教育科学出版社，2007：20.

大学文化环境的品位极大地影响到学校所造就的人的品位”[①]。不同的大学有不同的文化底蕴，所培养出来的人也就带着这种文化的烙印，呈现不同的文化气质。“大学必须有认识和坚持自己使命的文化自识和文化自律，只此大学才会有文化自觉，有文化自觉的大学才能自觉坚持于大学的本分和本质，才能觉己而后觉他，才能成为社会的人文精神和道德榜样。”[②]因此，大学要努力构建具有人文情怀，能够彰显其特点与学术自由的组织文化。

第四，大学全员参与履行大学道德责任。大学校长是大学履行道德责任的核心人物，“作为象征性的领导者，校长一贯倡导学校的核心价值，并把学校生活的各个方面与之相联系，这样他就为那些引导人们创造共同现实的学校神话赋予了新的生命力”。教师和学生是大学存在的重要条件，大学的生命就在于教师传授给学生新颖的、符合自身境遇的思想来唤起他们的自我意识。大学教师要具备专业理想并能够实现自我管理，只有这样才能真正地明确自身的社会责任，热情地投身于高等教育事业。而“大学生活对学生的仰仗并不少于教授。在一所学生资质不称的学校里，最好的教授都会举步维艰”[③]。因此，学生也要做出相应的努力，才能更好地实现大学的道德责任。

（二）强化道德教育

大学不仅是一个知识机构，而且是一个道德养成的场所。大学的核心使命就是培养高素质的专门人才。高素质的专门人才，既要具备优秀的专业知识和能力，又要具备专业领域的道德。“大学对于学生的道德健康问题和智力的发展问题一样，是负有责任的。”[④]进行道德教育是高等教育的应有之意，也是大学更好地履行其道德责任的重要策略之一。大学道德教育的内容应包括个人品德、社会公德、职业道德、家庭道德等方面。事实上这些领域不可能截然分开，为了叙述的方便，本部分主要基于个人生活领域的道德和工作生活领域的道德来论述。

---

① 眭依凡. 大学的使命与责任［M］. 北京：教育科学出版社，2007：7.

② Birnbaum R. How Colleges Work：The Cybernetics of Academic Organization and Leadership［M］. San Francisco：Jossey-Bass，1988：208.

③ 卡尔·雅斯贝尔斯. 大学之理念［M］. 邱立波，译. 上海：上海世纪出版集团，2007：147.

④ 弗兰克·H. T. 罗德斯. 创造未来：美国大学的作用［M］. 王晓阳，蓝劲松，等译. 北京：清华大学出版社，2007：191.

1. 重视个体品德教育

关于大学本科教育的目标，尽管古今中外学者的观点和表述并不一致，但大学教育目标的道德意蕴，即培养学生的个人品德基本得到了大家的共识。

首先，要密切联系社会现实。大学道德教育要将课程建立在大学生真实、生动的生活基础之上，体现道德教育基于生活、回归生活的路向。但随着全球化时代的到来，世界各国越来越为国际环境，特别是异域文化和国际危机所左右，大学必须直面这些挑战，努力构建一套道德知识基础，培养学生的道德践行能力，以便让学生有效地适应可能出现的各种道德问题。

其次，强化道德推理教学。许多实证研究显示，“道德推理能力的提升是学生在大学期间取得的最大进步之一”[①]。大学期间学生在道德推理能力上取得的进步“并不会随着时间的推移逐渐消退，反而还会逐步提升”[②]。尽管大学生道德推理能力的进步不能完全归功于大学的道德教学，但大学绝对功不可没。大学道德教学应该鼓励学生认真思考复杂的道德问题，提升对道德两难问题的敏感性；鼓励学生阅读有关日常生活道德两难问题的哲学、伦理学著作，提高自己的道德推理能力和道德选择能力。

最后，提升大学教师的学术素养与责任感。在罗德斯（Frank H. T. Rhodes）看来，教学是“一项道德职业”[③]。大学教师在教学中要注重师生双方精神层面的交流，避免将大学教学理解为一种政治化的教学。大学教师要明确区分道德教学与自己的政治立场和从事的政治活动之间的界限。“即使教授可能与学生对道德问题或公民问题的看法不一致，也绝不能运用自己的权力压制与自己相反的观点。”[④]教师也不应利用教学的方便，向理智上还不成熟、缺乏独立判断能力的学生宣传个人的政治观点。教师在课堂上必须使自己的观

---

① Pascarella E T，Terenzini P T. How College Affects Students：A Third Decade of Research［M］. San Francisco：Jossey-Bass，2005：347.

② Bok D C. Our Underachieving Colleges：A Candid Look at How Much Students Learn and Why They Should be Learning More［M］. Princeton：Princeton University Press，2006：154.

③ 弗兰克 · H. T. 罗德斯. 创造未来：美国大学的作用［M］. 王晓阳，蓝劲松，等译. 北京：清华大学出版社，2007：191.

④ Bok D C. Our Underachieving Colleges：A Candid Look at How Much Students Learn and Why They Should be Learning More［M］. Princeton：Princeton University Press，2006：65.

点属于学术范围或所传授的学科范围，教会学生用自己的头脑判断问题。

2. 加强专业伦理教育

所谓专业伦理教育就是教育者有目的、有计划、有组织地将专业伦理传递给准专业成员的过程。在当今高科技社会，专业活动日益朝着精细化、复杂化的方向发展，这必然会引起许多前所未有的伦理问题。大学应加强专业伦理教育，使所培养的专业人才能够引领社会风尚、引导社会理想和社会实践，从而促成整个社会朝着更加文明的方向发展。

首先，大学应加强专业伦理教育师资的培养。从事专业伦理教育的教师不仅要拥有高水平的专业知识和伦理学知识，还要有丰富的专业实践，这样才能提高专业伦理教育的实效性。其次，大学要开设专业伦理教育课程，灵活进行专业伦理教学。大学专业伦理教学要采用讲授法、讨论法、辩论法、角色扮演等多种方法灵活进行。最后，专业伦理教育要注意学校教育与职场教育相结合。这种结合有两个方面的含义："一方面是指借助于职场的资源完成学校教育过程，另一方面是指在职场活动中巩固和发展学校教育的成果。"[①]对于大学来说，借助职场资源更好地进行专业伦理教育是主要的。总之，专业伦理教育是培养合格专业人才必不可少的教育内容，大学要注意提升学生的专业伦理素质。

（三）充分发挥社会批判功能

联合国教科文组织曾指出："大学也应作为一种社会需要的，能帮助它思考、理解和采取行动的智力权威机构，能够完全独立和完全负责地就伦理问题和社会问题发表意见。"[②]作为社会的良心的高等学校，在面临社会上出现的道德失范或失衡时，往往表现出"社会良心"的中流砥柱作用。大学以自己固有的良好道德风尚批评错误的倾向，抵制社会道德偏失，从而引领社会道德，推动社会道德的进步。造就公众道德，引领社会道德方向是大学的重要责任，大学这一责任的实现主要通过社会批判来完成。大学社会批判功能的发挥有赖于大学教授的社会责任感和大学生的社会责任感。

大学教授作为知识分子中的一个特殊群体，是社会良知的守望者、社会

---

① 罗肖泉. 高等学校专业伦理教育论纲［M］. 北京：知识产权出版社，2011：104-105.

② 联合国教科文组织. 教育：财富蕴藏其中［M］. 北京：教育科学出版社，2014：101.

批判的实践者。费希特在其《论学者的使命·人的使命》一书中曾说：“学者……应当成为他的时代道德最好的人，他应当代表他的时代可能达到的道德发展的最高水平。”[①]知识分子之所以为知识分子，不光是他们从事学术研究或掌握专业技能，而是由于他们怀有强烈的社会责任感和使命感，思考关涉人类社会的普遍性问题，致力于推动人类基本价值的充分实现。“知识分子在他们的活动中显示出一种对社会核心价值的显著关心。他们是寻求道德标准和维护有意义的一般象征的人。”[②]“提高整个人类道德风尚是每一个人的最终目标，不仅是整个社会的最终目标，而且也是学者在社会中全部工作的最终目标。学者的职责就是永远树立这个最终目标，当他在社会上做一切事情时都要首先想到这个目标。”[③]

大学教授对社会的评判，不是以自我为中心，而是出于自身的良知和正义，从理性出发，以社会价值、社会公正为评价标准。但大学教授要承担起社会批判的重任，还要注意以下两方面。首先，大学教授必须具有独立之人格、自由之精神。大学教授只有具备了独立的人格，才能摆脱权力与金钱的诱惑，重现知识分子的本质，敢说真话，不辱使命。其次，大学教授必须走出校园，关注社会。大学教授要批判社会，必须把握社会脉搏，了解社会现状。大学教授只有走向社会，理论联系实际，把自己的学术专长与社会问题结合起来，才能真正抓住问题的实质，提出独到的见解。

大学担负为社会培养创新人才的重任，不仅要培养学生具有一技之长，更主要的是把学生塑造成有德性、有责任感、敢于批判和勇于自我反省的人。在现代社会，要使大学更加理智地引导社会道德的发展，指向更理想的道德社会，就必须在大学中培育出理性批判精神，担当起道德的使命。大学的批判精神只有契合时代特征，才能有根基、有活力、有效力。

［选自《教育研究》2018年第1期］

---

① 费希特. 论学者的使命·人的使命［M］. 梁志学，沈真，译. 北京：商务印书馆，2009：45.

② 张汝伦. 思考与批判［M］. 上海：上海三联书店，1999：21-22.

③ 费希特. 论学者的使命·人的使命［M］. 梁志学，沈真，译. 北京：商务印书馆，2009：45.

公民道德建设中的“剧场效应”及其社会治理

冯永刚[1]

[摘要] 作为社会治理的精神动力和力量源泉，公民道德是衡量社会治理程度的重要尺度，直接关涉社会治理能力和治理水平。然而，由公民道德建设中“剧场效应”所引发的一己私利最大化、集体无意识、预设的单一性、行为的盲从性等问题，会腐蚀社会的主流道德价值、破坏道德秩序，其对公民道德健康发展及社会治理良性循环带来的危害不容小觑。突破公民道德建设中“剧场效应”的社会治理路径是：培育公共精神，强化以人为本的社会治理理念；彰显公共政策的价值导向，促进公共政策与道德建设良性互动；弘扬中华优秀传统道德，秉持推陈出新的社会治理原则；健全利益协调制度，切实提升制度执行的社会治理力度；凝心聚力，营造齐抓共管的社会治理格局。

[关键词] 公民道德建设；剧场效应；社会治理

公民道德是公民的道德规定性，是公民必须遵守的道德规范和行为准则。2019年10月，中共中央、国务院印发的《新时代公民道德建设实施纲要》（以下简称《纲要》）明确指出：“在国际国内形势深刻变化、我国经济社会深刻变革的大背景下，由于市场经济规则、政策法规、社会治理还不够健全，

---

① 冯永刚，山东师范大学教育学部副部长、教授、博士生导师，主要从事道德教育哲学、教育基本理论研究。

受不良思想文化侵蚀和网络有害信息影响，道德领域依然存在不少问题。”[①]特别是公民道德建设领域凸显的“剧场效应”，偏离了公民道德的发展轨迹，助推了不道德行为的滋生和蔓延，其危害不容小觑。“剧场效应”与“破窗效应”有一定的类似。深入剖析当前公民道德及公民道德建设中“剧场效应”的呈现样态，洞悉“剧场效应”对公民道德及公民道德建设的危害，进而从社会治理的角度探讨其解决之道，有助于切实贯彻落实《新时代公民道德建设实施纲要》，推进公民道德问题社会治理的深化研究。

一、公民道德建设领域中的“剧场效应”及其表现

“剧场效应”一词最早由法国启蒙思想家卢梭提出和使用。从社会学的角度入手，我们可以这样来认识和理解“剧场效应”：倘若在一个剧院里，大家都能按照座位号对号入座，静坐观剧，现场定然秩序井然。然而，一旦前排一个不守剧场规矩的观众站起来观剧，而在这个时候又没有人对其行为加以制止，这势必会阻挡后排观剧者的视线，于是为了能够更好地观看演出，后排的观众不得不站起来观剧，受其影响，周围的一些人也陆续站起来观剧，以致最后整个剧场的人都从坐着观剧变成了站着观剧。随着时间的推移，虽然观剧者都感觉到久站很累，但没有人愿意先坐下来，剧场秩序被严重地破坏。由此带来的不可避免的后果是，尽管站起来观剧同坐着观剧的效果没有根本的区别，但站起来观剧使大家感觉到更累，导致每个人的身体和心理不同程度地受损。由于所有观众均是参与者，因而每个人既是受害者，也是破坏秩序的助推者。

聚焦于公民道德建设领域，“剧场效应”是指个别公民漠视或无视大家共同遵守的道德规范或行为规则，率先表现出背离或僭越道德的行径，但这种不良行为并没得到应有制止，受其蛊惑，周围越来越多的人开始效仿其行，形成群众性模仿，从一个人群蔓延到另一个人群。具体而言，公民道德建设中的“剧场效应”表现为以下方面。

1. 一己私利最大化

公民道德建设中的“剧场效应”体现的是一种为了追求个人利益或局部

① 中共中央国务院印发新时代公民道德建设实施纲要［N］. 人民日报，2019-10-28.

利益最大化的功利思想。在“剧场效应”功利主义思想的辐射下，一些人将目光拘泥于个人的狭小天地，专注于利己主义的成功，并据此认为，“当一个事物倾向于增大一个人的快乐总和时，或同义地说倾向于减小其痛苦总和时，它就被说成促进了这个人的利益，或为了这个人的利益”[①]，进而践踏公民道德规范，侵犯其他公民的合法权益，不遗余力地追求一己私利。为避免成为事实上的“吃亏者”，引发了更多人的效仿行为，着实令人担忧。同时，在基层工作中，一些“剧场”的组织者疏于管理，过分关注公民道德建设的工具价值和外在价值，漠视公民道德建设之于砥砺公民道德素养的重要价值意蕴，导致公民道德建设成就和完善人的德性的本体价值和内在价值被遮蔽、被弱化，严重地偏离了公民道德建设的本真。

2. 集体无意识

在“剧场效应”中，因剧场的现场演出具有封闭性较强、感知领域强度高、感染力效果好等特点，且观众都是洗耳恭听，无以发挥自己的主观性和自主性，也难以发出自己的声音，只能是“集体的沉默”，形成集体无意识。这种效应在公民道德建设领域中也常有体现。公民道德建设中的集体无意识，实质上是按照既定的计划或方案来进行程序化的活动，不仅漠视个体在道德活动中的感悟、理解、体验等环节之于公民道德内化的重要性，而且将必要的启发与引导“置身事外”，以致个体只能服从既有安排，缺乏主动性和创新性。“当第一排观众站起来，后排观众也只能无奈站起。”[②]而且，为了统一行动，现实中开展的一些公民道德活动的框架、内容、程序均是既定不变的，这使得一些组织者在开展公民道德活动时因循守旧、照本宣科，缺乏创造活力。对个体而言，易使他们丧失道德学习的积极性与主动性，致使公民道德无法深入个体的内心世界，从而难以真正促进个体道德的有效建构。这种现象如果扩展开来就会导致人们对公民道德问题的关注日渐下降，在公民道德及公民道德建设中表现出“事不关己，高高挂起”的心态，如一些人对环境污染、食品安全问题、违法乱纪等现象表现出的道德冷漠行为。

3. 预设的单一性

过程的预设性是剧场现场演出成功的重要保障。过程的预设性对于剧场

① 边沁. 道德与立法原理导论［M］. 时殷弘，译. 北京：商务印书馆，2000：58.

② 丁雅诵. 用理性破除“剧场效应”［N］. 人民日报，2019-01-06.

演出之所以不可或缺，是因为剧目演出的演员、时间、地点、内容等基本上都是固定的、常态化的安排。“剧场效应”在公民道德领域中的投射，集中地体现为公民道德过程的单一预设性。毋庸讳言，预设是公民道德建设不可忽视的重要环节，精心的道德预设是引导良好道德生成的前提条件。但公民道德建设的预设性不同于剧场演出过程的预设性，因为二者的指向不同：前者所面向的主体是活生生的个体——人，指向公民个体德性的完善，而后者所面向的主体对象是物，即剧目。在“剧场效应”的笼罩下，一些组织者惯用简单的线性思维设计公民道德建设活动，甚少考虑公民个体道德发展的实际需要、道德情境的复杂多样以及道德动态生成的可能，既没有充分发挥公民个体的道德能动性，也无视他们道德自主选择的权利，导致他们被动地接受学习，无法真正从情感与心理上服膺与内化道德，难以进行自我道德的积极建构，不利于公民道德实效性的提升。

4. 行为的盲从性

行为的盲从是“剧场效应”在公民道德建设中的典型表征，主要是指在缺乏有效监管与约束的道德环境中，一些人缺乏应有主见，甚至违背已有的公民道德规范与价值体系的一种从众行为。“群体性负面道德模仿指的是群体中的个体模仿他人做出不道德的行为，亦即在伦理道德领域不学‘好’而学‘坏’。”[①]这种行为是一些人没有自己的道德标准和道德底线，缺乏道德理性和道德主见的体现。聚焦于当前的公民道德建设活动，一些部门或单位在公民道德建设中无视自己的实际情况，青睐“拿来主义”，认为“外来的和尚会念经”，总是跟在别人的后面亦步亦趋。对于别人的经验和做法，如法炮制，简单移植，“依葫芦画瓢”，甚至不惜进行虚假的、表面的、走过场的道德表演，催生了盲从、偏信、跟风、故弄玄虚等不良情形，迷失了发展方向，这势必导致公民道德建设误入歧途。

二、公民道德建设领域中“剧场效应”的危害

众所周知，公民道德是一种社会现象，人是社会的存在，公民道德的主体是人，社会性是人的本质属性和内在尺度。诚如马克思所言：“人的本质并

① 冯丕红. 道德破窗现象及其治理［J］. 道德与文明，2019（4）：136–143.

不是单个人所固有的抽象物，在其现实性上，它是一切社会关系的总和。”[①] 道德是人的道德，归根到底是社会关系的产物。人与人之间能否有效交流、沟通和互动的社会关系样态，显在或潜隐地影响着公民的道德价值取向，指引着他们的道德判断和道德行为抉择。正是在共同生活、相互交往、协调利益冲突或人际纠纷的社会关系中，公民道德得以形成并不断发展。因此，社会关系影响甚或决定着公民道德的性质和发展方向。由此可见，建立积极的、良性的社会关系之于公民道德建设是至关重要和不可或缺的。然而，公民道德建设中的“剧场效应”呈现的是人与人之间一种负面的、扭曲的、畸形的社会关系，侵蚀人们的精神和灵魂，污染社会的道德风气，导致社会道德滑坡，其流弊不能不引起我们的高度警觉。

1. 腐蚀社会的主流道德价值

社会主流道德形态凝结着中华民族最深层的道德追求，表征着中华民族特有的精神文化，是中华民族的立足之本与发展之魂。社会主流道德价值是社会主流意识形态的重要组成部分，对于增强社会主流意识形态的凝聚力和向心力至关重要。加强社会主流道德价值，捍卫社会主义意识形态的主导地位，既是我国公民道德建设肩负的责任担当，也是推进当前社会治理现代化的应有之义。然而，现实中一些人在公民道德建设中利用“剧场效应”诱导他人形成不良的道德及言行，这在一定程度上削弱了社会主流意识形态的影响力，为主流意识形态教育增加了难度。一些公民深受其害，逐渐疏远社会主流道德价值，这阻抑了社会主义核心价值观培育和践行的行进步伐，由此可能产生严重的道德危机，成为侵害民族精神的毒瘤，将污染整个社会的道德风尚。

2. 窒息公民道德的生机与活力

创新是事物不断前行的不竭动力，于公民道德及公民道德建设自不例外。公民道德建设的发展规律表明，矛盾和冲突是推动公民道德发展的直接动力，公民道德的水平就是在不断解决矛盾和冲突中得以提升的。面对依靠人们自身原有水平不能认识和解答的公民道德问题时，这就需要激发人们的道德兴趣或求知欲，大胆开拓，勇于探索，敢于革新，把握公民道德及公民道德建设的最新发展动态，如此公民道德建设才是鲜活的，才是富有生命力的。公民道德问题潜伏着公民道德创新的萌芽，解决公民道德问题的过程，既是焕发公民

① 马克思，恩格斯.马克思恩格斯选集：第1卷［M］.北京：人民出版社，1995：56.

道德建设魅力的过程，也是推进公民道德创新的过程。然而，公民道德建设中存在的“剧场效应”却反其道而行之。当公民道德问题出现时——某个人不守道德纪律而站起来观剧时，如果剧场管理人员和其他观众不能审时度势，没有采取相应的措施制止站起来的观剧者，或是采取了纵容和姑息的态度，或是一味地盲从，就会使公民道德的吸引力和感召力被严重腐蚀，公民道德建设失去应有的魅力与活力，这对于公民道德及公民道德建设的可持续发展造成了危害。

3. 破坏道德秩序

道德秩序是道德要素得以凝结在一起的存在方式，是稳定的、连贯性的、一致的、可延续性的一种状态。道德秩序增强了公民道德的确定性和预见性，预防或消解了公民道德建设过程中的各种扯皮、纠葛或摩擦，是道德发展的基本条件和前提保障。“作为不断重复出现的情况S中的行为者人群P，其行为的规律性R在且仅在以下情况下成为行为准则，而且在P中这是一种共识，即在任何一种S的场合下，P的成员：（1）每个人都遵守R；（2）每个人都希望其他人遵守R；（3）每个人在其他人都遵守R时也心甘情愿地遵守R，因为S是一个协作问题，对R的一致遵守是在S中的一个协作性均衡……如果其中任何一个行动者单独采取与众不同的行动，不管是他本人还是其他人都不会得到好处。”①与道德秩序相对应的是道德失序。“剧场效应”破坏了道德秩序，致使所有人都不愿意遵章行事，井然有序的文明氛围由此被中断。缺失了道德秩序，公民道德建设活动不仅难以正常运行，而且会逆向变化，非但无以促进公民道德进步，反而会引发公民道德的停滞甚或倒退。因为在一个松垮、紊乱或失序的环境里，不仅无法巩固已有的公民道德成果，反而会滋生新的公民道德困惑或精神危机，制造新的裂变和混乱，引发公民道德抵牾或道德失衡，毒害社会的道德风气。

三、突破公民道德建设领域中“剧场效应”的社会治理路径

通过社会治理的视角突破公民道德建设中的“剧场效应”，推进公民道德建设的长足发展，进而为社会治理提供必要的道德支撑，促进公民道德进步与

---

① 丹尼尔·W. 布罗姆利. 经济利益与经济制度［M］. 陈郁，等译. 上海：上海三联书店，上海人民出版社，1996：51.

社会治理现代化的共生共赢，让公民道德建设中的“剧场效应”无容身之所，需要我们认真做好以下几方面的工作。

1. 培育公共精神，强化以人为本的社会治理理念

社会治理的主体力量是公民，社会治理的成效应从公民的身上体现出来。质言之，公民的综合素养尤其是道德素质是社会治理的关键因素。公民道德建设以“成人”为鹄的，以丰盈和完善公民的道德人格为旨归，适应、满足和服务于所有公民而非个别公民的发展吁求，具有显著的公共精神的蕴含。人的道德主体地位决定了人要成为道德的主人。公民道德建设中“剧场效应”的出现，是由于观众缺乏应有的公共情愫和公共意识，拔高私人利益而诋毁公共利益，仅是从私人领域而不是从公共领域出发考虑问题，致使公共性缺席。按照马克思主义基本原理，脱离社会关系的、绝对孤立的个体是不存在的，推进人的本质力量的对象化活动健康运转需要人们之间增强合作意愿，加强交流合作，在必要时要采取一致的行动。但这种行动并不意味着个体没有自己的道德主见，随波逐流，人云亦云。虽然“剧场效应”中的人做出一致的行动，但这是出自功利和私心、为了个人利益而做出的实现个人目的的行为，说明剧场中的人依然没有从私我的领域中摆脱出来。因此，消除公民道德建设中的“剧场效应”，应坚持“为了人、依靠人和发展人”的道德舆论导向，凸显伦理关怀，着力培育公民的公共精神，引导人们扩大视野，走出个人的狭小天地，从独占、排挤、自我中心的囹圄中解脱出来，积极参与解决社会公共事务，孕育公共良知，推进公共利益的实现。要在公益、公平和共享中凸显对公共空间的人文关怀，强化超越个人功利的以人为本的社会治理理念，引导人们坚定理想信念，培育和践行社会主义核心价值观，过一种公共的、健康的、道德的生活。

2. 彰显公共政策的价值导向，促进公共政策与道德建设良性互动

治理公民道德建设中的“剧场效应”，要彰显公共政策的价值导向。一方面，在公民道德建设中，要设计和出台合乎社会公平正义、契合道德要求的公共政策制度。通过公共政策的价值导向，引导公民内化公共政策制度中蕴含的道德规则，心甘情愿地遵照道德行事，涵养品性，成为有德之人。尤其是要“把部分道德要求转化为法律法规，为良法善治奠定道德底蕴”。①《纲要》

① 陈融. 论社会主义法治促进和保障公民道德建设的使命［J］. 思想理论教育，2020（3）：16–20.

强调："各项公共政策制度从设计制定到实施执行，都要充分体现道德要求，符合人们道德期待，实现政策目标和道德导向有机统一。……加强对公共政策的道德风险和道德效果评估，及时纠正与社会主义道德相背离的突出问题，促进公共政策与道德建设良性互动。"①另一方面，建立了符合社会公平或正义的公共政策制度，就需要强化公民对公共政策制度的认同，增强道德理性，用公共政策制度德性引领公民良好品性的形成。因此，要在民众中广泛开展公共政策制度尤其是法律法规的宣传教育活动，增强人们学法、知法、依法、守法的观念，"引导人们把社会主义核心价值观作为明德修身、立德树人的根本遵循"②，并根植于心，为公民道德建设活动的有序进行提供公共政策制度保障。如此，不仅能够推动合乎道德要求的公共政策的建设，而且能够强化公共政策的防范公民道德建设中"剧场效应"的价值导向作用，实现公共政策与道德建设的良性互动。

3. 弘扬中华传统美德，秉持推陈出新的社会治理原则

中华传统美德承载着中华民族文化的精华，孕育着深厚的优良传统和精神力量，积聚了奉公守法、严于律己、诚实守信、敬业乐群、修身养性等丰厚的道德资源。公民道德建设中的"剧场效应"是对中华传统美德的漠视、疏远和遗弃，致使陷入没有道德原则、丧失道德立场的混沌失序状态之中。无论经济全球化的趋势多么强劲，任何一个国家的公民道德总是扎根于本民族传统道德文化的沃土之中。为此，要扭转公民对于传统道德过时的狭隘思维，大力继承和弘扬中华优秀传统道德。中华传统美德强调天人合一，注重个体的自身修养和内在提升，成圣成贤是传统美德的最高要求。因此，中华传统美德具有一种确定性和权威性，这对抵制与消解"剧场效应"带来的不确定性与盲从性具有重要作用。尤其是传统儒家道德对于自我价值提升的自觉追求，能预防或远离功利主义和形式主义的肆虐。要"让中华文化基因更好植根于人们的思想意识和道德观念"③，夯实与建设中华民族固有的精神家园。公民道德建设的活力和动力在于创新。继承和创新是推进公民道德建设的一体两翼。诚如毛泽东指出的："中国的长期封建社会中，创造了灿烂的古代文化。清理古代文化

① 中共中央国务院印发新时代公民道德建设实施纲要［N］. 人民日报，2019-10-28.

② 中共中央国务院印发新时代公民道德建设实施纲要［N］. 人民日报，2019-10-28.

③ 中共中央国务院印发新时代公民道德建设实施纲要［N］. 人民日报，2019-10-28.

的发展过程，剔除其封建性的糟粕，吸收其民主性的精华，是发展民族新文化提高民族自信心的必要条件；但是决不能无批判地兼收并蓄。”[①]在从传统道德中汲取营养的同时，也要紧扣时代的道德脉搏，秉持推陈出新的社会治理原则，减少道德无知和盲从，促使传统道德进行现代转化，为传统道德注入新的时代精神，实现二者的有机结合，培植可持续发展的公民道德样态，切实彰显公民道德建设的时代性与实效性。

4. 健全利益协调制度，切实提升制度执行的社会治理力度

道德与利益紧密相连，难以割舍。诚如马克思所言，正确理解的利益是道德的基础。无论何种公民道德，均表现为一定的利益关系，并在利益关系中得以生成和发展。公民道德建设中的“剧场效应”是人们在利益面前进行道德选择时仅盘算自身利益而损害公共利益的不良行径，是利益冲突和道德失衡的产物。在个人利益和他人利益、公共利益发生冲突时，为了化解道德冲突，为了使各方的利益都得到维护和保障，避免因对个人利益或局部利益的刻意追逐而置其他公民利益或集体利益于不顾的失德行为，以及由此引发的各种利益纷争或道德纠葛，需要建立健全维护各方利益的协调机制，在实现人们利益的基础上增进社会公共利益，构筑利益共同体，通过遵守共同的制度规则以实现利益的最大化。“制度是社会利益关系的协调机制。协调机制也是一种整合机制，因为人们不同利益关系的协调，不仅使人们的相互合作成为可能，而且协调的目的在于使具有不同利益追求的人们的活动纳入社会整体发展的‘轨道’，把各种可能产生对抗、分裂的个体和团体力量整合成一种推动社会发展的‘合力’。”[②]因此，应统筹兼顾，建立健全利益协调机制，有效调节利益关系，将公民利益的实现建立在不损害他人利益和公共利益的基础之上。“我作为一个人的善（利益）与那些在人类共同体中和我密切相关的他人的善（利益）是同一的。我追求我的善（利益）绝不会与你追求你的善（利益）必然冲突，因为这善（利益）既非我所专有也非你所专有——善（利益）不是私有财产。”[③]特别需要指出，制度的活力在于执行，有了制度不执行，必然会助长有章不遵、有令不行的投机主义心理，其所带来的后果比没有制度更为严重。

① 毛泽东. 毛泽东选集：第2卷［M］. 北京：人民出版社，1991：707-708.

② 陈纯仁. 社会主义制度文明建设论［M］. 北京：中国社会出版社，2006：23-24.

③ 麦金太尔. 追寻美德［M］. 宋继杰，译. 南京：译林出版社，2003：290.

循此思路，要规范执法，严格贯彻落实制度，谨防制度执行形同虚设。要严格执纪，秉公执法，坚决惩治为了物质利益肆意妄为，切实提升制度执行的社会治理力度，让不能抵御外在利益诱惑者的违约成本远远高于违约收益，使之成为不折不扣的“吃亏者”，这样才能提升治理“剧场效应”的效能，让不守规矩、非法侵占他人利益的失德者无栖身之所，扎实推进公民道德建设工作的常态化、制度化和规范化，让制度成为引领公民化解利益冲突并产生出更多道德收益的有力支撑，促进公民良好道德品质的有效形成。

5. 凝心聚力，营造齐抓共管的社会治理格局

诚如前述，公民道德建设中的“剧场效应”是所有参与者无视规则，破坏道德秩序，从而导致每个人的利益受损。因此，破解公民道德建设中的“剧场效应”及其引发的诸如私欲膨胀、盲目跟风、形式运作等道德困厄，绝非一方的力量所能胜任，也非一蹴而就，需要调动社会各方力量，整合社会各种资源，各个方面齐抓共管，久久为功，使公民道德建设成为社会全体成员的自觉行动。为此，要整体规划，统筹实施，携手共进，强化人人有责、人人尽责的社会治理共同体的建设，注重实效，打造齐抓共管的社会治理格局。《中共中央关于坚持和完善中国特色社会主义制度、推进国家治理体系和治理能力现代化若干重大问题的决定》明确指出：“社会治理是国家治理的重要方面。必须加强和创新社会治理，完善党委领导、政府负责、民主协商、社会协同、公众参与、法治保障、科技支撑的社会治理体系，建设人人有责、人人尽责、人人享有的社会治理共同体，确保人民安居乐业、社会安定有序，建设更高水平的平安中国。”[①]为此，在公民道德建设中要处理好政府、学校与社会的关系，加强三者在道德及公民道德建设中的合作互动。一方面，政府要在加强公民道德建设经费投入的基础上，出台相关的规章制度和政策措施，充分发挥政府在公民道德建设中的管理职能和聚合效能，引导公众用家庭美德、职业道德、社会公德与个人品德等规范自己的言行，自觉履行道德义务，强化公民“天下兴亡，匹夫有责”的担当精神，为公民道德及公民道德建设指明发展方向。另一方面，在公民道德建设中，要密切家庭、学校和社会的关系，加强三者在道德上的通力协作，建立健全家庭、学校和社会“三位一体”的社会化参与治理制

① 中共中央关于坚持和完善中国特色社会主义制度、推进国家治理体系和治理能力现代化若干重大问题的决定［N］. 人民日报，2019-11-06.

度，推进家庭、学校和社会公民道德建设的一体化，充分发挥“家校社”的道德合力，力戒相互推诿或扯皮，步调一致地发挥影响，彰显整体效应，切实增强公民的道德责任意识和使命感，推进公民主体性道德人格的建构，引导他们逐步实现道德自律，培育文明社会的道德新风尚。

[选自《思想教育研究》2020年第9期]

美国营利性大学营利性与公益性争议、协调机制及发展趋向

张国玲[①]

[摘要] 美国营利性大学的教育服务既不属于公共产品也不具有“公共领域”职能，但其教育结果具有公共收益。美国联邦政府一方面为营利性大学提供公共资助，另一方面通过实施“三维一体”分类管理对其进行监管。究其本质，美国联邦政府的公共资助是一种教育供给凭单制度，意图在中学后教育领域引入竞争机制，将政府的角色由教育服务生产者转变为组织者。未来教育营利性与公益性协调发展的趋向在于维护教育“共同利益”，其供给可由政府协调社会组织和私人部门共同行动。

[关键词] 营利性大学；营利性；公益性；共同利益；公共产品

“教育是公共产品，因此应由公立机构提供。”对此要具体问题具体分析，其中最突出的问题就是没有将基础教育和高等教育区分开来。弗里德曼（M. Friedman）在《政府在教育方面的作用》一文中明确指出，以“临近影响”和“家长主义”作为政府介入教育的理由，应注意区分学校教育与教育以及公民的一般教育与专业的职业教育，因为在不同的领域，“政府干预的理由具有很大程度上的不同之处，而且所应采取的行动的类型也是非常不相

① 张国玲，山东师范大学教育学部讲师、教育学博士，主要从事比较教育研究。

同的"[①]。联合国教科文组织在《反思教育：向"全球共同利益"的理念转变？》的报告中指出："国际上常常将教育作为一项人权和一项公共利益事业。国家在保护接受基础教育的权利和确保机会平等方面的作用是无可置疑的。但这些原则能否适用于基础教育之后的各个阶段，目前尚未达成共识。"[②]

美国营利性大学的发展壮大，为我们深入认识教育的营利性与公益性关系以及采取有效协调机制提供了范本。从传统的公共产品（public goods）定义来看，营利性大学的教育服务属于私人产品，那么应如何解读美国联邦政府对营利性大学的公共资助？政府又如何对营利性大学的公益性进行监管？未来教育营利性与公益性协调发展的趋向是什么？笔者尝试对上述问题进行分析，以期对我国中学后教育领域多主体供给制度设计、深入认识教育营利性与公益性关系有所启发。

一、美国营利性大学营利性与公益性争议及公益性解读

美国营利性大学的"营利"属性使其在三个主要方面遭遇争议：一是教育内容。比如，教育作为公共产品，其内容应以公民发展为导向还是应为学生就业服务？二是教育供给形式。教育是否一定由公立学校提供？私立学校作为一种教育供给形式是否应获得政府的公共资助？三是教育公共产品的界定。比如，相对于私人收益来说，教育在多大程度上属于公共产品？[③]

1. 围绕教育内容的争议

反对向营利性大学提供公共资助者，诟病营利性大学的教育内容。他们认为，公立高等教育有着更为高尚的教育目标和课程内容，而营利性大学仅仅提供就业培训，只对提升个人的就业力有所帮助。对此，鲁克（R. S. Ruch）认为，对于"什么是真正的教育"，古希腊罗马时期就存在着应"发展智力"

① 密尔顿·弗里德曼.资本主义与自由［M］. 张瑞玉，译. 北京：商务印书馆，1986：83.

② 联合国教科文组织. 反思教育：向"全球共同利益"的理念转变？［M］. 联合国教科文组织总部中文科，译. 北京：教育科学出版社，2017：58.

③ Hentschke G C，et al. For-profit Colleges and Universities：Their Markets，Regulation，Performance，and Place in Higher Education［M］. Sterling：Stylus Publishing，2010：171.

还是应“培育美德”的争论，直到今天都没有定论。对于何为真正的大学教育的组成部分，也没有达成清晰的共识。相反，正如每所大学的办学理念与使命不尽相同，高等教育领域存在着多种多样的教育模式和教育观念，营利性大学只是高等教育多元化教育理念和办学使命的一部分。①比如，美国营利性大学就有着自己独特的办学使命与定位，致力于为弱势群体、工薪阶层等提供高等职业教育，瞄准的正是社会对教育的差异化需求市场。普瑟（B. Pusser）则认为，高等教育的公共性在于其充当了“公共领域”（public sphere）的角色。他援引哈贝马斯的定义，进一步解释说，“公共领域”摆脱了政府和私人利益的控制，各种有关政府和私人利益的观点可以在此自由辩论和表达，在这里发生着公共对话、思考、创新，在此过程中社会共识逐渐形成。②将高等教育的公共性界定为“公共领域”，显然更适用于研究型大学。从某种意义上说，研究型大学的学术自由、学术自治、知识生产可使其发挥“公共领域”的作用，就“发表”（publish）与“公共”（public）具有相同的词根而言，教授们知识成果的公开出版可算是营造公共领域之举。但对于以知识传播、知识应用为主的营利性大学来说，其教育内容并不能承载这一功能。

2. 围绕教育供给形式的争议

20世纪50年代，萨缪尔森（P. A. Samuelson）提出了“公共产品”这一概念，他认为，公共产品与私人产品相对，具有“非排他性”与“非竞争性”。布坎南（J. M. Buchanan）从供给角度出发，认为由集体组织提供的产品或服务可被定义为公共产品。由于营利性大学提供的教育服务具有排他性和消费竞争性，不付费者将被排除在外，且其提供者为私人集团，因此，上述公共产品概念不能用来分析营利性大学教育服务的公益性。

另外一种围绕营利性大学教育供给形式的争议颇具代表性。由于教育服务的无形性、质量标准的不确定性、教育过程中师生参与的协作性等特征，大学与学生之间存在着信息不对称。公立大学依托“信任”建构双方的合作关系，相应地，政府对公立大学提出“非分配约束”，以遏制其破坏信任关系的

① Ruch R S. Higher Ed，Inc：The Rise of the For-profit University［M］. Baltimore：The Jones Hopkins University Press，2001：8.

② Breneman D W，et al. Earnings from Learning：the Rise of For-profit Universities［M］. Albany：State University of New York Press，2006：34.

动机。加里蒂（B. K. F. Garrity）认为，传统高等教育与社会之间确立了“信任”市场，营利性大学在“信任”市场环境中运行，但在法律上并不受“非分配约束”的限制。[①]在信息不对称的环境里，营利性大学作为占有信息优势的一方，逐利动机会驱使其利用公众和学生的信任，为自己谋取利益。然而，在主张公共服务民营化的萨瓦斯（E. S. Savas）看来，如果存在信息不对称，只能通过监测、深入的对话与交流、常态化的信息反馈等途径予以弥补，而运用这些途径的最有利的条件是“生产者与消费者之间没有第三方存在”[②]。这就表明，由于教育信息不对称且公众的需求是多元的，为提升教育质量的满意度，理想的做法应是尽量减少教育服务的组织者、生产者、消费者之间的角色分离。从这一点来说，美国营利性大学的学生作为消费者，直接与作为教育服务生产者的大学进行对话，以决定是否购买教育服务，在一定意义上有助于规避信息不对称问题，增强教育服务供给的回应性。

对营利性大学教育供给形式的非议还表现为，长期以来，社会对教育抱有一种反对其营利的偏见与思维惯式。在很多人的观念里，往往认为营利是低俗的、利己的，而大学是神圣的、利他的，很难将营利与大学联系在一起。对此，凯勒（G. Keller）指出：“诞生于中世纪后期的最古老的大学就属于营利性社团行会，今天教授们在毕业典礼或特殊场合穿的黑色长袍上的深深的口袋就是十三、十四世纪的学生们往里投学费的地方。”[③]还有人认为，教育经营者为获得高额利润，会精于算计、斤斤计较教育成本—利润收支，想方设法降低成本，甚至不惜牺牲教育质量以换取高额收益。稍加分析就不难发现，教育质量与利润动机之间并不存在必然矛盾，很难想象教育质量低劣的机构能够存在多久。关于这一点，伯格（G. A. Berg）在《运用资本主义改革高等教育——营利性大学的公益性与营利性》一文中曾明确指出：“对于一个商人来说，认为营利会导致‘产品’质量差的论点看起来很愚蠢、很糟糕，甚至是一

① Garrity B K F. What Is the Difference? Public Funding of For-Profit，Not-For-Profit，and Public Institutions［M］//Mcmillan C T，Darity Jr W. For-Profit Universities. Cham：Palgrave Macmillan，2017：9–15.

② 萨瓦斯. 民营化与公私部门的伙伴关系［M］. 周志忍，等译. 北京：中国人民大学出版社，2002：93.

③ Ruch R S. Higher Ed，Inc：The Rise of the For-profit University［M］. Baltimore：The Jones Hopkins University Press，2001：1.

种侮辱。然而，这在高等教育中是一个普遍的假设。”[①]那么教育质量与利润动机之间的矛盾究竟何在？加里蒂认为，营利性大学为提升市场竞争力，吸引更多的消费者，常常牺牲“难以观察”或“非契约性”的教育质量内容，转而寻求“可感知的质量”。[②]比如，有些营利性大学向学生提供现代化的教育设备、便利的服务，而对于师资培训、教学投入等有助于提升办学软实力的方面则未加重视。而美国政府推行的“三维一体”分类管理体系及其认证制度可以说有效地解决了这一问题。对此，后文会进一步展开论述。

3. 美国营利性大学教育公益性解读

据前文分析可知，从教育内容、教育供给方式两方面并不能全面认识营利性大学教育的公益性。新的实践形式需要新的认识视角。随着20世纪70年代以来美国教育公共服务市场化改革实践的开展，面对公立机构之外的多元教育供给制度安排，如合同承包、凭单制、营利性高等教育等，需要转换思路，从公共产品视角转换为公共收益视角来界定教育公益性。正如马金森（S. Marginson）指出的，从意识形态角度定义“公”与“私”，尽管看上去很简洁、清晰，但高等教育的公共性，绝不是非私有性、非市场化、政府所属机构、政府资助机构等概念所能涵盖的，定义高等教育公共性的一般方法是将其视为高等教育的社会功能或政治功能。[③]也就是说，需要从教育结果、教育的社会收益来界定高等教育的公益性。

1998年，美国高等教育政策研究所（The Institute for Higher Education Policy）提出“高等教育收益分析框架”（Framework for Public and Private Benefits of Higher Education），为全面解读营利性高等教育的公益性提供了参考。该框架认为，提升社会成员的高等教育水平，具有以下四方面的收益：一是公共经济收益，表现为社会成员因受教育水平提高而带来的生产能力、消费能力、国家税收的提高以及人力资源的充足和公共开支的下降等；二是私人经

① Berg G A. Reform Higher Education with Capitalism? Doing Good and Making Money at the For-Profit Universities［J］. Changes，2005，37（3）：28-34.

② Garrity B K F. What Is the Difference? Public Funding of For-Profit，Not-For-Profit，and Public Institutions［M］//Mcmillan C T，Darity Jr W. For-Profit Universities. Cham：Palgrave Macmillan，2017：9-15.

③ Marginson S. Higher Education and Public Good［J］. Higher Education Quarterly，2011，65（4）：411-433.

济收益，包括提升个人就业力、增加个人收入和储蓄、促进个人在劳动力市场的流动、改善工作条件等；三是公共社会性收益，表现为公民参与、投票率、慈善、公共卫生等方面的改善；四是个人社会性收益，包括个人的寿命延长、闲暇时间增多、社会地位提升、信息获取途径增多以作出更理智的决策等。[①]

如前所述，提升受教育者的高等教育水平具有多重收益，不仅包括个人收益也包括社会收益；既包括经济性收益，也包括社会性收益。就美国营利性大学而言，其致力于为没有机会进入高水平大学的社会边缘群体、低收入群体、工薪族等提供高等教育机会，[②]这一行为本身就对促进社会平等、缩小贫富差距具有显著的社会意义。相关实证研究也对营利性大学教育所产生的收益进行了初步考察。比如，切里尼（S. R. Cellini）等人的实证研究显示，对于取得副学士学位且没有继续进入四年制大学学习的营利性大学学生来说，教育带来的个人经济回报年增长率为8%左右；其他研究者确证了教育的社会性收益，比如降低犯罪率、提升公民参与率等。[③]

尽管美国营利性大学的营利性与公益性关系引起了广泛争议，但综合来看，营利性与公益性二者之间并不存在内在冲突。营利性大学提供的教育服务虽不是公共产品，也不具有公共领域职能，但教育结果却具有公共收益，这也被称为“正外部性”“临近影响”。[④]也就是说，一个人接受教育的结果不仅有利于自己，其他社会成员也会受益，“但由于无法识别受到利益的具体个人（或家庭），所以不能向他们索取劳务的报酬，因此，存在相当大的‘临近影响’”。[⑤]教育这种固有的公益性不因其提供方式的改变而改变。其他一些有关营利性大学营利性与公益性的争议是社会固有的偏见和思维惯式所致。比如，

---

① Breneman D W，et al. Earnings from Learning：the Rise of For-profit Universities［M］. Albany：State University of New York Press，2006：37.

② Kevin K. Access in U. S. Higher Education：What Does the For-Profit Sector Contribute?［R］. Program for Research on Private Higher Education，Working Paper Series，WP No.14，2009.

③ Cellini S R. For-Profit Higher Education：An Assessment of Costs and Benefits［J］. National Tax Journal，2021，65（1）：153-180.

④ 王一涛，安民. “教育是公共产品”吗：对一个流行观点的质疑［J］. 复旦教育论坛，2004（5）：37-41.

⑤ 密尔顿·弗里德曼. 资本主义与自由［M］. 张瑞玉，译. 北京：商务印书馆，1986：84.

认为营利性机构的逐利动机会降低教育质量、损害教育公益性的看法，显然割裂了营利对质量的依赖关系，而且也低估了政府在教育供给中所应承担的监管、治理等职责。总之，认识营利性高等教育的公益性，需要摒除偏见，转换思路，不应执着于教育供给端的营利性以及传统的公共产品概念，而应从教育的社会收益和教育所固有的外溢效应来解读。营利性高等教育的社会收益，为美国联邦政府对其提供公共资助奠定了部分合法性基础，而从更大的社会背景来看，美国联邦政府的公共资助具有更深层次的意义。

二、美国政府的协调机制：公共资助与“三维一体”分类管理

美国联邦政府一方面为营利性大学的发展营造公平的政策环境，对其提供公共资助；另一方面则采取“三维一体”分类管理机制，以在最大程度上发挥营利性大学教育的公益性。

1. 美国联邦政府公共资助的形式及实质

（1）公共资助的形式：助学金与学生贷款。

美国联邦政府对营利性大学的公共资助是通过直接资助学生来实施的，其实施载体包括《退伍军人权利法》（G. I. Bill）、《后“911”退伍军人权利法》（Post-911 G. I. Bill）中规定的退伍军人学费补助金以及《高等教育法案》第四条（Title IV）下的佩尔助学金（Pell Grants）和斯塔福德学生贷款（Stafford Students Loan Program）。①因美国营利性大学的学生以低收入群体为主，联邦学生资助政策有力推动了营利性大学的发展。相关统计表明，联邦助学金和学生贷款项目成为营利性大学学费收入的主要来源。在2008—2009学年，营利性大学的学生人数占美国高等教育学生人数的11%，却获得了24%的佩尔助学金、25%的补贴性斯塔福德贷款和28%的非补贴性斯塔福德贷款。②

概括来说，美国联邦政府通过直接资助学生而非学校的“便携式资助”、依据学生的家庭经济状况提供资助额度、授予营利性大学平等的法律资助地位等，将营利性大学纳入公共资助范围。正如汉斯曼（H. Hansmann）所

① 吴玫. 美国营利性高等教育的新危机［J］. 高等教育研究，2018（4）：96-103.

② 曾小军，喻世友. 美国联邦政府对营利性高等教育的财政资助［J］. 高等教育研究，2018（6）：101-106.

指出的，政府在高等教育中的角色逐渐由“公共供给”转变为“公共资助”，由资助“供方”（学校）转变为资助“需求方”（学生）。[①]

（2）公共资助的实质：一种教育供给“凭单制”。

借助萨瓦斯的公共服务民营化理论，可深入认识美国联邦政府对营利性大学的公共资助。萨瓦斯打破了公共产品与私人产品的二元划分，依据“排他”和“消费”（是个人消费还是共同消费）将人类所需的服务和物品（产品）划分为四类理想类型：个人物品（individual goods）、可收费物品（tool-goods）、共用资源（common-pool goods）、集体物品（collective goods）。[②]其中，个人物品具有排他性和个人消费特征，譬如个人在市场上购买的衣服、图书等；可收费物品具有排他性和共同消费特征，譬如收费的公共交通、高速公路、图书馆等；共用资源排他成本较高，具有非排他性和个人消费特征，譬如空气、地下水等自然资源；集体物品具有非排他性和共同消费特征，譬如污染控制、国防、城市街道等。厘清物品和服务的排他性和消费性，为进一步明确政府在不同物品和服务的供给中所承担的角色奠定了基础。萨瓦斯指出，对于个人物品、可收费物品、共用资源，政府的作用主要体现为规制、规范、制定供给原则等；而对难排他且不具有消费竞争性的集体物品而言，集体行动在保证有效生产方面是必不可少的，但集体行动并不是政府行动。[③]也就是说，集体物品可由政府直接提供，也可通过其他形式提供，出于成本－收益、效率、服务需求回应、服务质量等方面的考量，政府无须总是担任生产者。

萨瓦斯主张利用社会组织和市场的力量提供公共服务。他剥离了公共服务供给中生产者与组织安排者的角色，改变了以往认为公共服务必然由政府机构卷入生产的认识。也就是说，公共服务的组织安排者主要是政府，但也可以是教会、志愿团体、私人部门以及消费者自己，同样，公共服务的生产者也不仅仅限于政府机构。萨瓦斯根据生产者、组织安排者的不同组合，提出了公共服务供给的十种制度安排：政府服务、政府间协议、合同承包、特许经营、补

① Breneman D W，et al. Earnings from Learning：the Rise of For-Profit Universities［M］. Albany：State University of New York Press，2006：34.

② 萨瓦斯. 民营化与公私部门的伙伴关系［M］. 周志忍，等译. 北京：中国人民大学出版社，2002：45.

③ 萨瓦斯. 民营化与公私部门的伙伴关系［M］. 周志忍，等译. 北京：中国人民大学出版社，2002：63.

助、政府出售、自由市场、志愿服务、自我服务、凭单制（见表1）。[①]这十种供给制度在美国地方政府的教育供给中都有所应用。比如，公立中小学系统属于“政府服务”供给制度，政府机构既是服务的生产者，也是组织安排者；私立学校是一种“自由市场”制度，教育服务的生产者和组织安排者都是私人部门；在家上学是一种“自我服务”制度，教育服务的生产者、组织安排者以及消费者都是家庭自己。

表1 公共服务供给的制度安排

生产者	组织安排者	
	公共部门	私人部门
公共部门	政府服务、政府间协议	政府出售（如私人向政府购买水资源）
私人部门	合同承包、特许经营、补助	自由市场、志愿服务、自我服务、凭单制

资料来源：萨瓦斯.民营化与公私部门的伙伴关系［M］.周志忍，等译.北京：中国人民大学出版社，2002：68.

就美国联邦政府对营利性大学的公共资助来说，其本质是萨瓦斯提出的十种公共服务供给制度中的“凭单制”。“凭单制是围绕特定物品而对特定消费者群体实施的补贴。”[②]美国联邦政府通过助学金和学生贷款直接资助学生，使学生根据自身需要、教育质量等选择在法律上取得联邦资助资质的营利性大学或社区学院就读。由于在中学后教育领域引入了竞争机制，学生就成为教育服务消费者，大学成为服务生产者，而美国联邦政府则通过诸如认证、制定办学标准等，对可被选择的营利性大学、社区学院等进行资质认证，从这一意义上来说，政府扮演了组织安排者的角色。

从更大的范围来说，美国联邦政府对营利性大学的公共资助是20世纪70年代美国公共管理市场化改革的一部分。当时不仅在教育领域，在医疗、社会保障等其他领域，政府高度介入逐渐让位于市场高度介入。这一改革的动因在于，公立机构普遍存在效率低、服务质量差、官僚主义严重、服务缺乏回应性、机构使命多元且相互矛盾等弊端。尤其是20世纪70年代，西方国家陷入经

① 萨瓦斯.民营化与公私部门的伙伴关系［M］.周志忍，等译.北京：中国人民大学出版社，2002：67.

② 萨瓦斯.民营化与公私部门的伙伴关系［M］.周志忍，等译.北京：中国人民大学出版社，2002：82.

济危机之中，政府收缩公共开支，教育公共经费锐减，政府用于工人培训和再培训的经费也被大幅压缩。在此背景下，在公共服务领域打破政府作为单一供应者的做法，引入竞争机制，提升公共资源配置效益，就成为不同领域政府公共服务供给改革的共同诉求。这与以往片面追求流行的管理技术，或诉诸道德呼吁，或一味地加强问责来改善公立机构运行效益的做法，显然大相径庭。

2. “三维一体”分类管理

美国联邦政府在中学后教育公共服务供给中由生产者转变为组织安排者，并非意味着政府完全放弃了在公共服务中应承担的职责，实际上，这只是政府职能和作用发挥方式发生了变化。尤其需要说明的是，教育公共服务市场化改革，只是一种供给形式、服务生产过程的变革，“而非政府责任的市场化”①。很多对营利性教育抱有偏见者，正是由于混淆了教育市场化改革的内容，从而将供给形式的市场化等同于政府责任的完全让渡而加以反对。美国联邦政府对营利性大学的公共资助及其监管表明，在推行教育公共服务多主体供给的过程中，“政府卸去的往往是生产者的角色，但是政府的监管和财政角色并没有失位”②。

美国联邦政府在中学后教育领域实施凭单制，但并没有听任其无序发展，而是积极依据法律规制，利用第三方认证等方式予以监管。美国联邦政府既通过竞争激发各类办学主体的活力，又通过有针对性的规制来维护教育的公益性；既没有因为过度规制、一刀切管理而压抑办学主体的积极性，也没有放弃应承担的公共职责，从而维护着教育的公益性。政府在竞争与规制之间实现了巧妙的平衡。

美国政府对营利性大学的监管机制主要是“三维一体”分类管理。“三维”指的是联邦政府、州政府、认证机构三类监管主体；“一体”是指美国国会根据营利性大学的实际发展需要、办学过程中出现的新问题、面临的新情况，每隔五年左右对高等教育法中有关营利性大学的条款进行重新授权和修订，并对三类监管主体施加约束与监督，体现了对营利性大学的动态监管和最

① 孔营. 公共服务民营化的理论逻辑与实践反思：萨瓦斯民营化理论评述［J］. 观察与思考，2017（5）：102-108.

② 梅锦萍，杨光飞. 从公共服务民营化到政府购买公共服务：基于公共性视角的考察［J］. 江苏社会科学，2016（4）：140-148.

高层次的规制；“分类管理”指美国政府针对营利性大学存在的问题，采取符合营利性大学办学情形且只对营利性大学具有约束力的规制措施，以确保监管的针对性和有效性。“三维一体”分类管理构成了维护营利性大学教育公益性的防护网。

具体来看，美国联邦政府的监管通过教育部具体实施，教育部主要负责高等教育法授权的资助项目的行政管理工作，包括审议大学参与资助项目的合法性，根据高等教育法制定大学获得资助的资格条件；州政府负责制定与大学办学相关的法律制度，以保护消费者权益；认证机构负责监管办学质量。各监管主体各有分工、相互配合。营利性大学要获得联邦政府的资助资格，首先需要获得州政府的办学许可，并通过教育部认可的认证机构的认证。此外，美国国会对高等教育法的重新授权，对美国营利性大学的公益性监管产生了极大的影响。1992年，针对营利性大学学生贷款还款违约率较高、招生舞弊严重等现象，美国国会对高等教育法做出较大修改，包括限制学生违约率、审核机构财政责任、限制招生补贴、制定短期课程的就业率和完成率、规定设置分校的办学资格条件等，并对教育部和认证机构提出了更为严格的监管责任要求，规定认证机构应独立于相关专业协会，要求教育部完善对认证机构的资质认可。

美国联邦政府对营利性大学的分类管理集中体现为在高等教育法中逐步为其确立了单独的机构名称，即“营利性高等教育机构”，以使监管更具针对性。1972年，为确立营利性大学获得学生资助的合法性，高等教育法修订案重新界定“高等教育机构”的办学目的，将职业技术训练、有薪就业等纳入其中，扩展了一般性的高等教育概念。20世纪90年代，随着营利性大学办学规模的扩张，其损害教育公益性的现象逐渐增多。1992年的高等教育法修订案明确提出了“营利性高等教育机构”的概念，并在此概念框架下制定了主要针对营利性大学的监管措施，如90／10分配原则、禁止招生补贴、更严苛的有薪就业政策等。这意味着政府对营利性大学的分类管理向前迈出了一大步。此后，尽管美国营利性大学的全国性代表机构“职业学院协会”一直在游说，希望高等教育法使用统一的“高等教育”概念，以获得与公立大学同等的管理条件，但并没有获得成功，反对者的理由正是其营利性特点。

三、教育营利性与公益性协调发展趋向：维护教育“共同利益”

传统意义上的公共产品是一种复数形式，它源于经济领域，更多地从数量上强调产品供给和消费的难以排他和共同消费倾向。这里的复数形式表征了产品在数量上为所有人共享的意蕴，与具有排他性且供个人消费的私人产品相对。根据马金森的观点，较之于复数形式的公共产品，高等教育的公共性更多地表现为单数形式的公共产品（the public good）。单数形式的公共产品强调教育在社会和政治等领域所产生的、为社会成员共享的、抽象的共同利益（the common good）。从广泛意义上说，"高等教育的共同利益系于其推动社会的民主化进程以及促进人类发展的进程"，"在政治领域往往与民主、开放性、透明、大众主权、草根主体相关联"。[①]单数形式公共产品的意义接近于公共核心利益。[②]联合国教科文组织在《反思教育：向"全球共同利益"的理念转变?》的报告中提出教育是"共同利益"的主张，并将其界定为"人类在本质上共享并且相互交流的各种善意，例如价值观、公民美德和正义感。这是一种社会群体的善意。在相互关系中实现善行"[③]。由此可知，教育的共同利益主要体现为正确的价值观、公民美德、普遍的正义感等社会核心价值。

用"共同利益"取代"公共利益"，顺应了世界范围内私营部门在教育事业中的发展规模和范围不断扩大的趋势。"与教育有关的活动、资产、管理、职能和责任从国家或公共机构转移给个人和私营机构。"[④]面对这一发展趋势，传统的公共利益概念越来越难以为实践提供有效的解释。因为"'公共'一词往往造成一种常见的误解，认为'公共利益'就是由公众提供的"[⑤]。萨瓦斯敏锐地看到了这一点，在其著作中用集体物品代替传统意义上的公共物品，以摒除公共物品所蕴含的必须由公立机构供给的刻板印象。

如果说教育是"公共利益"的主张更多地指向了政府行动，那么"共同利益"主张则凸显了共同行动的重要性。联合国教科文组织发布的报告特别指

① Marginson S. Higher Education and Public Good［J］. Higher Education Quarterly，2011，65（4）：411-433.

② Breneman D W，et al. Earnings from Learning：the Rise of For-Profit Universities［M］. Albany：State University of New York Press，2006：26.

③ 联合国教科文组织. 反思教育：向"全球共同利益"的理念转变?［M］. 联合国教科文组织总部中文科，译. 北京：教育科学出版社，2017：69.

④ 联合国教科文组织. 反思教育：向"全球共同利益"的理念转变?［M］. 联合国教科文组织总部中文科，译. 北京：教育科学出版社，2017：65.

⑤ 联合国教科文组织. 反思教育：向"全球共同利益"的理念转变?［M］. 联合国教科文组织总部中文科，译. 北京：教育科学出版社，2017：69.

出，共同利益有别于公共利益的一个突出特征在于，共同利益强调共同行动，“共同行动是共同利益本身所固有的，并且有助于共同利益，而且在共同行动过程中也会产生裨益”。[①]这表明，为维护教育共同利益，政府应协调各方共同行动。为此，需要政府转变自身角色，厘清教育服务供给中生产者、组织安排者的角色定位；超越公私对立的界限，摒弃所有制偏见，创造包容性的政策环境，充分发挥第三方评估机构、社会组织、家庭、营利性机构等在教育供给中的优势，激发各类办学主体的活力；提升在教育治理工具选择、公共政策制定、动态监管等方面的治理能力。

“共同利益”的提出及其所指向的“共同行动”，为包括营利性大学在内的教育私营机构，从理论上确立了存在的合法性基础，且在实践上指明了未来发展方向。教育私营机构与企业的不同之处在于其提供教育服务、传播知识以及立德树人的本质，因此，任何时候都不应放弃对教育本真价值的追求，而应维护教育“共同利益”，这无关教育的供给形式，而是教育的应有之义。

［选自《高等教育研究》2020年第9期］

① 联合国教科文组织. 反思教育：向“全球共同利益”的理念转变？［M］. 联合国教科文组织总部中文科，译. 北京：教育科学出版社，2017：70.

03 课程与教学

教学理解的意义之维

徐继存[①] 车丽娜[②]

［摘要］教学不仅是一种事实之在，也是一种价值之在；相应地，以教学为对象的理解可以分为知识性教学理解和价值性教学理解。相对于知识性教学理解，价值性教学理解更加注重教学目的本身的合理性，突出教学理解的价值含蕴，更接近人为教学的真实。对于教师来说，现实的教学可以理解为教师个人的职业活动，但这种职业活动直接关系着国家的发展和社会的进步，而国家的发展和社会的进步无疑是教师个人职业活动得以展开的基本前提和保障。因此，教师只有站在国家、社会与个人相统一的立场上去认识和理解教学，才有可能形成教学理解的一种总体性视域。基于对教学活动历史和现实的认识，教学理解的现实化包含专业性与政治性相统一的教学取向、有效性与伦理性相统一的教学过程、成人性与为己性相统一的教学评判。

［关键词］教学理解；视域；国家事业；社会活动；个人职业

任何教学活动都潜含着对教学的理解，没有教学理解的教学活动是难以想象的。可以说，教学理解是教学活动得以进行的基础和前提，它决定教学活

① 徐继存，山东师范大学教育学部部长、教授、博士生导师，主要从事课程与教学基本理论研究。

② 车丽娜，山东师范大学教育学部教授、博士生导师，主要从事课程与教学论、教师教育研究。

动的取向，决定教师以怎样的旨意和心态去开创自己教学生活的局面，因而它对教学活动具有根本的导引价值和意义。然而，教学理解本身并不是先定不变的，它是在被不断阐释和澄清的过程中显现出来的，因而具有丰富的价值意涵和鲜明的时代特征。

一、教学理解的价值意涵

犹如每个人都有对人生的认识，每个教师都有自己的教学理解。在日常的教学生活中，问题常常不在于教师有没有教学理解，而在于教师应该怎样理解教学或需要怎样的教学理解。所谓教学理解，就是以教学为对象的理解。教学不是一种自在自然的现象，而是一种为人的人为存在，而人是不可能在没有明确自我定位的前提和境遇下保持其行为系统的方向性和意义的。所以，教学不仅是一种事实之在，也是一种价值之在；相应地，在理论上可以将以教学为对象的理解区分为知识性教学理解和价值性教学理解。知识性教学理解是以对教学本身的认识为目的，通过探究教学“是什么、怎么样和为什么这样”，获致教学的经验和知识，它显然是教学得以有效展开的必要条件。任何对教学的认识和理解，如果忽视教学事实性或既成性的方面，无论如何都不能说还可能具有什么真实性和现实性，还能够在具体的教学活动中发挥其应有的作用。由于“理解”一般被规定为“应用已有知识揭露事物之间的联系而认识新事物的过程。其水平随所揭露联系的性质和人的认识能力而异。有揭露事物之间联系的理解，如把一新事物归入某一类已知事物中；有揭露事物间内在联系的理解，如确定事物间的因果联系”[①]。因而，知识性教学理解常常被认为就是教学理解或教学理解的全部。但是，这种教学理解由于强调对教学的知识性占有和技术性控制，容易忘却教学中人的价值和意义，甚至通过控制、支配教学而控制、支配教学中的人自身。对于教学，我们不仅要知道教学“是什么、怎么样和为什么这样”的知识性理解，还需了解教学对自身的价值和意义，因为“人的存在从来就不是纯粹的存在；它总是牵涉到意义。意义的向度是人固有的，正如空间的向度对于恒星和石头来说是固有的一样。正像人占据空间位置一样，他在可以被称作意义的向度中占据位置。人甚至在尚未认识到意义之前就同意义有牵连。他可能创造意义，也可能破坏意义；但他不能脱离意义而生

① 辞海编辑委员会. 辞海［M］. 上海：上海辞书出版社，1999：3447.

存。人的存在要么获得意义，要么叛离意义。对意义的关注，即全部创造活动的目的，不是自我输入的，它是人的存在的必然性”[①]。其实，即使没有意识到教学价值，不清楚教学价值在哪里，我们也一直在得到教学价值、享受教学价值，甚至在不知不觉地创造教学价值。只是由于不自觉，可能并不知道自己追求的教学价值究竟是什么，它在哪里，是怎样产生的，因而有时就会迷失方向，事与愿违。

教学理解必然包含着对教学的知识性把握，这种把握既要以教学实践为基础，又要以教学实践为归宿。教学实践是教学认知得以可能发生和形成的决定性因素。进一步思考，就会发现教学实践对教学认知的这种决定性作用并不是直接的、无中介的，而是通过内在于教学实践之中的理解活动或意义阐释来实施的。也就是说，对教学进行的任何知识性考察，都是要以意义的阐释为必要前提和可能条件的。这是因为，“阐释的目的并不在于对事物作一番解释，而在于追求人的自由，在那些转瞬即逝的人生关头揭示出某人感受到的生活重负是怎样源于对事物之狭隘的理解，从而寻找到光明、身份和尊严”[②]。当试图回答和解决怎样的教学才是值得我们追求的，或者说应该过一种怎样的教学生活时，我们就走上了自觉的价值性教学理解之路。不难看出，价值性教学理解有别于知识性教学理解，它直接挑明了教学中的人“在场”的事实，更加注重教学目的本身的合理性，突显教学理解的价值含蕴，即通过教学理解，揭示教学与人的内在需要的价值关联和实际效应，因而更接近人为教学的真实。舍此，教学理解就是不完备的，就会偏离真实的教学生活。这就说明，知识性的教学理解如果贯彻到底，必然发展为内蕴了评价因素的价值性教学理解。

通常，人们将教学视为教育工作的核心和主导途径，这一点似乎是确定无疑的。然而，也许正是在这个毫无疑问的前提下，人们容易将教学视为达到教育目的的手段，因而更多地关注对教学的知识性理解，以致教学本身的目的或价值的合理性往往被悬置或搁置一边了。因为，在实际的教学活动中，教学目的已经被置换为教育目的的具体化也就是教学目标了。既然如此，教师关心的当然应该是如何才能更有效地达成具体的教学目标，而不是这些具体的教学

① 赫舍尔. 人是谁［M］. 贵阳：贵州人民出版社，1994：47.

② 大卫·杰弗里·史密斯. 全球化与后现代教育学［M］. 北京：教育科学出版社，2000：112.

目标是否真正为教学的应然追求。如此，教学便蜕化为一种价值中立或无涉的活动，一种纯粹的技术活动。教学一旦沦为这样一种价值中立或无涉的技术性活动，作为教学主体的教师的价值思考和意义追求自然也就被消解了。如果承认教师是教学的主体，那么，教学就是教师的“产品”或“作品”，因而，教学就会打上教师的本性需要和本质力量的烙印。教师与教学的这种不可分割的关系实质上乃是一种价值关系，对教学的任何认识或理解如若置这种价值关系于不顾，一味追求价值中立或无涉的认知理想，必然会在理论上陷入片面和任意，在教学实践中就会导致漠视教师存在的“价值失落”或“意义危机”。教师既然感受不到自己作为教学主体的力量，体验不到自己教学的价值和意义，得不到情感上的满足，他就不会自觉地追求教学生活的内涵和生命的厚度，各种“日常抗争”和“平庸之恶”就会解构教学的神圣和崇高，侵蚀着教学内在的精神基础。于是，教学对教师来说就变成了外在的东西了，甚至成为一种异化教师的力量。教师在这种教学过程中，往往不是肯定自己，而是不断地否定自己，不再感到幸福，而是感到不幸，不是自由地发挥自己的体力和智力，而是使自己的肉体受折磨、精神受摧残，只有在教学之外才感到自在和舒畅，只要有可能，他就会像逃避瘟疫一样逃避教学。

“任何存在论，如果它不曾首先充分澄清存在的意义并把澄清存在的意义理解为自己的基本任务，那么，无论它具有多么丰富多么紧凑的范畴体系，归根到底它仍然是盲目的，并背离了它最本己的意图。”[①]多少年来，我们一直致力于探讨和寻求教学的本质和规律，由此建构了丰富多样的教学理论和模式，尽管为改进和改善教学实践，推进和深化教学改革构筑了一定的知识基础，但并没有从根本上化解教师的价值失落或意义危机。这也恰恰表明了对教学目的进行理性反思和规范的必要性，从而有可能克服知识性教学理解不能反思教学目的，容易导致工具主义教学的弊端。

一个社会如果不在多元价值中寻求内在的统一规定性，这个社会就会失去其作为内在共同体的向心力和凝聚力。当前，我国社会正处于急剧转型时期，价值观念呈现出多元化的态势，曾经相对稳定的价值体系和行为方式趋于离散，似乎“每个人都是自己的主人，没有谁会强迫你绝对地服从他们的权威，也没有谁会命令你绝对地应该怎么做，一切凭你个人的知觉和智慧去感

① 海德格尔. 存在与时间［M］. 北京：生活·读书·新知三联书店，1987：13.

受、判断和反应，而其结果也因为没有权威性的标准而无所谓对与错，只不过后果自负罢了”[①]。在这种严峻的社会情势下，教师认同和追求怎样的教学价值，如何理解教学的意义，将直接关系着教学的方向、层次和水平。换言之，摆在我们面前的现实问题首先不在于教师把教学看成是什么，而在于教师怎样去看待教学，也即应该站在什么样的立场上去看待教学才能更好地发挥自己的主体性，展现自己价值的问题。

二、教学理解的三维视域

教师既然是教学的主体，对教学就不能只是从客体的或者直观的形式去理解，而应从主体的角度去把握，将教学视为自身的一种现实的、感性的实践活动。“在思辨终止的地方，在现实生活面前，正是描述人们实践活动和实际发展过程的真正的实证科学开始的地方。关于意识的空话将终止，它们一定会被真正的知识所代替。”[②]只有根植于现实的教学实践活动，教学理解的逻辑才能从根本上避免虚构和虚妄。作为教师，现实的教学可以理解为个人的职业活动，但这种职业活动关系着国家的发展和社会的进步，而国家的发展和社会的进步无疑是教师个人职业活动得以展开的基本前提和保障。因此，教师只有站在国家、社会与个人相统一的立场上去认识和理解教学，才有可能形成教学理解的一种总体性视域，找到并确立起教学价值和意义的“阿基米德支点”。

（一）作为国家事业的教学

自古以来，教学就在国家事务中占有重要的地位，所谓“建国君民，教学为先”。在现代社会，教学已经成为一项基础性的国家事业，它在塑造现代民族国家的过程中发挥着越来越重要的作用。今天，任何教学都不可能置身于国家主导思想和统一行动的任何潮流之外，因为“学校不仅是为了个体利益如在教育培训和提升社会地位方面的机构，它同时服务于公共利益：保持国家的文化统一和基本的道德共识。世界观和宗教信仰越是分化和个体化，文化越是复杂，信仰团体之间的极化越是严重，公共学校作为保存共同的去向财富并把

① 李庆真. 在酷与痛的边缘：当代青少年生活价值取向及其困惑分析［J］. 当代青年研究，2004（1）：47-51.

② 马克思，恩格斯. 马克思恩格斯选集：第1卷［M］. 北京：人民出版社，2012：153.

它传递给下一代的保护机构的重要性就越大”[①]。这不仅意味着教学必须有国家意识，体现国家意志，更意味着教学应该肩负起相应的国家责任。事实上，教师也只有站在国家的高度，将教学理解为一项国家事业，确立起教学的国家事业观，他才能将个人的生存发展与国家的荣辱兴衰紧密联系起来，感受和体验到教学的荣誉感和自豪感，才能抵制各种庸俗的社会思想观念和利己主义对教学的侵蚀，履行教学的国家责任和神圣使命。“有意义的生命必然应当是献身于某种封闭的个人生命之外的东西，只有当人在履行使命和实现超个体的价值的时候，他才能找到合理的自我存在，也就是使自己成为有生命意义的存在物。我们所与之联系和作为其一部分的整体是民族或人类的生命，脱离了祖国，脱离了与祖国命运的联系，在人类过去和将来的文化创造的统一性之外，在对人类的爱和人类的共同命运之外，我们就不能实现自身，不能拥有真正有意义的生命。我们就好比一棵树的枝和叶，要吸取整体的营养，靠着整体的生命而枝繁叶茂，如果整体已没有生命，那么我们就会枯萎和凋零。”[②]

教学的国家事业观不能仅仅停留于书面的表达或口头的宣讲上，而是要转化为一种坚定的信念和满腔的热情，切实灌注于实际教学活动的全过程。三寸粉笔，三尺讲台系国运；一颗丹心，一生秉烛铸民魂。对于当下的教师来说，重要的是崇高而神圣，而不是显得崇高而神圣。“当我们踏着阳光走进校园，当那些稚嫩的面孔见到我们鞠躬问好的时候，当教室里那些求知若渴的目光虔敬地注视着我们的时候，我们一定要有大情怀，心里装着民族和国家；要有敬畏感，心中装着理想和信念；要有价值感，心中装着孩子们的未来。”[③]而且，以天下为己任的家国情怀，超越个人情感的士子精神，从来就是中华民族优秀知识分子的固有传统，理应成为今天教师自觉的价值追求。

（二）作为社会活动的教学

任何教学活动都是具体的、现实的，它深深地嵌入于广阔的社会脉络之中，永远无法游离于社会而运行。这不仅因为从事教学活动的人本质上是社会关系的存在，而且教学活动本身就是一种社会活动，具有社会活动的全部含义

---

① Brezinka W. 信仰、道德和教育：规范哲学的考察［M］. 彭正梅，张坤，译. 上海：华东师范大学出版社，2008：149.

② 弗兰克. 人与世界的割裂［M］. 济南：山东友谊出版社，2005：189.

③ 本刊评论员. 成为伟大教师：谨以此献给第30个教师节［J］. 人民教育，2014（17）：6–7.

和潜质。“教室并不是平静的、安宁的，并与社会、文化和政治生活这条大河相隔离的港湾；相反，课堂是块竞争之地——教室还是个漩涡，它包含着存在于外界的为了获取物质优势和理论合法性而进行斗争的逆流（反主流的思想以及反主流的社会力量）。”[①]即使教师关上教室的门，也不能把学生的社会、文化和历史现实拒之门外。因此，应当避免将教学当作抽象的东西与社会割裂甚至对立起来。“任何时候我们想要讨论教育上的一个新运动，就必须特别具有比较宽阔的或社会的观点。否则，我们会把学校制度和传统的变革看成是某些教师的任意创造。最坏的是赶时髦，最好的也只是某些细节上的改善。”[②]遗憾的是，在日常的教学生活中，由于每个教师都是根据自己的需求、能力、知识以及个人所处的教学关系、教学条件等因素出发来进行教学活动，并以此来维持自己的存在和发展，维护自己的尊严和人格，这虽然是人为活动的基本特点，甚至可以说是不可规避的，但教师也因此逐渐地产生和发展了一种自我的教学感觉或自我的教学观念。随着时间的流逝和推移，教师个人的这种自我的教学感觉或自我的教学观念，很容易孕育和滋生教学的主观任意，从而忽视了教学的社会制约以及相应的社会担当，甚至把教学变成了利己主义的工具。当这种教学的工具理性主导了教师的思维和思想时，教师便成了教学工具理性的奴隶，他就不再关心为什么去教，而只是关心如何去教，即如何通过教学最大限度地占有自己的利益。这样，教师存在的方式就发生了根本的变化，与教学世界以及更广阔的社会分离开来，变成了一个个孤立的存在者，每天都处于教学工具理性的“阴霾”之中。正如阿尔贝特史怀泽所说：“受制于盲目的利己主义的世界，就像一条漆黑的峡谷，光明仅仅停留在山峰之上。所有的生命都必然生存于黑暗之中，只有一种生命能够摆脱黑暗，看到光明。”[③]如果教师缺乏对教学社会性的深刻理解，就不能确立起教学的社会活动观，难以改变这种异己的存在方式。

作为教师，我们的确很平凡，但也正因为是教师，我们就不应甘于平庸，应该从自己的狭隘的自我感觉中解放出来。如果总是想着“我”，就会把

① Brookfield S D. 批判反思型教师 ABC［M］. 张伟，译. 北京：中国轻工业出版社，2002：31.

② 杜威. 学校与社会明日之学校［M］. 北京：人民教育出版社，1994：27-28.

③ 阿尔贝特史怀泽. 敬畏生命［M］. 上海：上海社会科学院出版社，1995：20.

自己逼仄在窄小的世界里，而如果能摆脱利己，去除自己的私心来思考教学问题，我们的视野和心胸就会扩大，我们的知识就会增长，教学生活的意义空间就会得以拓展。杜威来华讲学在谈到教师工作的性质时指出，教师应该“不但注意于学校以内，更当注意于社会，不但做学校的教师，更当做社会上一般人的教师、学生家属的教师。各个教员有这种意思，继续做下去，那么中国前途很有希望”[①]。实际上，我们每个人都有一种天生的、根深蒂固的存在诉求，这就是去发挥我们的能力、去有所作为，去与他人发生联系，去逃避自私自利的牢狱。“士，不可以不弘毅，任重而道远。”我们相信，一个感情上冷漠，思想上被动，对社会公共事务毫不在意，只关心个人私利，将全部精力都放在个人生活的教师，不可能担负起对社会大众文明教化的职责，因而也就不可能指望他们在教学中体现教育性，培养出致力于推动社会文明发展的人。

（三）作为个人职业的教学

在很多人看来，从事某种职业不过是为获养命之需，这是对职业的一种极为片面的理解。职业是社会发展和分工的产物，职业活动构成了国家的社会生活，它包含着谋生的、追求发展的自我教化等极其丰富的内涵。杜威认为，职业是一种造就人的事业和现实的活动，其目标不只是局限于谋生，而更指向对人的现实塑造。“职业的对立面既不是闲暇，也不是文化修养。它的对立面，在个人方面，是盲目性、反复无常和缺乏经验的积累；在社会方面，是无根据的炫耀和倚赖他人而寄生。”[②]如果一个人把职业仅仅视为一种生活的手段，闲暇就是职业活动的间歇，文化修养就成了职业活动之外的纯粹精神方面的事务，他就会充满“盲目性”，并“反复无常”，也不可能累积经验，甚至把职业活动作为逃避的对象。“一个真正受到职业教化的人，就决不会只顾自己的利益而不顾及它的负面后果，他将始终以维护职业的健康本质为己任，努力实现职业的使命。所以，在以利益驱动为动力的市场经济条件下，教育人们回护职业的本质，了解职业的社会意义及其所内涵的社会责任，是职业教化的根本任务。”[③]可见，认真对待职业，就是要把职业视为生活本身，探索职业

---

① 袁刚，等. 民治主义与现代社会：杜威在华演讲集［M］. 北京：北京大学出版社，2004：570.

② 赵祥麟，王承绪. 杜威教育论著选［M］. 上海：华东师范大学出版社，1981：213.

③ 詹世友. 道德教化与经济技术时代［M］. 南昌：江西人民出版社，2002：57-58.

对人自身的教化价值，彰显职业所具有的普遍意义，并以此为自己的生活目的和价值所在。

不可否认，许多人初选教学这一职业时，也许就是为获养命之需。这虽然可以理解，因为不能因此而否定教学本身对教师的生存意义；但是，一旦选择了教学这一职业，教师就应该努力超越教学对自身的生存意义，探寻教学的内在精神价值，以此促进自身个性的丰富和完善。而且，教学蕴含着丰富的精神价值，它本身就是塑造教师自身精神的一种理想场域。当苏霍姆林斯基深情地说“我拉着你们的手一步一步向前走，我把整个的心都给了你们。诚然，这颗心也有过疲倦的时刻，而每当它精疲力竭时，孩子们啊，我就尽快到你们身旁来，你们的欢声笑语就给我的心田注入新的力量，你们的张张笑脸使我的精神重新焕发，你们那渴求知识的目光激发我去思考”[①]的时候，我们怎能不认为苏氏与他的学生们所享有的教学生活是一种精神的磁场，并为此而深深感动呢？教师通过教学并在教学过程中不断形塑和完美自身，进而以此不断形塑和完美学生的过程，才是真正的教学相长、真正的教学生活。所以，能否超越教学对教师单向度的生存逻辑，感受、体验和享有教学的精神教化价值，可以作为一个衡量和确认教师教学理解的意义之维。

作为国家事业的教学理解、作为社会活动的教学理解和作为个人职业的教学理解这三者之间并不是彼此孤立、非此即彼的，而是相互渗透和嵌入的，它们共同支撑着教学理解，并为教学理解的建构提供了方向。因此，教师不可执迷于其中之一，而应该努力寻求它们之间的内在关联性和一致性，获致教学理解的视域融合。只有这样，教师才有可能克服和超越对教学的分裂性理解，重新审视和反思自身教学的意义，规避价值多元冲击下的自我迷失和陷落。

三、教学理解的现实化

教学理解的根本目的是通过对教学的阐释和把握，拓展教学的意义空间，提升教学的层次、水平和境界。因而，教学理解必然潜含着一种现实化的诉求，也只有在现实化的过程中，才能克服教学理解的虚妄，不至于陷入主观随意的理解与解释的唯心主义的窠臼之中。提升教师的教学理解决然离不开对现实教学活动的厘定和规约，而这本身又是在历史的维度中得以展开的。基于

① 苏霍姆林斯基. 把整个心灵献给孩子［M］. 天津：天津人民出版社，1981：352.

对教学活动历史和现实的认识，我们认为教学理解的现实化至少包含如下几方面的内容。

（一）专业性与政治性统一的教学取向

随着现代社会的发展，教学的专业性越来越被承认和重视，持续地推进教学专业化成为世界各国教育改革的重要主题。1966年，国际劳工组织和联合国教科文组织在巴黎会议上发表的《关于教师地位之建议书》，首次以官方文件形式明确指出“教学应被视为一种专门职业”，提出教学是一种公共的业务，教师需要经过严格的、持续的学习才能获得并保持专门的知识和特别的技术。1986年，美国卡内基教育和经济论坛“教育作为一门专门职业”工作组发表的《国家为培养21世纪的教师作准备》和霍姆斯小组发表的《明天的教师》都认为，教学专业化是提高公共学校教育质量的唯一途径，只有当学校教学转变为完全成熟的职业时，公共教育质量才能得到提高。自20世纪90年代，教学专业化日益引起我国政府和学校的关注，不断从理论走向实践。1993年颁布的《中华人民共和国教师法》明确规定：“教师是履行教育教学职责的专业人员。”1995年，我国建立起教师资格认证制度。2001年开启的基础教育课程改革更加快了我国教学专业化的步伐，营造了教学专业化提升的浓厚氛围。然而，当我们汲汲于教学专业化时，不能忘记教学是国家事业这一基本的规定性，应该将坚定的政治方向置于教学的首位。而且，任何教学都具有思想性，说自己是没有思想的，这种说法本身也是一种思想的反映。换言之，教学绝不是中立的、非政治性的，借口教学的专业性而否定教学的政治性，不应该是一个教师所应持有的态度和立场。“即使我们声称自己没有政治立场，只是关注进一步探寻客观思想或实践的精确体系，我们所做的一切仍然很重要。我们采取的方式是鼓励学生的质疑还是抑制学生的质疑，我们所设立的报偿系统，我们对学生想法的注重程度等，都在创造一种道德基调和政治氛围。”[①]有鉴于此，在教师教育过程中，我们应当强化教师的政治意识，增强教师的政治自觉，引导教师主动担负起教学的国家使命，坚定教学的政治性方向，并以此引领教学的专业性，努力做到专业性与政治性的统一。

威尔·维格勒斯认为：“教师在课堂与学生进行相互之间的价值分享时，

① Brookfield S D. 批判反思型教师ABC［M］. 张伟，译. 北京：中国轻工业出版社，2002：31.

不只是参与者，还是教练。教师在对教育内容进行自主处理以及课程实施过程中会产生较大的影响作用，因为他们的价值观深深地渗入教学材料和教育关系之中，产生了教育影响。在教学中，教师不可能是价值中立的，表明一定的立场、赞同一些价值观是教师的职业特征。所以我们认为教师能清楚地知道学生要形成什么价值观不失为明智之举。这样教师就不得不弄清楚他们所教的知识内容将要融入怎样的价值观，而要做好这点，教师不仅要反思他们与学生的关系，也要反思支配他们教学的价值观。"①对一个民族、一个国家来说，最持久、最深层的力量是全社会共同认可的核心价值观。核心价值观承载着一个民族、一个国家的精神追求，体现着一个社会评判是非曲直的价值标准。对于教育事业的发展来说，当前最重要的就是要将社会主义核心价值观教育纳入教师教育一体化的规划和设计中，引导教师自觉做中国特色社会主义的坚定信仰者和忠实践行者，把党的教育方针切实地贯彻到教学实践活动的全过程。

（二）有效性与伦理性统一的教学过程

无论从教学的产生还是从教学的性质看，有效性的追求都是教学的题中应有之义。随着社会发展对教学的要求越来越高，教学的有效性越来越引起人们的高度关注。近些年来，有效教学的实施、高效课堂的建构方兴未艾，但是我们不能忘记教学是一种社会活动这一根本事实。教学活动的社会性意味着教学必须满足社会的基本伦理法则，不违背社会对教学的基本规定性。一旦违背了社会的基本伦理法则，教学就会因无法满足社会的认同而遭到冲击。更为重要的是，教人为善从来就是教学之为教学的根据和宗旨，其本身就是一种典型的伦理实践，因此教学不仅要遵循还应努力超越这些基本的伦理法则，志于更高的道德精神和伦理境界。不同的社会对教学会有不同的伦理规范，但具体的教学伦理不可能只是一些指令与纯目的的体系，而应是教学理想及现实运作的指导方针，从而不仅有助于我们理解教学目的，还有助于我们理解达到教学目的的手段及达到这一目的的限度。我们应该清楚的是，教学不只是知识的获得和智力的训练，同时包含着社会性和情感的培养。"教学——这并不是机械地把知识从教师的头脑里灌输到学生的头脑里，这是一种极其复杂的道德关系，在这种关系里起主导作用的、决定性作用的特征，就是培养儿童的荣誉感和自

① Veugelers W. Different Ways of Teaching Values［J］. Educational Review, 2000（1）: 37–46.

尊感，并在此基础上培养他要成为一个好人的愿望。”[①]所以，任何时候，教学都应该是一种充满人间温情的活动，是有效与伦理的统一，决不能为了教学的有效而丧失教学的伦理。这就不仅要求教师必须把他们自己放在学生的位置上，去想象学生所遇到的困惑和挫折，去想象他们想得到对他们自己的利益进行指导的诉求和愿望，还需要教师回想起他们自己早期易受影响的倾向和弱点、他们自己在学习上的困难以及他们自己对赞扬和名声的焦虑。[②]如果将教学的有效性与伦理性割裂开来，伦理就会受到更少的考虑，对有效性的追求就会成为最迫切的事，也就不在乎是否基于一种伦理的立场。这时，学校变成了工厂，学生成为原料，教学就沦落为一种机械的程序了。

因此，教师必须从功利性的知识型存在转变为一种道德性的伦理型存在，充分准备并认识到自己角色的道德和伦理需求——“为了在道德和伦理上成为年轻人的引导者，教师必须理解他们作为伦理专业人员所扮演的复杂的道德角色，并理解他们关心学生而采取的行动和决定的重要性”[③]。教师只有既是一个道德的人同时又是一个道德的教育者，才能成为学生乃至整个社会美德行为和态度的示范和榜样，无愧于师者的责任和担当。如果社会制度或学校仍旧顽固地维持某种不道德状态的时候，教师必须有勇气坚持伦理上正当的行为，即使因此遭受人身或专业的痛苦，也应在所不惜，无怨无悔，不忘初心，砥砺前行。

（三）成人性与为己性统一的教学评判

在现代分工和交换体系日趋严密的今天，任何人都无法脱离他人而生存和生活。任何一种正当的职业活动都兼具成人与为己的双重性；而且，成人与为己并非完全是相互抵牾、不可兼容的，而是可以相得益彰的。对于教师的教学来说，同样也是如此。只是由于人们常常对教学成人性与为己性及其关系的误解，容易偏执其一，割裂了教学成人与为己的内在统一，才导致了对教师教学的歪曲。我国对教师这个身份一直存有一种微妙而特殊的期待，希望教师具有渊博的学识以启迪众生，具有崇高的人格以表率群伦，并且还应当具有默

① 苏霍姆林斯基. 苏霍姆林斯基选集：第1卷［M］. 北京：教育科学出版社，2001：108.

② Banner J M，Cannon H C. 现代教师与学生必备素质［M］. 北京：中国轻工业出版社，2000：40.

③ 伊丽莎白·坎普贝尔. 伦理型教师［M］. 上海：华东师范大学出版社，2011：131.

默耕耘、安贫乐道的胸怀，以终身奉献教育。教学即意味着教师的“奉献”和“牺牲”，因而“蜡烛”和“春蚕”便成了教师的隐喻，人们崇尚教师的也常常是这种“忘我”乃至“无我”的精神。无论是在学校日常生活中，还是在社会角色定位中，人们也都习惯用学生的学业成绩来评判教师的教学乃至教师本身，甚至将学生的发展视为教师教学的唯一，于是教师及其教学便成了学生发展的手段。实际上，这是对教师及其教学的一种成见和偏见。教师是教学的主体，可教学同时也形塑着教师。尽管教学效果并不完全取决于教师的善良动机和自由意志，但是教学效果如何毕竟是评判教师教学的现实依据。如果说唯有一个人真正的信念和真正的生活才能感染他人并将知识和真理传播开来，那么良好的教学效果就不只是教师主体精神和能力的现实展现和认定，也恰恰是教师自我发展和完善、确立道德自我的基本标志之一。在这一意义上，教学就不仅仅是人们所说的“成人之学”，同时也是教师的“为己之学”。在这里，“为己之学”之“为己”，显然不是在教学利益关系上追逐个人私利，而是以道德人格上的自我完善、自我充实和自我提升为根本指向。这是对教师通过教学成就自我这种个人价值追求的应有承认和基本尊重，实际上也是教学的力量和魅力所在，更是教师取得良好教学效果的必要条件和必备品质。

不论处于何种时代，任何民族和社会都崇尚并需要自己的成员具有自我奉献和牺牲精神，没有这种精神就没有民族和社会的整体存在。自我奉献和牺牲精神在人类历史上过去、现在和将来都是一种崇高美德。然而，自我奉献和牺牲不仅具有严格的规定性，而且并不排斥维护与争取自身的正当利益。[①]在弗洛姆看来，并不是任何自身利益都是真正的自身利益，因为利益的概念是客观的，不能根据人对利益的主观情感来加以表达，而是要根据客观的人性来加以表达。人只有一种真正的利益，即充分发展他的潜能，充分发展作为人类一员的他自己。所以，他认为：“现代文化的失败，并不在于它的个人主义原则，也不在于它的道德观念与追求自身利益的一致，而是在于自身利益之含义的退化；它的失败不在于这样一个事实，即人们过分地关心他们的自身利益，而是在于他们并没有充分地关心他们真正的自身利益；并不在于他们太自私，

① 高兆明. 存在与自由：伦理学引论［M］. 南京：南京师范大学出版社，2004：222.

而在于他们不爱自己。”[①]毫无疑问，一个逆来顺受、卑躬屈膝、麻木不仁的人是不会有自己的真正利益的，但是一个不顾人格尊严去追逐蝇头之利的人也不会有什么真正的自我利益。心驰于外物，终至于丧己。只是，人们常常受颠倒的利益导引，惬意地沉浸于这种追逐之中，缺乏认真的反思而不能觉解和觉悟，还以为是在争取和维护自身的利益，却丧失了属于自己的真正利益。同样，仅仅注重教学对自身生存的本体论意义，甚至把学生的学业成绩作为自己升迁晋职、捞取功名利益手段的教师不仅损害了学生的身心健康，也掏空了教学的内核、个性及其独一无二的精神价值，贬黜了教学的神圣和崇高，放弃了教学之于自我的真正利益，心甘情愿地吮吸着精神的“雾霾”。

修己以安人，成人以为己。教师只有深刻把握教学成人性与为己性之间的内在联系，才能成为真正意义上的教学主体，才有可能感受和体验到教学于己的价值和意义。

［选自《教育研究》2017年第9期］

① 弗洛姆．为自己的人［M］．北京：生活·读书·新知三联书店，1988：136.

我国课程知识研究70年的历程审思

孙宽宁[①]

［**摘要**］课程知识是关涉学校教育功能实现和育人目标达成的重要因素，是广大学者持续研究的重要课题。70年来，我国学者对课程知识的研究经历了借鉴模仿与经验总结、术语多元与话语分立、研究视域的拓展与深化三个阶段，并呈现出受国家相关政策的直接影响和制约，研究的技术思考和价值观照始终相伴而行，基础研究对应用研究具有重要引领和支撑作用等明显特点。当前我国的课程知识研究仍然存在独立性不足、概念混乱、视域交叉、研究的结构性和实效性不强等问题。对此，在未来的研究中，要适度平衡研究的独立性和敏感性，加强研究的结构性和系统性，深化研究的科学性和实效性，并建立更密切的学术研究共同体。

［**关键词**］课程知识；教科书；教学内容；知识价值

毋庸置疑，课程是学校教育的核心中介，是学校育人目标和教育理念的重要载体。课程知识自身具有政治的、经济的、文化的内在属性，这决定了学校课程知识总是随着社会的发展变化而不断调整更新。正因为如此，虽然在教育研究发展的历程中，人们研究的视角和具体内容在不断地发展变化，但课程知识这一研究主题却始终备受关注。自新中国成立以来，不同的发展时期，受国内外不同话语体系和分析视角的影响，人们对课程知识的研究在不同的概念

① 孙宽宁，山东师范大学教育学部教授、博士生导师，主要从事课程与教学论研究。

术语和逻辑语境下展开，呈现出明显的阶段性和多元化特点。笔者认为，系统梳理自新中国成立以来这一历程中课程知识研究的基本脉络与主要观点，不仅可以让我们明了课程知识今天之所是的原由，而且可以让我们进一步明晰课程知识研究未来之所往的方向。

一、课程知识相关概念的关系梳理

受不同研究背景和立场的影响，我国学者在研究课程知识时，采用了教学内容、教科书、课程内容、课程知识等不同的概念术语。在改革开放之前，“教学内容”是使用最多的概念，但人们只是感性地模糊使用，并没有对其内涵进行规范界定。20世纪80年代初，“课程”概念被引入，成为与教学内容具有相互指代关系的另一术语。90年代以后，一批课程论研究者开始在课程论话语体系内把课程中与学生学习的知识、经验相关的部分用课程内容或课程知识两个概念重新命名。1991年江山野编译的《简明国际教育百科全书·课程》，呈现了对课程内容的两种不同理解：一种认为，“课程内容是指一些学科中特定的事实、观点、法则和问题等”；另一种认为，“课程内容是在教育机构范围内要向学生灌输的知识”。前一种是从课程开发编制的技术角度来界定课程内容的基本构成；后一种则是从知识社会学的视角来凸显课程内容的社会权利控制属性。该书还指出，“课程知识”也包含至少两种不同的含义：“在一门课程中所教授或所包含的知识（课程内容）和制订课程时所应用的知识（课程编制知识）。”[①]同时，仍然有一批学者在教学论话语体系甚至更广泛的教育研究和实践中继续沿用“教学内容”来指代“为实现教学目的，由教育行政部门或学校有计划安排的要求学生系统学习的知识、技能和行为经验的总和”[②]。除教学内容、课程内容、课程知识等术语外，教科书作为以物质实体形式呈现课程知识内容的直观载体，也一直被使用和研究。

这几个概念相比，“教学内容”概念使用最久，应用也最为广泛，这一术语下的大部分研究主要着眼于静态的教科书内容，但21世纪以来，有些学者开始研究教师在教学过程中动态生成教学内容的价值、机制、内容与策略等。

---

① 胡森. 简明国际教育百科全书·课程［M］. 江山野，编译. 北京：教育科学出版社，1991：69-110.

② 唐文中. 教学论［M］. 哈尔滨：黑龙江教育出版社，1990：52.

"教科书"概念的使用也比较广泛，在研究内容上与"课程知识""课程内容"概念下的研究存在很多交叉重合，其独特之处主要表现在对教科书多样化呈现形式的探讨方面。"课程内容"的概念在近20年来的相关教材、著作中使用比较普遍，主要的研究内容包括课程内容的性质、构成、选择与组织等，其中关于课程内容的性质部分，会与"课程知识"的探讨有所交叉和呼应。相比之下，"课程知识"这一术语的使用相对单纯，主要在学术研究论文中用于探讨课程的社会控制属性和文化属性，但与《简明国际教育百科全书·课程》对这一概念的解释相比，这种使用无疑窄化了其应有内涵。

整体来看，教学内容、教科书、课程内容、课程知识四个概念之间虽有差异，但在主体内容上仍然具有很大程度的一致性，有很多学者在研究过程中并不进行严格区分，而是在一个概念术语下笼统地探讨四个概念中任何一个包含的研究话题。鉴于这种情况，为了后续研究的方便，有必要跳出概念术语的限制，切实从其内涵的一致性和差异性入手，分析相关研究的发展脉络和成果，并在整体审视已有研究的基础上展望其未来发展的方向。考虑到我国课程论学科的独立发展以及对"在一门课程中所教授或所包含的知识（课程内容）和制订课程时所应用的知识（课程编制知识）"研究越来越丰富和深入，而新课改背景下课程与教学边界模糊、课程含义过于泛化等问题需要克服和澄清，在后面的行文中，将采用"课程知识"作为主要概念术语进行阐述，但分析已有研究文献时会把以往教学内容、教科书和课程内容研究中的相关资料也考虑在内。同时，在研究文献的选择上，重点关注人们围绕"为学生学习预设的文本性内容"所开展的研究，而教师在教学过程中动态生成的内容以及学校开展的非常态化和非系统性活动内容，将不在本文中进行探讨。

二、我国70年课程知识研究的发展历程

我国自新中国成立以来的课程知识研究，经历了从单一视域下的借鉴模仿与经验总结，到多元概念术语与话语体系并存，再到研究视域的进一步拓展与深化的发展历程。在这一过程中，课程知识研究从点式的经验探索到系统的理论思考，在深度和广度上逐步推进，科学性不断提升。

（一）借鉴模仿与经验总结阶段（1949—1977年）

这一阶段早期，我国的教育实践和研究全面与苏联接轨，一批苏联的教育学著作被翻译引介到国内。人民教育出版社1950年出版的凯洛夫的《教育

学》对我国教育体系发展影响巨大，这本书也为我国这一时期课程知识研究的开展提供了框架和思路。其第四章分教学计划、教学大纲和教科书三节对“教学内容”进行了具体阐述，分析了选择教学科目的原则、主要内容及其教育教养意义。①20世纪50年代出版的多本其他苏联学者的教育学著作，对课程知识的论述都与凯洛夫的这本教育学著作相近。这一时期，我国学者编写的教育学著作也深受苏联的影响，其中关于课程知识的研究，与其在概念术语和框架结构上具有较高的一致性，只是在具体表述上会结合我国的教育语境适当调整。

除著作外，在20世纪50—60年代，还有数十篇从实践需求和经验出发探讨课程知识的期刊论文，这些文章都是结合具体学科根据自己的实践经验来阐述如何选择课程知识及特定学科课程知识的增减优化等问题，往往直接呈现观点或介绍策略与做法，不进行学理性考察。这类研究对当时的课程与教学实践具有一定的指导性，但学术性和理论研究价值较低。

在本阶段后期，受“文化大革命”的影响，学校实践中的课程知识脱离教育规律，出现极端化，教材的基础知识被严重削弱，“几乎所有教材都有牵强附会，‘穿靴戴帽’，同本门课程毫无关联的政治内容”②。相关的研究工作也基本中断。

整体来看，这一时期的课程知识研究受社会发展大背景的影响，以借鉴模仿为主，单方面学习苏联，基本按照课程知识在实践中的三种表现形式（教学计划、教学大纲、教科书）来分析，把对课程知识的组织编排技术研究和价值评判混合在一起，初步形成了我国课程知识研究的统一定位、结构体系和主要观点。

（二）术语多元与话语分立阶段（1978—2000年）

这一阶段，在国家改革开放的大背景下，一批学者积极把西方国家关于课程研究的新概念和理论成果引入国内，使我国的课程知识研究打破了上一阶段单一视域、统一概念术语和结构框架的状况，在研究视角和研究内容方面更加丰富。这一阶段又可以分为术语多元交叉和话语体系分立两个时期。

1. 概念术语和研究内容的多元交叉时期（1978—1988年）

这一时期，“课程”概念逐渐受到重视，对其内涵的理解在传统的“学科

① 凯洛夫. 教育学［M］. 沈颖，南至善，等译. 北京：人民教育出版社，1953.

② 陈友松. 教育学［M］. 武汉：湖北人民出版社，1985：149.

或科目”基础上不断扩展，并开始冲击“教学内容”这一概念在教学论学科体系中的地位。上海师范大学《教育学》编写组编写的《教育学》（人民教育出版社，1979）在改革开放后较早用“课程与教材”为专章标题取代过去的“教学内容”，对课程设置的依据、各门课程的目的和任务、课程的安排、教材的选择和组织等问题进行探讨。之后，更多教育学和教学论著作从课程视角论述课程知识，如王策三著的《教学论稿》（人民教育出版社，1985）中的 “课程的本质和结构”，陈友松主编的《教育学》（湖北人民出版社，1985）中的“中小学课程理论”，董远赛等著的《教学论》（浙江教育出版社，1984）中的“课程论”等。这些研究从标题到具体内容结构都打破了过去从教学计划、教学大纲、教科书三个方面阐释课程知识的固定框架，扩展了研究的视野，丰富了研究的范畴和内容，也强化了对课程知识选择与组织的学理性分析。

这一阶段，虽然一些著作中对课程知识的探讨已经出现明显的多元化特点，但相关的学术文章仍然主要以“教学内容”为核心概念展开。这些研究主要有三方面内容：一是介绍美、苏、日、法、英等国的课程知识改革进展与研究动向；二是分学段和学科研究特定课程知识的合理组织和新内容的纳入；三是在一般意义上探讨课程知识的精选、课程知识的组织等具体主题。之所以这一时期的学术研究文章仍然围绕“教学内容”术语展开，主要原因是著作中出现的关于课程的新增内容，以对国外已有研究成果的介绍为主，还难以进行深入的自主创新。总体来看，这一时期对课程知识的研究，虽然在概念术语和具体内容上开始呈现出多元化的特点，但在观点的深刻性和创新性方面仍显不足。

2. 逐渐形成两种话语体系的时期（1989—2000年）

在前一时期的研究基础上，陈侠的《课程论》、钟启泉的《现代课程论》、廖哲勋的《课程学》先后出版，这些学者推动我国的课程论逐渐发展成为一门独立的学科。廖哲勋在其《课程学》一书中，从构建完整课程理论体系的立场出发，把课程内容作为课程基本理论的重要部分设专章论述，明确界定了课程内容的概念及其本质属性，具体探讨了中小学课程内容的组成部分及其选择和组织的基本要求。同时分四章详细分析了课程标准总纲的设计、分科标准的设计、教材设计理论和教材设计的类型与方法。这不仅丰富和系统化了课程论的结构体系，而且把对课程知识的研究从过去基于特定实践需求的经验性探讨上升为一般性理论研究，大大推动了课程知识研究的深化和发展。在此之后的多部课程论著作都开始专门探讨课程知识。这些研究不仅使“课程”摆脱了作为教学内容代名词的处境，而且使“课程内容”从教学论视域中脱离出来，成为具有独特内涵的课程论术语。受此影响，这一时期出版的教育学、教学论著作已经很少使用“教学内容”作为章节标题，而代之以“课程”“课程论”“课程研究”“课程与教材”等。个别仍然沿用“教学内容”作为专章标题的教学论著作，也往往在原有的内容基础上，再增加课程论与课程改革的相关介绍。

这一时期关于课程知识研究的学术文章数量明显增加，使用的概念术语包括教学内容、教科书和课程知识等。其中以“教学内容”为概念术语的研究在延续20世纪80年代已有主题的基础上，开始出现更加深入和细致的研究切入点，有学者从技术维度研究教学内容的逻辑组织[①]、教学内容的情感性处理[②]，有学者从价值维度探讨教学内容的社会学意义[③]、教学内容的农村适应性[④]。

这一阶段以“教科书”为主题的研究文章，主要分析教科书内容的意识形态[⑤]、教科书的编著原则[⑥]等。1990年，有学者以“课程知识”为主题开展专门研究，探讨课程知识选择的主客体尺度[⑦]。这是较早使用“课程知识”概念并开展相关研究的文章。

从整体来看，20世纪80—90年代，教学论从教育学中独立出来，课程论又从教学论中分离出来。随着学科的不断分化，研究也从早期的宽泛笼统走向具体深化。人们关于课程知识的研究开始形成教学论和课程论两大话语体系，

---

① 罗会兰. 谈课堂教学内容的逻辑组织［J］. 湖南大学邵阳分校学报，1989（Z1）：223-225.

② 卢家楣. 理科类教学内容的情感性处理［J］. 课程·教材·教法，1994（12）：12-15.

③ 吴康宁. 对教学内容的若干社会学分析［J］. 教育评论，1993（4）：42-47.

④ 庄光. 改革教学内容，适应农村经济发展需要［J］. 人民教育，1986（9）：17，36.

⑤ 谢昌蓉. 意识的本质：对传统教科书的存疑［J］. 陕西师范大学学报（哲学社会科学版），1998（S2）：55-57.

⑥ 孙小礼，金普泰，刘文风. 传授科学思想和方法：谈教科书编著的三个原则［J］. 北京大学学报（哲学社会科学版），1997（3）：88-92.

⑦ 郭元祥. 课程知识选择的主客体尺度［J］. 华东师范大学学报（教育科学版），1990（4）：47-55.

研究问题的角度和具体关注点更加细致多元。不过，这一时期人们使用不同概念术语所表述的内容基本是一致的，都主要指代学校教育中由国家教育主管部门统一制定实施、内容具有相对稳定性、以正式文本形式呈现的教与学的材料。

（三）研究视域的拓展与深化阶段（2000年至今）

21世纪伊始，我国开展了影响深远的基础教育新课程改革。新课改的理念和政策赋予了一线实践者更大的课程自主权，也解放了广大课程与教学研究者把课程知识作为政府决策而非学术问题的观念，从而大大拓展了课程知识研究的视域和空间。在此背景下，虽然这一阶段的研究仍然在不同话语体系下沿用多个概念术语，但对课程知识的关注已经超越术语本身和话语局限，开始形成两种基本取向：内容开发取向和内容理解取向。

1. 内容开发取向的研究

内容开发取向的研究主要探讨课程知识如何选择、开发和组织的问题，这类研究以对教学内容、课程内容、教材内容等的细致区分为基础。有学者认为，“教学内容当然来自课程内容，但又不等同于课程内容，因为教师与学生都可根据师生的实际对课程内容有所选择与再造”①。所以，教学内容的选择范围可能会超出课程内容的范畴。也有学者指出，“教学内容与教材内容密切相关，教学内容始于教材内容的演绎，终于教材内容的创生”②。基于对教学内容始于教材又超越教材的认识，这一阶段关于内容开发的研究主要从两个方面展开，一是探讨超越教材文本的创生性教学内容应如何把握和开发，二是在教材文本层面上继续沿用教学内容、课程内容、教科书、课程知识等不同概念而共同探讨其选择与组织问题。因为本文把研究对象定位于“为学生学习预设的文本性内容”，所以，对教学过程中师生创生的部分不予考虑，只重点分析关于静态文本内容的研究资料。

在课程知识的文本材料层面上，从课程知识选择的基本取向或原则，到应有的具体内容及其组织，再到呈现形式，研究内容丰富多元。首先，在课程知识选择的基本取向上，学者们着重探讨了课程知识选择的现代化、信息化、生活化、多样化、时代性、科学性、人文性、客观性、典范性、争议性等，

① 李如齐. 教学内容精选的意义与标准［J］. 教学管理，2006（27）：89-90.

② 于世华. 教学内容的灵活结果性［J］. 当代教育科学，2004（17）：24-26.

其中，课程知识选择的现代化、时代性、科学性、人文性等观点的一致认同度高，但在确定性、客观性、争议性等方面存在不同主张。如有学者认为，“教科书不能偏离知识的客观性”[①]。也有学者认为，课程知识具有“不确定性、未竟性和非常态性”[②]。其次，在课程知识选择的关注点上，研究者根据特定时期特定背景，提出学校应加强环境教育、可持续发展教育、生涯教育、生命教育、性教育、民族教育、公民教育、国际理解教育、人生观教育、爱国主义教育、传统文化教育、社会主义核心价值观教育、关爱价值观教育等的内容。同时，诸如农村内容、科学史、传统经典、流行文化、异域文化、亲情题材等也受到关注。这些不同的关注点，反映出学者们对课程知识具有的多元价值的不同选择取向。第三，在课程知识的组织方面，研究者对课程知识的横向整合、纵向衔接、整体结构优化关注较多，有学者具体分析课程知识的螺旋式结构编排，也有学者针对性地探讨课程知识的生活化、认知化、心理学化处理，以及基于探究、对话的课程知识设计。第四，在课程知识的呈现形式方面，受信息技术发展的影响，有学者重点研究课程知识的技术形态的发展演变，探讨电子教材、数字教科书、数字化资源设计、教学内容的可视化设计等。第五，在课程知识的难度方面，一批学者从教科书难度的概念分析入手，采用定量分析、比较研究等方法，探讨教科书的整体内容、信息文本、语言、实验、习题或某一具体内容的难度，并开发了教科书难度评价的工具和模型。

整体来看，这一时期人们对课程知识的开发研究呈现出视角多元、涉及面广、具体化和针对性程度高、应然与实然有机结合等特点。而且，这一阶段，在新课程改革的启蒙和推动下，人们的课程意识明显增强，大家积极思考课程知识选择的应有取向以及应该加强的具体内容，广泛探讨课程知识在推动社会发展、公民培养、个体成长、文化传承等方面的功能和价值。

2. 内容理解取向的研究

随着知识社会学、哲学解释学、存在现象学等理论被不断引介到国内并产生越来越广泛的影响，加之新课改的推动，人们的课程观、课程知识观均发生了明显的转变。传统观念中认为具有客观性和价值中立性特点的课程知识观

① 王永红. 论教科书知识的客观性［J］. 课程·教材·教法，2012（7）：8-13.

② 但武刚. 课程内容：不确定性、未竟性和非常态性［J］. 课程·教材·教法，2003（10）：1-5.

受到批判和质疑，一种强调课程的个体意义性和价值负载性的观念逐渐形成，人们开始从课程理解的视角把课程作为一种“文本”来解读其蕴含的意义。在这些文本解读性研究中，人们主要采用教科书和课程知识两个术语，围绕课程知识观、课程知识与教科书内容的社会性和文化性展开。

课程知识观问题是理解课程知识的前提性问题。有学者梳理了历史上的不同知识观，并指出，“当代人们确立了建构性的课程知识观”[①]。有学者从具身认知理论视域提出“构建学科知识与个人经验互融、学科知识与生活世界共在的课程知识观”[②]，也有学者提出把知识理解为个人参与生活世界过程中创造与生成的过程及其产物的生成主义课程知识观[③]。这些关于课程知识观的研究，虽然观点各异，但都超越了传统的知识本体论立场而从学习者的主体性、知识的动态生成性、知识意义的建构性等角度多元化地理解和把握课程知识。

我国教育社会学尤其是其分支领域课程社会学的发展，推动了我国学者从社会学视角对课程知识的研究。在20世纪90年代前期，研究“侧重于对教学内容的社会本质、价值取向、地位分等、文化代码等进行理论探讨，对教科书的社会特征进行定量分析”[④]等。2000年，有多位学者先后从社会学角度探讨课程内容、教科书内容。有学者指出，教科书是国家主流价值观念的载体，履行着“意识形态的守护职能”[⑤]。有学者认为，“教科书作为一种静态的文本，它铭刻着社会支配文化的印痕，体现着社会统治阶级的意志”[⑥]。在此之后，众多学者从不同侧面探讨教学内容的社会学意蕴。例如，关于课程知识与社会意识形态的关系问题，有学者认为，“课程知识在合法化过程中，由维护既定的社会秩序的主流意识形态及社会世界观所决定”[⑦]。有学者认为，“国家认可

---

① 黄忠敬. 我们应当确立什么样的课程知识观［J］. 南京师范大学学报（社会科学版），2002（6）：66-72.

② 张良. 具身认知理论视域中课程知识观的重建［J］. 课程 · 教材 · 教法，2016（3）：65-70.

③ 张良. 论生成主义课程知识观的缘起、内涵及其意义［J］. 全球教育展望，2016（7）：33-40.

④ 吴康宁. 我国教育社会学的三十年发展（1979—2008）［J］. 华东师范大学学报（教育科学版），2009（2）：1-20.

⑤ 吴康宁. “课程内容” 的社会学释义［J］. 教育评论，2000（5）：20-22.

⑥ 王有升. 语文教科书的社会学阐释［J］. 教育科学，2000（3）：21-24.

⑦ 金生鈜. 课程知识的合法性基础的解构［J］. 现代教育论丛，2001（3）：15-19.

的主流价值观凭借教科书这一独特的物质载体得到具体表达，而且可以通过调适和取舍教科书中隐含的价值取向以最终完成对社会的控制”[①]。也有学者认为，“课程建构活动就是人类公共知识社会意识化的过程，以期课程知识能反映人类基本的价值规范、行为理念、伦理信仰等形而上学品质……不能把课程知识看作是意识形态控制的中介”[②]。

以对课程知识的社会学属性的思考为基础，很多学者从不同的切入点探讨课程知识的社会性表达，比较集中的研究主题是对不同类型人物特征的分析和不同国家形象表达的研究。在不同类型人物特征分析方面，男女性别问题关注最多，这些研究普遍强调教科书中性别内容对儿童社会化发展和社会角色认同具有重要影响，同时也指出，绝大部分教科书都存在着性别偏见。有学者指出，我国的一些教科书在话语表达中“表现出明显的男性霸权；优良品质更多地被赋予男性，而不良品质则强加给女性；男性处于主宰地位而女性处于从属地位；女性的才华与优良品质不是被忽视或省略就是被刻板化或歪曲”[③]。除从男女性别上进行大类分析之外，还有学者选择诸如榜样人物、模范角色、民族英雄、伟人等特定人物类型开展研究并指出，“教科书中的榜样人物是主流意识形态的传播媒介，榜样人物的性别和民族差异是社会现实的复演”[④]。塑造模范角色是教科书进行价值传递与价值建构的重要手段”[⑤]，教科书存在着伟人英雄化的倾向[⑥]。关于教科书中不同国家形象的研究，有学者认为，“教科书中的国家物质、制度、文化、国民形象将深深影响着学生对国家的认知、爱国主义情操的培养”[⑦]。也有学者通过跨地域比较来分析中国教科书中的美国形象、日本形象，以及国外教科书中的中国形象问题。

---

① 虞伟庚. 教科书与社会控制［J］. 社会科学战线，2013（2）：272-274.

② 李殿森，靳玉乐. 课程知识与社会意识形式［J］. 教育研究，2006（6）：69-73.

③ 傅建明. 教科书性别意识形态的话语分析［J］. 全球教育展望，2010（5）：18-23.

④ 高湘平，石鸥. 小学语文教科书中榜样人物的社会学分析［J］. 教育理论与实践，2017（23）：35-38.

⑤ 吕映. 小学语文教科书中模范角色的类型特征与价值蕴涵［J］. 杭州师范大学学报（社会科学版），2013（2）：132-136.

⑥ 王艳霞，王绍瑞，王艳娟. 我国义务教育教科书中的伟人英雄化倾向［J］. 当代教育科学，2007（21）：59-60.

⑦ 张鹏，吕立杰. 语文教科书中的国家形象分析［J］. 全球教育展望，2018（7）：21-33.

从文化学视角解读课程知识是这一阶段的另一研究重点。从课程知识的文化意蕴、文化价值、文化构成，到文化意识、具体文化内容以及文化标准的确立等，学者们开展了丰富深入的研究。有学者指出，“任何一种教科书，都是特定社会文化的反映”①，发挥文化资本分配和文化再生产的功能。有学者对我国新课程改革以来的教科书进行整体的文化分析，还有很多学者从具体学科入手，探讨特定教科书的文化构成或分析某类特定文化内容。这些研究在很大程度上提升了人们关于课程知识的文化意识。

回顾70年来课程知识研究的发展历程，受社会发展不同时期特点的影响和制约而具有比较明显的阶段性特征，从研究的主体内容来看，从早期更多关注课程知识在技术层面的选择、开发、组织和编制的方法与策略，逐渐转向如何利用技术实现课程知识的价值负载和合理表达，研究内容越来越丰富、多元和深化，研究的科学性和系统性不断增强。

三、我国70年课程知识研究的主要特点

我国70年的课程知识研究，在国家政策推动和研究者的共同努力下，从最初在教育学视域中笼统综合的经验性说明和政策性解释，到后来逐渐分化为教学论、课程论、课程社会学等不同学科视域下的专门研究领域，取得了长足的发展和丰硕的成果，丰富了相关学科的理论体系，也对我国课程与教学的实践改革发挥了积极的推动作用。综观这一过程，具有以下三个主要特点。

（一）课程知识研究受国家相关政策的直接制约

首先，国家的对外政策从外围影响着我国课程知识研究的思路和广度。新中国成立之初与苏联全面接轨的政策，使苏联的教育教学理论全面进入我国教育领域，当时的课程知识研究完全在苏联的框架体系内进行。党的十一届三中全会以后，国家的改革开放政策大大激发了我国学者与国外开展学术交流与互动的积极性，诸多国外的课程论研究著作和实践探索成果被翻译引介到国内，对我国的课程知识研究发挥了积极的知识普及和观念启蒙作用。20世纪90年代，一批从知识社会学视角研究课程知识的国外理论成果和研究方法被引介进来，对我国突破传统的苏联研究框架而开展更加多元深入的课程知识研究开

① 刘丽群. 论教科书、身份文化与社会分层［J］. 湖南师范大学教育科学学报，2008（3）：53-56.

阔了视野和思路。2000年以后，国际学术交流活动愈加频繁深入，更多的国外研究成果和实践进展通过译著、论文、学术会议、学者互访等渠道进入国内，给我们带来多元的启发和借鉴。其次，国家的课程权力分配政策直接制约着我国课程知识研究的立场和方向。在新中国成立初期，“课程权力是绝对的中央集权型，地方和学校几乎没有课程权力”[①]。这种课程政策很容易让人产生课程知识的选择与组织是政府决策而非学术问题的观念，所以，这一时期为数不多的与课程知识相关的思考主要是对国家相关政策的阐释和解读。20世纪90年代前后，国家推动基础教育综合改革，在统编教材为主的前提下，允许地方尝试编写一纲多本的实验教材。结合实验教材编写和使用过程中遇到的现实问题，学者们开始从课程知识的选择依据、组织原则、编制技术等方面进行专门的学理性探讨。2000年以后，三级课程管理政策对学校和教师进行课程赋权，并实行国家基本要求指导下的教材多样化政策，这极大地提升了一线教师的课程意识和研究者的学术热情，课程知识研究呈现出明显的价值多元和方法多样的特点。而我国近几年中小学语文、历史、德育等部编教材的开发与推行，则在很大程度上引领了学者们在课程知识研究中的国家意识和对社会主流价值观念的重视。

（二）研究的技术思考与价值观照并行发展

课程知识集中体现着教育科学性与人文性的统一。它不仅决定学生获得什么样的知识和技能，也决定学生的世界观、价值观、人生观等精神发展的方向。为了使课程知识充分发挥整体的育人功能和社会价值，在70年的发展历程中，人们对课程知识的研究始终兼顾技术和价值两个维度。在技术维度上，学者们主要研究选择课程知识的依据和原则、组织与编排课程知识的方法和策略等；在价值维度上，学者们主要关注课程知识的意识形态属性、蕴含的价值取向等。由于两个研究维度在内涵和属性上各不相同，其发展轨迹也呈现出不同的特点。技术维度的研究具有明显的持续累积优化的特点，在改革开放前的近30年时间里，以介绍苏联的相关成果和总结我国的本土化做法与经验为主，后40年里，则在广泛吸收世界各国的理论研究成果与实践经验的基础上，形成一套系统化的课程知识编制体系，并越来越深入具体地指导和应用于我国的教育

① 胡东芳. 新中国课程政策的历史回顾与理论思考［J］. 清华大学教育研究，2002（4）：64-69.

教学实践。价值维度的研究则更多受到社会主流意识形态的制约和影响。在不同时期，对这一属性的关注与研究有不同的表现。改革开放前的30年时间里，研究者以贯彻国家相关政策方针为导向，主要探讨国家政策在课程知识领域落实的基本要求或原则，一致性突出。在2000年以后，课程知识研究越来越彰显个性，一些学者把"知识理解为价值性的、个体性的、情境性的与过程性的"[①]，探讨课程知识选择的取向和立场呈现出比较明显的价值多元化特点。2016年，中共中央办公厅、国务院办公厅印发《关于加强和改进新形势下大中小学教材建设的意见》，强调教材体现国家意志，教材建设是国家事权；国家要强化知识的选择、组织、传播的合法性和教材领域意识形态安全管理。在此背景下，学者们开展研究的国家观念明显加强，开始更加关注对课程知识的意识形态属性、价值评判标准等内容的探讨。总之，整个课程知识研究的历程，充分反映出课程知识的专业学术性和国家意志性的双重属性融合。

（三）基础研究对应用研究发挥重要的引领与支撑作用

在课程知识研究已经取得的丰富成果中，根据其研究目标和指向的不同，大体可以划分为基础研究和应用研究两大类。基础研究把课程知识从特定的社会背景和教育情境中抽离出来，将课程知识看作教育系统的一种自然现象和事实，着眼于揭示这种现象和事实所蕴含的内在本质与规律，提出研究的设想或理论，如关于课程知识的社会学意蕴、课程知识的本质属性、课程知识的合法性、课程知识的价值维度和道德价值逻辑等。应用研究则是为了特定的应用目的而开展的实际运用指向的研究，能够为实践的改进提供直接的支持和帮助，如针对语文、历史、品德、科学、数学等不同科目内容存在的选择不当、组织结构不合理、编排不科学等问题进行的具体分析和改进研究。虽然从数量上看，已有研究成果中的两类研究很不均衡，基于实践需求、指向实践改进的课程知识应用研究远远多于基础研究，但从两类研究的内在关联性来看，少数的基础研究成果始终对应用研究发挥着引领和支撑作用。当基础研究欠缺时，应用研究就会在低水平的同质研究中徘徊，而一旦有基础研究的新成果出现，则应用研究往往也会在水平和数量上有一个大的跨越发展。在把基础研究成果运用于实践方面，我国学者具有比较敏感的意识和很强的行动力。如我国2000

① 胡森. 简明国际教育百科全书·课程［M］. 江山野，编译. 北京：教育科学出版社，1991：15.

年以后开展的诸多针对学科课程知识的城乡差异、性别偏向、意识形态倾向等的实证性分析研究，主要以课程社会学研究者先期探讨的课程知识的社会属性和价值负载的基础研究成果作为理论支撑。

四、我国课程知识研究的未来展望

经过70年的探索发展，我国的课程知识研究从单一视域下以借鉴模仿与经验总结的方式开展研究，成果数量少，同质性大，逐渐发展到在多种研究视域下采用多样化的方法开展深入研究，成果丰硕多元，成就有目共睹。但同时，受发展过程的客观局限，课程知识研究还存在概念混乱、视域交叉、研究者分散孤立、研究内容没有形成有机的结构体系、对实践改进观照不足等现实问题。对此，在未来发展中应进行更多针对性思考和观照。

（一）平衡研究的独立性与敏感性

在中国近现代学术发展史上，学术研究与社会政治的关系以及与国外尤其是西方学术之间的关系一直是影响我国学术发展的重要因素。王国维、钱穆、蔡元培等诸多学者对学术研究在面临中西文化冲突和社会政治力量钳制时应有的学术独立均做过深刻的分析。考察我国学者开展课程知识研究的70年历程，新中国成立之初对苏联教育思想的整体移植和对英美等西方其他国家的完全排斥与封闭，改革开放后对西方国家课程知识研究的思想成果的广泛引进与运用，近年来关于传统文化知识的大力呼吁与全面推进，在很大程度上反映出我国学者在课程知识研究中对这两种关系的把握也时常在依附与独立之间交错游移，而这在一定程度上影响了课程知识研究的良性发展。因为“学术之所争，只有是非真伪之别耳，于是非真伪之别外，而以国家人种宗教之见杂之，则以学术为一手段，而非以学术为一目的也。未有不视学术为一目的而能发达者，学术之发达存于其独立而已”①。纵然课程知识的研究无法脱离社会政治、经济、文化的背景和条件，学者也不应推卸应有的思想启蒙、社会改造的使命与担当，但学术研究如果因此而丧失了专业立场、背离了科学规律，其自身发展必然扭曲，应有价值亦会被消解。同样，对于国外的思想与成果，保持适度敏感，而非亦步亦趋，在批判吸收的同时，仍能立足本土特色与需求，在思想上自成系统，在内容上不断创新，应是我国课程知识研究的学术发展之路。

---

① 王国维. 论近年之学术界［M］//王国维遗书：第3册. 上海：上海书店，1983：202.

（二）加强研究的结构性与系统性

在新中国成立之初，受苏联教育学体系的影响，我国学者对课程知识的研究主要是在经验基础上探讨教学计划、教学大纲和教科书的编写原则、要求、注意事项，笼统地描述学校主要学科的具体内容。20世纪80年代，随着对西方国家课程与教学理论研究成果的引介，我国关于课程知识的研究开始出现多种概念术语和多元话语体系。2000年以后，受西方哲学、教育学、社会学、文化学等多学科理论的影响，人们研究课程知识的层次、维度、内容、方法等更加多样化，逐渐形成了不同学者在不同学科领域和学术背景下各自开展课程知识研究的格局。这种格局在一定时期内有助于研究的快速发展和繁荣，但也会造成研究的混乱与无序。一是教学内容、教科书、课程内容、课程知识等核心概念之间内涵与界限不清，时常出现同一概念不同所指或不同概念同一指向的情况，造成研究者之间的交流障碍和研究的混乱低效；二是虽然研究成果总体数量可观，但存在有的主题扎堆研究、有的主题鲜有人问的现象，研究不够全面、系统。出现这种情况，一方面是因为我国课程知识研究领域同时存在苏联和欧美两个不同的话语体系，另一方面是部分研究者脱离现实需求，盲目跟风、蹭热点。要在未来的研究中转变这种不良现象，需要研究者从我国教育教学发展的实际出发，把两种不同话语体系下的概念术语进行本土化整合改造，厘清不同概念之间的逻辑关系，对课程知识研究的范畴和内容进行结构化、系统化建构。

（三）深化研究的科学性与实效性

基于动态的实践需求开展研究，用研究成果去引领和优化实践，是研究保持活力和体现价值的根本途径。课程知识是一个实践属性突出的概念，是广大教师在日常教学工作中必须要面对和思考的事情。只有教师对所传授的课程知识的立场、价值、结构、逻辑有清晰的认识和把握，并能科学地选择、组织、利用，才能有效地引导学生领会知识的价值和意义，并在这一过程中提升和实现自我。然而，我国绝大部分一线教师不具备深入思考和研究课程知识的意识与能力，在课程实施过程中精神匮乏、自我游离、成效低下。对于这些现实问题，课程知识研究本应发挥积极的指导和引领作用，但实际情况不尽如人意。一是很多演绎性研究，因为忽略或遗漏很多特定实践情境中的真实信息，并不能解决实践中的具体问题；二是少数一线实践者开展的行动研究，常常囿于个人感性经验而无法提升思维的深度；三是受我国传统重定性轻定量、重思辨轻实证思维习惯的影响，很多研究缺乏充分扎实的实证分析和证据支撑，难以与现实问题直接关联。突破这种研究瓶颈需注意以下四点：一是要强化一线教师科学解读、开发和利用课程知识的重要性，激发教师相关能力提升的意识与需求；二是专业研究者应实现对基础理论和教学实践的共同关注，深入了解一线教师的日常教学行为，准确把握实践中的真实课程知识问题，在此基础上深化课程知识的理论研究；三是综合运用质性研究、量化研究等方法，提升课程知识研究的科学性和针对性；四是加强专业研究者与一线教师的深度交流与合作，通过协同开展行动研究，切实提升专业研究者的实践感和一线实践者的研究意识与能力，并达成对实际问题的有效解决。

（四）建立更密切的学术研究共同体

课程知识研究不断发展的过程是伴随着研究者队伍不断壮大的过程。与新中国成立初期屈指可数的教育学工作者关注与思考课程知识相比，当前的课程知识研究者整体数量已经大大扩展。这些研究者分属于教学论、课程论、课程社会学、心理学、教育技术学等不同学科背景的研究队伍，并在各自的学科框架内开展研究。这种多元化的研究队伍有效推动了课程知识研究视角和内容的丰富与拓展。但是，因为我国目前的学术研讨交流活动基本以学科为界各自组织和开展，无形中造成了研究者之间的封闭与孤立，不利于课程知识研究的系统化发展。因为课程知识作为一种教学实践中的存在物，是形式与内容的统一体，其科学性与人文性、技术性与价值性、一般性与特殊性等都是相互影响并有机整合在一起的，把某一维度抽象剥离出来，虽然有助于开展针对性研究，但缺少了整体视野的观照，很容易背离科学研究的精神，也难以满足综合性实践的需求。如对课程知识进行的性别差异分析，会涉及社会学视角下的性别偏见，也会涉及心理学中关于学生性别意识发展的规律，还会涉及教育技术学中性别内容呈现方式的有效性等，如果不能在研究中全面观照其多维度的复杂融合关系，会不同程度地影响研究成果的科学性和实践价值。对此，未来的发展和研究，有必要在分学科研究的基础上，建立跨学科的学术沟通与交流机制，形成以“课程知识研究”为核心的学术研究共同体，使不同层面和维度的研究适度融合，在提升理论研究的科学性的同时，兼顾研究成果的实践转化。

［选自《课程·教材·教法》2019年第6期］

学校课程建设的合理性省察

车丽娜[①] 徐继存[②]

[摘要] 学校课程建设是整合三级课程资源，统筹课程结构、内容和实施方式，促进学校课程体系不断完善的系统工程。合理的学校课程建设需要有方向性的把握、现实性的基础、科学性的厘定、伦理性的规约和延展性的空间。

[关键词] 学校课程；课程建设；合理性；省察

学校课程建设是整合三级课程资源，统筹课程结构、内容和实施方式，促进学校课程体系不断完善的系统工程。目前，课程建设被许多教育管理者热情地倡导，成为教育行政机构和学校工作计划中的常规内容。许多中小学也将其作为创造性地实施新课程，实现特色化发展的有效途径。然而，存在的未必都是合理的，实践的勃兴并不能为课程建设的合理性提供自足的明证，许多看似合理的课程改革实则经不起理性的拷问。因为，"变革时代的'改革'不只是意欲改善现实的中性行动，客观上还负载着某种道义。进一步讲，在教育系统进行改革是理直气壮的，即使实际的作为有违常理，在改革的名义下似乎也获得了正当性"[③]。很多学校在理性地建设学校课程的名义下造成了学校课程

---

① 车丽娜，山东师范大学教育学部教授、博士生导师，主要从事课程与教学理论研究、教师教育研究。

② 徐继存，山东师范大学教育学部部长、教授、博士生导师，主要从事课程与教学理论研究。

③ 刘庆昌. 教育改革的正当性之思［J］. 教育发展研究，2014（21）：1-12.

的不合理现象，导致了学校课程体系的混乱和无序。对学校课程建设的合理性进行考察，可以从根源上规避学校课程建设中的随意性与经验化，引导学校课程向着理性化方向发展。学校课程建设是育人目标引领下的合理行动过程，对课程建设的合理性的考察可以从方向性、现实性、科学性、伦理性和延展性五个维度进行。

一、课程建设方向性的把握

学校课程建设是在课程改革目标引领下的方向性行为，是在满足了课程改革纲要所提出的基础性目标的前提下，改变学校课程内容、结构交叉混乱的状况，促进学校课程特色化发展的过程。改变学校课程不合理的现状只是课程建设的出发点，却无法设定学校课程发展的理想取向。学校课程建设不能毫无章法地向各个方向同时出击。如果缺少适当的目标引领，没有合理的发展方向，所有的规划与方案都将沦落为一盘散沙，甚至在具体的建设过程中产生内耗。没有方向性的课程建设不仅无益于学校的整体发展，反而会人为地加重学生的课业负担。

自2001年开始实施的三级课程管理体制赋予了学校充分的课程自主权，使学校课程具有了广阔的发展空间。然而，学校管理者和教师的课程意识问题并没有随着课程管理权的增长迎刃而解。课程建设主体缺少对课程价值的体认，缺乏对课程建设方向性的把握，导致在现实教育领域，学校课程的本质并没有发生根本变革。大部分学校沿袭着传统的课程管理方式，在开足开全国家课程、地方课程的前提下在校本课程开发上做点文章，以此来体现学校育人目标和发展特色。“大多数国家都设有官方课程，由此列出一系列的教育目标和相关的教学内容提纲。但令人遗憾的是，并非所有的官方课程都有逻辑依据，都阐释其中蕴含的教育理念，并置课程于清晰的背景之中。这种情况导致课程仅仅处于操作层面，从而脱离课程发展的战略方向。”①事实上，课程标准只是国家课程的纲领性文件，是对中小学课程的基本规范和基础要求。由于各学校育人目标的不同、所拥有资源的差异，在具体的课程建设过程中理应提出基于国家标准、体现学校特色的课程发展方向。在达到国家课程标准的前提下，

---

① 戴维·米德伍德，尼尔·伯顿. 课程管理［M］. 吕良环，译. 杭州：浙江教育出版社，2008：29-30.

利用什么样的资源促进学生何种素养的发展，培养怎样特质的学生，理应是学校自主决定的事情。

把握学校课程建设方向的过程即承继学校教育理念，确定课程建设目标，并以目标为导向，进行课程内容、课程结构调整和课程实施方式变革的过程。“我们自然地把合理性视为一个目标导向（goal-directed）的过程（这既适应于行动的合理性，也适应于信念的合理性）。传统社会中的行为陈规在于，人们采取某种方式的行动是因为一直以来就是那样做的。相对比而言，合理性行为旨在实现人们具有的各种目标、欲望和目的。”[①]目标对行为的导向作用也在心理学领域得到积极验证。“目标导向为个体架构起一定的思维模式，影响人们在特定情境中的成就追求、行为方式以及行为结果。”[②]课程建设目标是对学校教育理念的具体化，也是教育理念向实践层面的延伸和拓展。学校育人目标与课程建设目标之间的关系类似于终极目标和工具性目标之间的关系。工具性目标克服了终极目标笼统、游移性较大的弊端，对人的行为具有更明确的指导意义。哲学上的工具性特征本身就包含着意向性的规定：“工具的合用性不仅意向性地指向思维，而且意向性地指向行动”，“工具的本质结构中不仅有着以某种东西指向某种东西的指引，而且有着以某种东西指向它要完成的任务的指引；不仅指向物，而且最终地指向了人，任务的完成便意味着目的的达成，也意味着人的利益的获得”。[③]学校的育人目标带有一定的抽象性特征，是学校的教育价值观、教育理念等的综合表达，相当于马克斯·韦伯所提出的社会科学研究中的“理想类型”：“把历史生活中某些关系和事情集合为一个复合体，它被想象为一个具有内在一致性的体系，而实质上，这一结构本身就像一个通过着重分析现实的某些因素而得出的乌托邦。”[④]然而，“理想类型”作为社会科学的研究方法，“就其概念的纯粹而言，我们在经验现实的任何地方都不能发现这种精神的构造，这是一种‘乌托邦’。在每一种情况下，确定

① 罗伯特·诺奇克. 合理性的本质［M］. 上海：上海译文出版社，2012：53.

② 路琳，常河山. 目标导向对个体创新行为的影响研究［J］. 研究与发展管理，2007（6）：44-51.

③ 李伟，陈志新. 论教育的终极目标与工具性目标［J］. 甘肃社会科学，2010（3）：229-232.

④ 马克斯·韦伯. 社会科学方法论［M］. 杨富斌，译. 北京：华夏出版社，1999：32.

这种理想构造接近或离开现实的程度，乃是历史研究所面临的任务”[1]。而学校课程作为实现学校育人目标的内容载体，在沟通学校教育的理想与现实的过程中担负着义不容辞的责任，进行课程建设的过程也是进一步凝练办学理念、落实育人目标、明确行动方向的过程，也是使现实无限趋近理想目标的过程。学校课程建设的方向一旦确立，便需要相关主体在价值观念上高度认同并在实践中协同配合，努力达成目标。

二、课程建设现实性的基础

方向与目标的确立有利于构建学校课程建设的愿景，保证相关主体价值观念上的一致性。实际的学校课程建设是在理想与现实间行走的过程，明确的方向是学校课程建设的首要条件，而现实基础的考量则是确定学校课程建设出发点的必要程序。学校课程建设需要在理想与现实之间保持必要的张力，使其在承继学校传统、具备特定资源条件的基础上，向着理想的目标行进。对学校课程建设的现实条件进行分析，明确学校课程基本状况、优势和不足，可以为学校课程建设提供一个合适的切入点，并为其顺利推进提供条件和制度保障。

在现实的课程建设实践中，许多领导者将工作重点放在课程愿景和蓝图的规划上，在理念上构建了以培养学生创新精神及核心素养为目标的庞大的课程体系，但对这样的课程是否具有现实基础，是否得到教师的认同，是否符合学生的素质水平，在学校教育空间中是否具备可行性等问题缺少相关分析，从而使课程建设过程遭遇了美国课程史学家卡班恩所描述的情境：“改革像大海上的龙卷风，风暴在海面上翻起巨浪，数尺以下的海水被搅得流湍不定，但海床依然平伏如昔。”[2]课程建设的方案与学校的现实基础不能有效对接，是许多学校在课程建设上流于形式，无法对实践层面产生影响的根本原因。只有具备现实基础的学校课程建设才能走向深远。而对课程建设的现实基础的考察可以借用马克斯·韦伯所说的社会行动的目的（工具）合理性的判定：“通过对周围环境和他人客体行为的期待所决定的行动，这种期待被当作达到行动者本

---

① 于海. 西方社会思想史［M］. 上海：复旦大学出版社，2000：102.

② Cuban L. How Teachers Taught：Constancy and Change in American Classroom，1890—1980［M］. New York：Loman，1984：56-60.

人所追求的和经过理性计算的目的的‘条件’或‘手段’。”[①]也就是说，目的（工具）合理性行动是按照合理性方案实施的旨在实现理性确立的目标的行动，是建立在关于不同事实之间的因果关系判断的基础上的，依据手段及程序的可实现性实施的行动，属于客观合理性的范畴。

尽管新的课程管理体制赋予了学校充分的自主权，有学者甚至认为学校已经由教育改革的“他主空间”变为了“自主存在”，但事实上，这种改革自主权的有效行使却受客观现实条件的约束。一方面，学校课程建设既不是平地起高楼，也不是推倒重来的过程，而是在承继学校文化的基础上的课程改革与实践，是对原先课程体系的创造性规划与实施。“如果缺少一个支援性的学校文化，课程改革无望。”[②]另一方面，学校文化与课程体系之间是相互依存、密不可分的关系，失去了学校文化的支撑，则课程建设必将散乱而低效。课程建设应该密切联系学校的文化传统，利用各种有利因素并努力开发优质教育资源，从而使学校课程彰显特色与成效。承继学校文化传统的课程建设方案具有历史根基，而符合学校人文基础的课程方案更加现实可行。师资条件和学生素质是课程建设的主体性因素和基础性资源，学校的课程建设必须在综合考虑现有师资和学生素质水平的前提下，构建能有效利用教师教学优势、发展学生综合素质的课程方案。这样的学校课程既承继传统、根基牢固，而又现实可行、特色鲜明。

三、课程建设科学性的厘定

理想与现实之间的距离决定了学校课程建设的基本路径。课程是在学生成长的现状与理想之间架设的桥梁，如同任何桥梁工程的设计都需要进行结构与稳定性研究、计算荷载系数等复杂程序一样，学校课程建设也是按照一定的科学要求，系统地选择和组织课程内容，引导学生沿着明确的规程通向理想目标的过程。科学的课程建设保障了教育内容和过程的合理性，使学生在接受适宜教育影响的基础上适度成长，避免了教育过程中偏离教育目的、不符合教育规律的现象。理想方向的设定与现实基础的考察是学校课程建设走向科学性的

---

① 马克斯·韦伯. 社会学的基本概念［M］. 顾忠华，译. 桂林：广西师范大学出版社，2005：58-63.

② Fullan M. The New Meaning of Education on Change［M］. London：Cassell, 1991：89.

前提，但这并不代表规划了起点与方向就能保证整体过程的科学性。当前，越来越多的学校将课程建设当作内涵发展的新的落脚点，大力推进课程体系的构建与课程内容的整合，勾画了层次烦琐、类型各异的课程方案图。有些学校甚至将校园内所有的日常活动都作为课程来开设，甚至还别出心裁地开设特色化的“隐性课程”，给人以眼花缭乱、不明就里之感。一方面，各种各样的课程类型之间存在着逻辑混乱与内容交叉；另一方面，各种日常活动都名为某某课程而实则缺少系统的目标、内容和评价体系。在有限的教学时间和空间中，这样名目繁多的学校课程大多难以全面、深度落实，成为纸上谈兵的课程，难以实现促进学生素质发展的深层目标。

为了使学校课程建设符合科学性的基本规范，首先需要理性地规划课程的逻辑结构，使之经得起理论上的推敲并符合分类的基本原则。理论上的课程类型都是按照特定的标准划分的，如按照课程的影响方式分为显性课程与隐性课程，按照课程的组织方式分为学科课程和活动课程，按照课程的管理制度分为必修课程和选修课程，按照课程的综合程度又可分为相关课程、融合课程、广域课程和核心课程等。隐性课程作为课程计划中未明确规定的、潜移默化起作用的学习经验，一旦正式列入学校课程计划就失去其潜在性，要么转变为学校文化建设，要么形成为正式的学校课程；而将活动课程与选修课程甚至综合课程并列在课程方案中更是不符合分类的基本原则。“一种分类是否科学，一要看区分度，二要看包容性，在这里，区分度是指类与类之间的区分程度，包容性是指类与类之和等于被分类对象的全体。如果某一种分类同时达到了这两条标准，那么这种分类就是科学的。”①不同分类标准的课程类型交织在一起的课程方案自然不符合科学性标准，纯粹为了凸显课程丰富性而在课程方案上频繁增加砝码的做法也只能给人逻辑混乱之感，在付诸实践的过程中会人为地加重师生负担。

学校课程建设的关键不是在既有的课程方案上增增补补，而是要按照学生素质发展的理想目标，为学生规划脉络清晰、逻辑自明的学习经验。明晰性是科学开展课程建设的题中应有之义，因为课程建设不能停留于规划层面，必须为后续的课程实施与评价等环节留下充足的操作空间。也就是说，学校的

① 徐继存. 教学方法阐释［J］. 西南师范大学学报（人文社会科学版），2002（6）：58-62.

课程方案是可以直接在实践中落实的，是能够转化为学生的学习经验的。而操作的课程是不能任意拼凑嫁接的，必须按照一定的逻辑顺序依次推进。因此，在具体实施过程中，各个学校都需要从最容易突破或最有特色的环节入手，在最富有成效的领域开展试验。有的学校即使提出了远大的课程建设目标，也不能奢望把所有的问题在短时期内完全解决，而是需要分阶段、有层次地加以推进。这样的课程建设思路能最大限度地保证学校的稳定性，使每一阶段的推进都尽量避免保守和反对的声音。这种具有高度政治技巧和智慧的改革方式一定是“渐进的、枝节的或费边式的战略”①。由此所形成的课程方案才能体现“逻辑简单性”原则——“把一切概念和一切相互关系，都归结为尽可能少的一些逻辑上独立的基本概念和公理”②。而最终从作为逻辑出发点的基本概念和内容出发，由浅入深、由点及面地扩展到学校课程的所有领域，形成一种“编制的草席”式的课程框架，为学生规划出时间与空间上具有逻辑连贯性的学习内容：“时间上具有连续性，学习被认为与以前积累的经验和接触的文化密切相关，并贯穿人的一生。……空间上具有连续性，学习被认为是孩子生长的整个客观环境的产物，而学校只是该环境的一个组成部分。”③

四、课程建设伦理性的规约

课程建设不仅要保持育人理想与现实基础之间的张力，而且要注重科学与伦理精神的融合。课程建设是相关主体在复杂教育环境中做出科学有效、伦理规约的价值选择的过程。科学性的厘定有助于课程建设按照逻辑顺序高效率地推进，避免无效劳动或作用力互相抵消的现象。而伦理性的规约则有助于凝心聚力，达成价值共识，通过主体的成长为课程建设提供持续动力。伦理规约是与科学要求相辅相成的基本原则，要求课程建设在程序合理的基础上，保持基本的正当性。一方面，课程建设需要从其服务对象的需求出发，从育人目标的达成方面追问其根本价值。“促进所有学生的发展是教育改革的一条根本的价值准绳，也是教育改革的道德正当性的来源。舍此，所谓教育改革的成功便

① 塞缪尔·P. 亨廷顿. 变化社会中的政治秩序［M］. 王冠华，刘为，等译. 上海：上海世纪出版集团，2008：176.

② 许良英. 爱因斯坦文集：第1卷［M］. 北京：商务印书馆，1977：158.

③ 戴维·米德伍德，尼尔·伯顿. 课程管理［M］. 吕良环，译. 杭州：浙江教育出版社，2008：15.

是一个没有意义的命题。”[①]另一方面，还需要从主体责任的角度出发推进课程建设的成效，在合理的交往与价值选择中实现教师的专业成长。教师的主体责任意识的发展是学校教育可持续发展的基础和保障。

恪守领导权威的管理者习惯于按照科层管理的方式规划学校课程，课程建设目标由倾向于产生最大期望效应的决策过程产生，然后将任务逐层分解，最终落实到个体身上。作为课程建设主体的教师即便能够有效地参与目标的制订过程，也往往在具体的实践过程中沦为原子化的工具，孤立地完成外在于个体的任务指标。这样的课程建设把教师束缚于制度的框架之内，使其机械地按照现有的体系运作，变成了被动执行系统命令的存在物。这种程序下建构的学校课程是一艘“配备了船役奴隶的船”[②]，船桨的规律运动使船役奴隶沦为机器上的齿轮，他们甚至不必清楚船的行驶方向，因为方向自有船长把握，而他们的劳动只受监工的暴力威胁。在这样一种划桨式管理而非掌舵式管理理念的制约下，教师也如船役奴隶般限于盲目的、机械的劳动状态，他们只是被规定了的角色，却永远不能与规定者共享课程的本体价值。

任何层面的教育改革都是以促进人的发展为基本目标，课程建设更不能以形式与过程的合理遮蔽了目的与价值的正当。如果课程建设单纯受功效原则的支配，只追求建设过程中的效率至上和课程方案的逻辑统整，而漠视课程建设中的人文精神和伦理要求，则行动的过程和结果将越来越表现出非人性化趋向，学校环境中的个体也将成为单纯的结构功能单位。“组织攫取了行动的支配权和调控权，并从主观上把社会行动化约为一般化的功利动机。换言之，一旦主体从道德实践理性的作用中脱离出来，便会酿成‘专家没有灵魂’‘纵欲者没有心肝’的悲剧；一旦机器化的程式技术演化为事本主义的组织模式，卡里斯玛以及个体层面上的分化行动就会受到‘管理化世界’（administered world）的宰制。”[③]科层体制下的专业化分工是现代教育发展的必然结果，但任何精细的专业行动都是伦理规约的理性行为。失去了伦理规约，社会行动的理性追求就容易演变为一种控制手段，使人失去浮士德式的超越精神，成为为

① 吴康宁. 教育改革成功的基础［J］. 教育研究，2012（1）：24-31.

② C.莱特·米尔斯. 社会学想象力［M］. 陈强，陈永强，译. 北京：生活·读书·新知三联书店，2005：78.

③ 渠敬东. 启蒙及其限制：法兰克福学派与工具理性批判［J］. 社会理论学报，2000（1）：131.

效率而疲于奔命的技术化存在，就像《摩登时代》里所揭示的工业生产背景下镶嵌在机器里无意识地运转的人们，在“理性之牢笼”的禁锢下日益感受到深刻的不自由以及无力挣脱的无奈感。

社会行动的伦理价值在当今世界越来越受重视。西方哲学对合理性的考证在经历了“自然理性”标准、“神本理性标准”阶段后发展为“人本理性标准”，越来越将人的主体地位以及人生意义的阐释作为社会行动的重心，而哈贝马斯将韦伯的合理性概念进一步提升为交往的合理性，即通过主体之间的交往实践，“论证话语在不受强制的前提下达成共识”，“不同的参与者克服掉了他们最初的那些纯粹主观的观念，同时，为了共同的合理信念而确立起了客观世界的同一性及其生活语境的主体间性”，[①]从而也在人与人的交往中建立起一种合理的价值关系。学校课程建设由于其实施主体与服务对象的人本性，决定了不能用唯科学的标准对其简单评判，而需要从人的主体成长的维度考察其伦理价值。学校课程建设既是师生在主体交往中不断应用与开发课程资源、超越与创新现实课程体系的过程，也是主体在实践基础上提升课程意识与课程创新能力，在理性的交往与反思中实现自我，走向更高远的教育理想的过程。

五、课程建设延展性的空间

由于课程本身具有动态开放性特征，课程目标、课程内容、课程实施与评价等方面无不随着主客观条件的变化而发展，由此决定了学校课程建设是一个永远前进的过程，而不是一张终结性的蓝图。无论多么完备的课程方案都不可能是封闭的系统。在整体教育持续变革的时代，试图以一纸课程方案解决所有教育问题的想法已经越来越脱离实际，基于不断发展的实然状况推进课程体系的持续革新，实现理念与行动的不断超越，应该是更加切合实际的选择。迈克·富兰指出：“变革是一次走向未知的目的地的旅行；在这里，问题就是我们的朋友，寻求帮助是力量的象征；在这里，自上而下和自下而上同时发生的创新结合在一起；在这里，同事关系和个人主义同时共存于有成效的紧张工作之中。”[②]在通向未知目的地的行程中，我们并不知道自己将会遇见怎样的未

① 尤尔根·哈贝马斯. 交往行为理论：行为合理性与社会合理化［M］. 曹卫东，译. 上海：上海人民出版社，2004：53.

② 迈克·富兰. 变革的力量：透视教育改革［M］. 北京：教育科学出版社，2000：45.

来。因为随着视野的展开，我们的面前将会呈现日益丰富多彩的课程图景。

课程建设中的继发性问题为课程建设的推进提供了广阔的空间，后续的课程方案必须在解决新问题的基础上有效推进。当然，后续出现的课程问题并不具有逻辑自明性，往往不能引起相关主体的重视，但如果这样的问题不能得到有效的解决，势必会成为课程建设实践的瓶颈。因此，在原初的课程规划取得阶段性成效的时候，必须深入分析现实经验，重新评价理想目标与现实状态的差距，在新的基础上发现问题，重新设定问题解决方案。“真正的发现方法宛如飞机的飞行：它开始于具体的观察基地；继而飞行于想象的普遍性之稀薄空气中；最后，重新降落在由理性解释所严格地提供的那种被更新了的观察基地上。这种想象的理性化方法取得成功的根源在于，当差异法失效时，那些不断呈现出来的因素还能在想象的思想影响下被人们观察到。”①不断呈现的现实问题是课程建设的推动力。教师正是基于对不断更新的课程现实的观察，修正课程理想，调整课程实践，从而在课程建设过程中实现自身专业成长的。

判断学校课程建设是否具有实效，一方面要看是否达成了人的素质发展的根本目标，另一方面要看是否实现了课程认识的拓展和课程实践的深化。“我们使用某一时刻的标准去发现世界与我们的特征，继而再基于这种新理解去修正或改变我们的标准，以使这些标准（当我们使用时）能在（我们新理解的）这个世界中（最可能）最为有效。这个过程会持续不断，因为这些新标准还会引起我们对这个世界和自己的看法上继续做出修改，而这又会得到更新的标准……依次类推。所以说，我们对世界和自己的看法，还有我们对于何为合理性的观念，都是处在不断的相互作用之中的。”②学校课程的合理性认识是不断发展变化的，引导着课程建设实践的推进呈现出非线性的复杂性特征。课程建设所要解决的，除制度问题、内容问题、方法与技术问题以外，更为重要的还要解决思想问题和态度问题，学校课程是在解决上述复杂问题的基础上逻辑推进的过程，也是在解决认识与实践问题中不断拓展延伸的过程。

［选自《课程·教材·教法》2016年第10期］

① 阿尔弗雷德·诺思·怀特海. 过程与实在［M］. 杨富斌，译. 北京：中国城市出版社，2003：111.

② 罗伯特·诺奇克. 合理性的本质［M］. 上海：上海译文出版社，2012：135.

基于教学认识论视角的知识教学发生机制探析[①]

王永明[②] 汪 明[③]

［摘要］从教学认识论的理论视角来看，知识教学包括了知识打开、知识内化和知识外化三个阶段。这三个阶段有各自独特的内涵和方法，又有特定的先后顺序，同时它们又相互包含，循环不断，在这个过程中不断实现教书育人的目的，促进学生的个性全面发展。知识教学不是单维的发展，不是单向的流程，不是单一的方式，而是全面的发展，是复杂的过程，是多样综合的方式。

［关键词］知识教学；知识打开；知识内化；知识外化

知识教学是教学认识论的基本问题，也是基础教育的基本问题。在教学认识论看来，知识教学包括了知识打开、知识内化和知识外化三个阶段，这可以说全面而深刻地概括出了知识教学的基本规律和基本机制。但是，这样的知识教学机制却受到了众多的质疑和挑战，这样的知识教学是不是单向输入输出式或灌输式的？知识教学的逻辑起点是人类知识还是其他什么，比如“生活”？这样的知识教学是不是“目中无人”的？这样的知识教学的目的真的就只是为了使学生掌握或占有知识吗？诸如此类的争论与批判源于对知识教学的

---

① 本文系北京市教育科学“十三五”规划2017年度青年专项课题“中小学线上教学伦理的理论建构与实践优化研究”（编号：CCDA17126）的阶段性研究成果。

② 王永明，山东师范大学教育学部副教授、教育学博士，研究方向为课程与教学论。

③ 汪明，首都师范大学教师教育学院讲师，研究方向为课程与教学论。

众多简单化、片面化的理解与判断，因此我们必须深入地研究和阐释知识教学的机制，才能保证教学论研究持续健康地发展，也才能合理地开展教学改革创新。

在本文中，“知识”是广义的理解，知识即经验——人类的或个体的经验，它包括陈述性的、程序性的和条件性的，包括自然的、人文的、社会的，包括理性的、情感的、审美的，包括现象性的、实践性的、抽象性的，等等。将知识做广义的理解是必要的，因为教学是要发现、利用和实现知识的多重教育价值。尽管如此，知识教学有其特定的逻辑顺序。从整体来看，在基础教育中，知识教学不是以个体知识经验为起点，而是以人类知识经验为起点，使人类的知识经验成为个体的知识经验，使个体的知识经验能够在更高的层次和水平上展开和生发。它经历了先“把人类认识的‘终点’作为学生认识的‘起点”，然后使学生再“用自己的头脑去‘发现’、在情境中‘体验’‘体悟’、在欣赏活动中‘泡’开诗人凝练的东西，便是典型、简约地再经历原初认识的‘再认识’过程”，它经历“倒过来”再“转回去”的过程。[①]在这样的过程中，知识的教学经历了知识的打开、内化和外化的过程，这三个阶段分别是什么内涵？怎么样做？它们之间是什么样的关系？这是本文探讨的中心问题。

一、什么是“知识打开”？如何打开知识？

“知识打开”就是教师通过教学，使知识在学生面前呈现出其全部的教育意义和教育价值，使知识活灵活现地在教学活动中舒展其全体身躯，使学生能够感知到它、触摸到它，能够观察它，能够与它交流互动，能够使它与自己的精神世界接洽和融合。这包含了两个层面上的含义：内容的打开和过程的打开。内容层面的打开是知识从静态而言的全面呈现，过程层面的打开是知识从动态而言的全体展现，动静相互结合，使得知识充分活化和全面显现，这是实施全面发展的教学的第一步。从“双基”到“三维目标”再到“核心素养”，实际上都是在教育实践及其变革中越来越充分地实现知识打开的过程和全面发展的目标。核心素养的发展和教育是新时代的新探索和新提法，但并不是独立于知识教学和全面发展的教育之外的教育。知识学习是核心素养的发展基

① 郭华. 带领学生进入历史：“两次倒转”教学机制的理论意义［J］. 北京大学教育评论，2016（2）：8-16.

点。[①]“知识与素养并非二元对立，知识应该是素养生长的基础和平台。对素养的发展，不能寄望于通过削弱知识的地位来实现，而是要回归知识教学，让知识内化为学生个体的力量。”[②]

从内容的打开这层含义上说，“知识好比一个百宝箱，里面藏了大量珍宝”，“知识打开”就是打开知识当中所蕴藏的人类优质的经验和认识，所内含的人类可贵的能力、精神、思想、品格和美好情感，所体现的道德、审美、智慧、健康等。知识打开是要让知识中所蕴藏的宝藏闪闪发光，是要让学生看到、摸到、听到、感触到、领悟到、体会到人类的精神宝藏。这是一个人类知识经验的充分展现（活现）的过程，也是学生感知、体会、移情、欣赏、感通、理解、领悟的过程，正是这种自我与他者之间的充分交互才开发了知识的宝藏。知识教学的这个内涵用时下流行的概念表述，便是“深度教学”或“深度学习”。在教学中，内容的打开就是“启发”[③]的过程。“启”者，开启、打通，开启人类的精神宝藏和个体的生命经验，打通人类与个体之间交流互动的通道；“发”者，发生、生发，发生着个体与人类之间的相互转换，生发出新的知识和经验。知识的打开不仅仅是人类经验的打开，而且是借着人类经验的打开去打开个体的经验世界，并促进二者之间的交流转换。“教育实践沟通人之个体与类的精神生命。”[④]叶澜教授认为，教学过程的基本任务，就是使学生努力学会不断地、从不同方面丰富自己的经验世界；努力学会实现个人的经验世界与社会共有的“精神文化世界”的沟通和富有创造性的转换；逐渐完成个人精神世界对社会共有精神财富具有个性化和创生性的占有；充分发挥人类创造的文化、科学对学生“主动、健康发展”的教育价值。[⑤]就根本上说，

---

① 李晓蕾. 教学认识论关于“知识价值与建构路径”观点的合理性［J］. 四川师范大学学报（社会科学版），2017（1）：84-90.

② 周序. 核心素养：从知识的放逐到知识的回归［J］. 课程·教材·教法，2017（2）：61-66.

③ 叶澜教授用“点化”这两个字来描述这一过程，当然，她是在更为一般的教育学层面上加以阐释的。（参见叶澜. 回归突破：“生命·实践”教育学论纲［M］. 上海：华东师范大学出版社，2015：236-238.）

④ 叶澜. 回归突破：“生命·实践”教育学论纲［M］. 上海：华东师范大学出版社，2015：233.

⑤ 叶澜. “新基础教育”论：关于当代中国学校变革的探究与认识［M］. 北京：教育科学出版社，2006：264.

叶澜教授等发起的“生命·实践”学派的教学过程与教学认识论是有内在一致性的。

从过程的打开这层含义上说，“所谓知识打开就是把知识原始获得的实践认识活动方式和过程，加以还原、展开、重演、再现……使他们（学生个体）与人类总体相遇”。“将还原、展开、重演、再现……的活动方式和过程，加以简化。要进行改造，专门设计、简化、典型化，如缩短过程、平易难度、精简多余情节等。”[①]这样的过程打开包括历史再现性打开和现实建构性打开，而两者又是相互映射、相互交织的，这个过程同时具有历时性和共时性，具有教育性和发展性，它们统一于当下的教学活动过程中。历史再现性打开是还原知识发现的过程，使知识在历史中重现，使它们不再是抽象的符号，而成为活泼具体的历史活动；现实建构性打开是知识及其历史发现过程在当下的重构，使知识在现实中复活，使它们不再仅仅是历史的结果，而成为现实的智慧和力量。在教学中，过程的打开是“经验”的过程，是能让学生亲身实际地经历、体验和实践的过程，并在这个过程中获得思维、能力、品质、情感、人格等的发展。这里的“经验”是包含了历史性经验和现实性经验的，而杜威所强调的“经验”似乎更主要是儿童当下的现实经验，“为了实现教育的目的，不论对学习者个人来说，还是对社会来说，教育都必须以经验为基础——这种经验往往是一些个人的实际的生活经验”[②]，但他也尝试基于儿童现实经验去沟通历史经验，以为当下的现实所用，“我们的问题就在于探索怎样把过去的知识转化成为处理未来问题的有力工具。我们可以反对把过去的知识当作教育的目的，而仅仅把过去的知识当作工具来强调它的重要性”[③]。我们以为，教育不仅仅是为了“有用性”或“实用性”，而是更关注“意义性”——教育的意义和人的生存与发展的意义，而“意义性”是在广泛深入的历史性经验和现实性经验之间多向度、多维度的多样灵活交互中不断生成的。“只有聚焦于教学材

① 王策三. 认真对待“轻视知识”的教育思潮：评由“应试教育”向素质教育转轨提法的讨论［J］. 北京大学教育评论，2004（3）：5-23.

② 约翰·杜威. 我们怎样思维·经验与教育［M］. 姜文闵，译. 北京：人民教育出版社，2005：297.

③ 约翰·杜威. 我们怎样思维·经验与教育［M］. 姜文闵，译. 北京：人民教育出版社，2005：247.

料的意义维度，才能看清楚它在教学中的真面目，把握它真正的价值。”①

内容层面的打开和过程层面的打开二者是骨肉相连的，内容的打开必然是体现在过程打开中，过程的打开必然是内容的不断打开和呈现，在内容打开和过程打开的交互作用中，知识得以打开和活化。窦桂梅老师根据其“主题教学”理论而讲的“威利奇遇记”绘本公开课就反映了这个知识打开的过程。教师首先创造了一个威利奇遇记的故事情景，让学生想象、体验和理解这个故事，在这个过程中启发学生以故事的内容和文章写作的结构为线索去比较、分析和发现，启发学生根据图片创造的情景去观察、联想和发现，将故事与已经读过的多本书联系起来，使多方面的知识在故事中串联了起来，在这个过程中培养学生观察的能力、想象的思维、阅读的兴趣、探索的渴望。

在教学中，如何打开知识呢？具体的方法有很多，我们这里概括出一些基本的方法。首先，内容层面打开的基本方法是分析和关联。分析，是要深入挖掘、精细解析、层层提炼知识中所蕴藏的多样多元多维的含义和教育价值，在分析的过程中将知识从内部逐渐打开，展现它的丰富性。关联，是要将不同的知识点关联，将不同学科关联，将知识与生活关联，将知识与自然关联，将知识与社会关联，将知识与自我关联，将知识与世界关联，在关联的过程中将知识从外部逐渐打开，展现它的普遍性。其次，过程层面打开的基本方法是复演和重构。复演，是学生对知识经验获得的活动过程再现、想象、移情、感通，是自我与历史在精神世界中的想象性交互和融通，在这个过程中，学生理解他者并打开自我。重构，是学生将知识经验在多样化的现实活动中加以灵活地实现或应用、创造性地联系、真切地体验、实际地操作，是自我与人类经验在现实世界中的现实性交互与融合，在这个过程中，学生把握当下并打通自我。在知识的打开中，内容的打开和过程的打开都要借助于现实的媒介，如此，知识才有了现实的载体，才能展现它们自身，才能与教学主体进行交互。现实的媒介是多样的，包括语言、数字、图画、动画、音乐、视频、故事、游戏、表演、实验、制作、操作等。尤其值得一提的是，知识的打开可以借助强大的互联网世界和信息技术工具，使其得到更广泛、更生动、更具体、更具想象力和感染力的展现。教师需要根据实际具体情况，选择和创造合适的方法和

① 张杨. 教学材料的意义：兼论教学认识活动中学生的直接客体［J］. 四川师范大学学报（社会科学版），2017（1）：98-105.

媒介以使知识得以充分打开和展现，以使学生能够全身心地沉浸其中，与之互动，既能存乎其中，又能出乎其外。

概而言之，把知识打开，是要使得知识中蕴含的所有精神财富与学生的整个身心能够充分而全面地接触，使他们之间产生密切的交互，这是一个打开人类知识的过程，也是一个打开学生精神世界的过程，是二者之间沟通的过程。在实际教学中，知识的打开不仅仅是教师在打开知识，也是学生在打开知识，教师打开知识是为了使学生能够打开知识，使学生通过自己的理解、解释、联系、想象、质疑、思维、表达等活动去打开知识。教学中的知识打开是教师帮助和引导学生打开知识，这是知识打开的基本内涵。

二、什么是“知识内化”？如何内化知识？

在知识打开之后，“便沿着相反的方向，进行压缩、提炼、抽象、概括、回到结论、概念、公式、原理。展开和简化，特别是简化有两种水平和形式，即物质的水平和形式、言语的水平和形式，以及多种过渡的形式”[①]。通过多种过渡的形式实现知识由外向内的转化，这种转化规律典型地体现在列昂节夫和加里培林的研究中，即通过对实物的操作进行具体动作思维，同时用言语来表述，进而脱离直观，借助表象进行思维，最后，在此基础上进行符号操作，从而实现知识的内化。在皮亚杰的理论中，内化的过程则包含了同化和顺应两种机制。但是，列昂节夫、加里培林和皮亚杰的理论揭示的都只是认知方面的内化规律，而维果茨基的理论要更为全面也更具有一般性，它是由各种各样的社会的、历史的外部活动转化为内部活动的过程。不同的社会的、历史的、文化的外部活动逐渐转化为主体特定的内部活动，而主体参与外部活动的过程，也是其已有知识以及基于知识的情感、态度、个性品格、行为习惯等展现出来并参与到活动中的过程，在这样的过程中，知识在主体身上发生着内外的转化，促进主体精神世界的不断充实与丰富化。

从已有的理论中，我们能做出一些基本的判断：知识的内化是通过活动实现的，包括行为活动、言语活动和心理活动等，并且知识的内化有不同的层次和阶段。我们将知识的内化分为知识的心理内化和身体内化。内化就是渗

---

① 王策三. 认真对待“轻视知识”的教育思潮：评由“应试教育”向素质教育转轨提法的讨论［J］. 北京大学教育评论，2004（3）：5-23.

透、融合，是知识在身体和心理中的渗透和融合，体现为知识的“居心性”和“具身性”。知识的“居心性”和“具身性”是知识内化后与个体原有心理和身体的一种自然的生态关系，体现为自然而然地感、自然而然地想、自然而然地说、自然而然地做。知识的心理内化是知识成为个体心理的动力因素和内容要素，成为学习者自己心理的活动，成为智力活动、情感表达、言语解释、预测想象、自我监控等；知识的身体内化是知识成为个体身体的动力因素和内容要素，成为学习者自己身体的活动，成为行为习惯、社会规范、动作技能、活动方式等。叶圣陶先生说：“必须使所学的东西融化在学生的思想、感情、行动里，学生的思想、感情、行动确实受到所学东西的影响，才算真正有了成效。”[①]这就是知识的内化。

怎么内化知识呢？知识内化的过程并不是简单的线性的输入过程，而是经历了一个很复杂的知识与个体身心融合的过程、一个动态的非线性知识网络建构和意义生成的过程。[②]就纵向而言，知识内化可能存在一个基本的逻辑，知识的心理内化可能经历了由活动到语言，由语言而思维，由思维而意义，由意义而价值，由价值而态度，由态度而情感，由情感而信念，由信念而意识。知识的身体内化可能经历了由规范而动作，由动作而活动，由活动而行为，由行为而习惯，由习惯而反应，由反应而应变。尽管身心的内化过程并不一定是严格按照这样的逻辑展开的，但它们具有一定的规律性，同时也更具有很大的灵活性和复杂性。此外，列昂节夫、皮亚杰、维果茨基的理论及其他许多研究表明，身体的内化和心理的内化并非分离的，它们是相互关联、相互影响，甚至相互转化的，身体的活动和行为可能会转化为心理的思维和意识，心理的态度和信念等可能会转化为身体的反应和行动。

就横向而言，知识在身心中的内化分为主动内化和被动内化。被动内化表现为知识灌输、强制记忆、机械训练，有时候这种方式是必要的，但有时候它却是缺乏人道的，个体由此而获得的知识也常常是孤立的、分离的、缺乏

---

① 叶圣陶. 教育与人生：叶圣陶教育论著选读［M］. 上海：上海教育出版社，2004：80.

② 这个过程，我们可以从法国生物学和科学认识论专家安德烈·焦尔当基于脑科学、认知心理学、科学认识论等理论对学习的研究中体会到，他认为，学习是一个意义炼制过程。（参阅安德烈·焦尔当. 学习的本质［M］. 杭零，译. 上海：华东师范大学出版社，2015.）

意义的，是不具有活力的，也更难以掌握，更容易受到排斥，新的知识具有威胁性，个体难以接受自己的知识体系被打乱，随之而来的还有打破学习者自我形象的风险。因此，被动的内化是缺乏教与学的生态性的，这样获得的知识缺乏与学生身心的生态关联。然而，“我们要发展的是一种具有生态性的知识。……知识必须能够不断进行自我调适，以应对各种似是而非的、不完整的、不明确的和不可预测的因素”[①]。而主动内化则不是简单的知识移植，而是学生发挥主体的地位和作用，基于主动地理解、感受、思考、体悟、实践，自觉地选择、加工或改造后吸纳和获得的知识。知识的主动内化的过程是充满艰难险阻和曲折坎坷的，需要学生对人类的知识经验保持谦虚和开放的态度，积极主动地思考、体验、概括、提炼，坚持不懈地实践和反思，从而使其真正成为自己的经验和智慧。教师的作用就是帮助学生在知识和自我之间更好地、更顺利地建立生态关联。

在教学中，知识的内化方式主要是主动内化，是教师引导学生充分发挥其主体性，在积极参与教学活动中将自己的身心世界打开，与通过教学所打开的知识实现广泛的接触和联系，在经验与经验的对接、情感与情感的共鸣、信念与信念的碰撞、思维与思维的激荡、意识与意识的交互、习惯与习惯的对抗中，实现知识的交融、情感的互通、信念的转变、思维的拓展、意识的启蒙、习惯的重塑。而又由于人类经验与个体经验各自的生态性，即知识、思维、情感、态度、信念、意识、实践等的自然关联性，因而，内化的过程又不仅仅是对应元素之间的关联对接过程，而可能是错综复杂的相互启发和融通的过程，甚至是整体沟通融合的过程。知识的内化实际上是个体知识与人类知识及现实生活之间在个体的内部展开的广泛而深入的关联、沟通与融合，实现相互含摄。“教学活动是沟通科学与生活的中介性活动，教学认识不同于一般的科学认识和生活认识，而是沟通科学认识与生活认识的中介认识。”[②]知识内化，即知识与人和世界之间建立生态关联的过程。因而，知识内化的过程也必然是知识打开的过程和知识外化的过程，是一种内外的通透与映照，或者说由外而

---

① 安德烈·焦尔当：学习的本质［M］. 杭零，译. 上海：华东师范大学出版社，2015：65.

② 张俊列. 在科学与生活之间：教学认识中介论［J］. 四川师范大学学报（社会科学版），2017（1）：91-97.

内地走向一种内外更大的统一性。

三、什么是“知识外化”？如何外化知识？

知识内化后紧接着便有一个知识外化的过程，是学生在一定的教学情境中将已有的经验和已掌握的知识通过语言、行为或作品等方式表现出来的过程。从内容上说，知识的外化包括了个体知识或经验的外化、个体所掌握的人类知识的外化、个体知识与人类知识的融合知识的外化。知识外化就是个体已有知识（包括个体的自身经验和已掌握的人类知识）的向外表现并接受检验，是个体已有知识与人类知识体系和现实世界之间在外部世界中的碰撞与统一，在这个过程中检验个体的知识，同时也实现个体知识的个性化和综合化。

就教学的目的和结果的考察而言，我们所说的知识外化主要是个体所掌握的人类知识的外化，但是现在我们也越来越重视个体知识经验的外化及其与人类知识之间的互动与融合后生成的知识的外化，而这往往发生在教学的过程中。不同性质的知识，在不同的教学情境中，外化的方式可能不同。在教学结果的检验中，知识外化的方式主要是作业、考试、演示、实习、创造等等。在教学过程中，个体知识或经验的外化主要通过个体的回答、表达、质疑、讨论、展示等方式发生，体现出个体的经历、观察、思考、感受、信念和性格特点，并参与到知识教学的过程中，促进知识在教学过程中的打开，促进个体经验与人类知识之间的对话，促进知识的内化和新经验的生长。基于这种理解，知识的外化就不仅仅是教学结果的展现，同时也是教学过程的展现，教学结果又会不断参与到教学过程中。在教学中，个体不断吸纳新的知识，也不断形成和展现自己的个体经验，持续不断地获得知识和生成知识。而这样的知识外化过程也是在新的情景中重新打开知识的过程，也是促进知识更深刻内化的过程。威廉·派纳把这样的教育发生过程称为“复杂性对话（complicated conversation）”[①]，复杂性对话的解释丰富了对教育过程的认识。复杂性对话的过程实际上就是知识、主体和世界之间发生的复杂交互过程，从主体视角看，这一过程就是作为主体的个体（学生）打开、内化、外化知识的复杂过程，这是一个教学的过程，也是一个“Currere”的课程经验过程。

我们目前的研究主要是从教学结果的表现及其检验来解释知识外化的。

---

① Pinar W F. What is Curriculum Theory［M］. Mahwah，New Jersey：Lea，2004：185.

就结果而言，“外化有复现性的外化和创造性的外化两种，它们起着检查、巩固、初步运用知识的作用，即完成此前的内化的成果”[①]。复现性的外化主要是针对个体所掌握的人类知识的外化而言。复现性的外化也并非简单的既有情景的再现和知识再现，它既需要学生良好的记忆，更需要学生对知识的理解、解释、思维、重组等。创造性的外化主要是针对个体经验与人类知识融合生成的知识的外化而言。它使个体经验、人类知识和现实世界之间在当下得到创造性的统一，实现彼此的有机适应，形成新图式，解决新问题，发明新事物，提升新境界。所以，知识的外化不仅仅是已记住的或掌握的知识的一种重复性再现，而且还加入了个体的因素，包括个体的个性、信念、思维、理解、构思、解构和重构，等等。

从结果而言，知识的外化是为了反映和检验知识的掌握情况和知识的融合程度，通过不同的外化方式以反映知识掌握和融合的不同深度、广度和层次。这体现在六个层次上：首先是单个知识点层面，单个知识点的外化主要是基于记忆和印象的复现，是基于练习和重复的再现；其次是几个知识点联系水平，是基于知识理解和模式识别；第三是多个知识点综合水平，是基于多样思维和自由联想，实现知识的远距离关联、灵活多样的组合与多重多元的综合；第四是知识与现实世界直接联系水平，是用所获得的知识去认识和解释现实世界，并以之为行动的基础；第五是知识与现实世界间接联系水平，是将所获得的知识迁移到现实世界中，启发个体自我对现实世界的理解及行动的策略；最后是知识与现实世界创造性联系水平，是创造性地运用所获得的知识去解释现实世界，甚至发明新事物、产生新理念、创造新价值，在很多时候这需要跳出现有知识的框架，进行批判性和创造性的思维。要实现这六个层次上的知识掌握和融合，就必须使知识外化的情境（也就是学生运用知识的情境）多样化。因此，我们的教学就不能仅仅局限于常规的作业和考试，即使是作业和考试也是需要分难度层次的，此外还需要让学生在真实情境、真实问题、真实任务中运用知识，从而使知识在不断的交互中丰富联系、增进融合、促进综合，所谓的“综合素质”才能得以培养和发展。

知识的外化更深刻地体现在个体自身的改变上，体现为个体理性的思

① 王策三. 认真对待“轻视知识”的教育思潮：评由“应试教育”向素质教育转轨提法的讨论［J］. 北京大学教育评论，2004（3）：5-23.

考、灵活的思维、实践的智慧、创新的头脑、丰富的情感、良好的素养等等，也就是人们常说的“综合素质”，综合素质的发展亦不能脱离知识的教学。知识的外化综合性地体现为学习者诸多方面的良好而有序的身心活动。知识是否转化为个体良好的身心活动，是否转化为个体自觉的、自然的、健康的、健全的身心活动，这也是检验知识是否内化的核心标准。知识外化既体现了知识教学的“教书”成果，也体现了知识教学的“育人”成果。

在现代教育中，尽管从基础教育的基本任务来看，知识的外化首先主要发生在课堂上和学校内，但并不一定只是发生在课堂上，它还可能发生在业余爱好中，可能发生在日常生活中，可能发生在社会活动中，可能发生在自然探索中，可能发生在博客空间和创客空间中，等等。知识外化的方式和途径是多种多样的，关键是学生要能发挥自身的主体性，积极投入思考、应用、实践和创造之中，积极与世界、与自我对话和沟通，创造性地适应甚至改造外部世界，同时也认识和改造自我。知识的外化是个体与人类经验、与现实世界、与自我、与他人之间广泛交互的过程中一个必不可少的环节，它由内而外，通过更广泛的内外交互，使个体逐渐摆脱有限的、局限的自我，认识和实现更全面的自我，并与人类世界和自然世界更广阔地融通。

四、关于知识教学的几个问题的探讨

第一，知识教学是不是只是认知发展的过程？对于这个问题，已有许多论文讨论过了，但在新的课程教学改革时期又很有必要讨论这个问题。知识教学必然包括了认知的发展，但绝不仅仅就是认知的发展。“教学认识论并不只重视认知过程，它还强调学生的情意活动和价值体悟，强调非智力因素的动力作用。也就是说，教学认识论把学生全身心的投入作为教学认识有效展开的心理机制，强调智力因素与非智力因素之间的互动协同性。”[①]只有全身心地投入，学生才能得到全身心的发展。知识教学是要努力通过知识及其教学以促进学生的全面发展，从知识的打开环节，我们就将知识教学定位于旨在促进学生的全面发展。知识打开的环节不仅是打开知识中的认知要素——认知的内容和认知的方法，而且要打开知识中包含的德性、品格、审美、情感、价值观、精神品质、实践智慧等等，由此也打开学生对应的多种经验、能力和感官，实现

① 王本陆. 教学认识论三题［J］. 教育研究，2001（11）：61-64.

多途径和多维度的交互与内化，从而使学生在知识的学习中获得多方面的发展，而这些发展又在他们现在及将来的教育和生活中展现出来。

问题是，在知识教学中，这样的发展如何可能？我们认为这个目的的实现至少需要三个方面的条件：第一是知识的全面打开和充分打开，这意味着知识的教育价值的充分而全面的挖掘；第二是知识在教学中科学、有序、有效的组合与整合，这意味着教育性教学的持续化和优质化；第三是充分发挥学生的主体性，激发学生的积极主动性，这意味着学生能作为教学活动的主体而参与教学。知识只有被充分而全面地打开，才能与学生的身心世界全面接触，才能促进知识与主体之间的全面互动，也才可能实现其全面的教育价值，促进学生的全面发展。但是，我们也应看到，学生各个方面的发展都需要一个持续不断的教育过程，因而知识要更为广泛地、更为长远地、更为深刻地打开，知识之间要形成一个普遍联系的有机整体，并且经过有效整合后，使得知识能够更为有效地打开。随后，在教学展开中，知识的打开、内化、外化三者不断循环，形成连续不断的教学链。上述的这两个方面中，教师起着极为重要的作用，教师水平的高低决定着这两方面工作的质量。而另一方面，必须要充分发挥学生作为教学主体的作用，学生只有愿意并积极主动地参与到教学中，充分而全面地调动他们的身心感官和头脑思维，才能将打开的知识活化，才能促进知识的高效内化和生发，才能真正形成他们自己的知识、能力和品质。“学生学得好，是因为教师引导得好，教师能够把内容打开、精心设计，知道知识在哪里、学生在哪里，知道如何带领学生与知识相遇；而教师教得好，最终体现在学生学得主动、学得充分，是以主体的身份在学习，而且能够达到他自己自然发展所不可能达到的高度。如此，‘教’与‘学’得到了完美的统一，是谓‘教学’。”[①]

第二，从知识打开到知识内化再到知识外化是不是一个单向输入输出的过程？这似乎也是一个老问题了。从整体看来，从知识打开到知识内化再到知识外化这样一个知识教学的过程似乎更多的是一个单向的输入输出过程——学生主要通过掌握知识来发展自我，这是由于相比于个体而言，知识作为人类的经验，具有某种天然的优质和优势，尽管这种优质和优势可能只

① 郭华.“教与学永远统一”再认识：教学认识论的视角［J］. 四川师范大学学报（社会科学版），2017（1）：75-83.

是暂时的。将知识教学作为单向的输入输出过程，这是非人道的解释，它否定了人作为主体的根本命题。实际上，在知识教学中，人类知识、现实世界和个体自我之间经历了非常复杂的交互作用，即使是在看似以单向输入为目的的讲授教学中也有着复杂的心理交互和发展变化。①在这样的过程中，知识被激活、选择、复制、改造、重组、生成，形成独特的个体现实存在方式和存在形式，而这会成为个体实现自我和改造世界的载体。例如语言的学习，学生在语文学习中掌握一门语言的知识、阅读和写作，而学生的独特性形成对语言的独特感知和掌握，对语言的掌握又会影响其性格的形成与发展变化，语言又使学生能够表达自我和对世界的理解，这又将影响到其现在和未来的生活。

就知识教学的三个阶段本身而言，知识打开、知识内化和知识外化，三者之间不是简单的直线式的知识输入与输出的过程，而是内外交互、循环展开的过程。教师通过一些方式方法将知识打开，学生参与其中，师生共同将知识打开；学生通过记忆、思维、感受、同化等将知识内化，而后在特定的情境中将知识外化，能独自地任意打开所掌握的知识，同时能够参与到下一个循环的知识教学中，促进知识的打开、内化和外化，如此循环向前，不断扩展和发展。从一个小圈的循环走向一个大圈的循环，从先前的一个循环圈走向下一个循环圈，打开到内化，内化到外化，外化到内化，内化到打开……。实际上，在同一个循环中，知识的打开、内化和外化三个过程也是合三为一的，三者有时候呈现出特定的先后顺序，有时候则好像又没有先后顺序，可能同时发生，相互作用，三者综合成一个循环。

第三，知识教学是否只是讲授的活动方式？在知识教学中，教师传授知识，学生掌握知识，这是知识教学的基本目的和根本诉求。在基础教育的教学中，讲授是知识教学的重要活动方式，这是由基础教育的教学特殊性决定的。同时，知识教学的活动方式可以是多种多样的，并且是多样综合的。知识教学的方式可以是讲授教学的师生对话，可以是讨论教学的生生对话，可以是活动教学的实践操作，可以是程序教学的自学辅导，可以是结构教学的试验探究，可以是情境教学的情感陶冶，可以是翻转课堂的自学指导，等等。重要的是能否充分而有效地实现知识教学的目的和价值，能否适应学生发展的特点和需

① 丛立新. 讲授法的合理与合法［J］. 教育研究，2008（7）：64-72.

要，能否反映社会时代的发展水平和发展需要。我们的教育、学校和教师应创造出能实现这些价值追求的多样而综合、有效而优质、个性而全面的教学方式及其组合形式，如此才可能促进学生的全面发展。

多样化的教学方式或模式都贯穿着一个基本的教学规律，即知识打开、知识内化、知识外化的教学基本过程。例如，塔尔伯特（Robert Talbert）总结的经典“翻转课堂教学模式”[①]中，课前观看教学视频（还有教师课前备课和制作教学视频）就是一个知识打开和初步内化的过程，而针对性的课前练习、课中快速少量测评、课中解决问题则是知识外化的过程，同时，课中的解决问题和师生交互的过程还是在更多样化的教学情境和活动中更深入地打开和内化知识的过程，课中的总结和反馈是知识内化的过程。“翻转课堂的全过程实质上完成了两次知识内化，第一次知识内化的结果是第二次知识内化的前概念。在实际的课堂教学中，一个概念的内化，尤其是那种复杂的、非良构的、不能自发建立的知识概念的内化，仅通过一次内化是远远不够的，必须经过多次内化、多个情景的应用才能达到熟练掌握。”[②]知识教学方式的多样化，一方面是由于知识打开的内容和过程的多面、多维，知识内化路径的多种、多类，知识外化方式的多样、多元，这些决定了具体的教学方式的多样性；另一方面是由于不同的教学方式都包含知识打开、内化、外化三个阶段，这三个阶段有不同组合方式，这决定了整体教学方式的多样性；但从根本上说，教学方式多样性是由于人的全面发展的潜力和需要，这要求知识教学充分挖掘人的多方面潜力，使其在多样化的教学方式中得到展现与实现。与教学方式的多样性对应的是教学方式的针对性或适宜性，这一点是与教学方式多样性同等重要的，它关涉到教学实践的现实性和复杂性。虽然对于同一知识可以用不同的教学方式展开教学，但根据具体情境中知识的特点、学生的特点、教学的阶段、教学的环境和条件等，可能只有某一种或两种方式是最合适最有效的，而在另外的一种具体情境中又有另外的方式，如此，这些方式之间在整个的课程和教学中形成一个有机的教学方式组合或综合，从而形成

① Talbert R. Inverting the Linear Algebra Classroom［EB/OL］. http：//prezi.com/dz0rbkpy6tam/inverting-tje-linear-algebra-classroom.

② 赵兴龙. 翻转课堂中知识内化过程及教学模式设计［J］. 现代远程教育研究，2014（2）：55-61.

特定的而又灵活的教学模式。

总归而论，教学中的知识打开、知识内化和知识外化三者既是各自独立的活动，又相互联系地存在于每一个教学活动当中，三而一，一而三，共同推动教学活动有序而灵活地进行，实现个体与外部世界更广泛的统一，促进学生更全面的发展。在教学实践中，知识的打开、内化和外化，需要教师智慧地发挥主导作用，需要学生充分地发挥主体性，恰当地综合运用多种教学手段，有机地结合多样化的教学方式，从而使得知识充分地打开，有效地内化，创造性地外化（当我们说知识的打开、内化、外化的时候，实际上我们说的也是主体的活动与发展，因为知识的这些活动及其质量都是由主体操作和完成的），充分发挥知识的教育价值，促进学生的知识水平和多方面素质的发展。知识教学以人类的知识经验为起点，但并不以此为终点，而是以学生的发展为终点——通过知识教学，丰富学生的精神世界，使学生能够合理认识自我和现实世界，恰当对待自我和现实世界，真正成为能够积极地认识和把握自我与世界的主体。

［选自《教育学报》2018年第4期］

04 教师教育

论教师的社会理性及其培育[①]

车丽娜[②]

[摘要] 教师的社会理性表现为教师从社会组织的角度理解教育，以理想的社会价值观引领教学，致力于提升教学的社会功能的实践理性。教师的社会理性对教育教学具有重要影响，健全的理性思维是教学认识的基础，良好的社会情感是教学交往的关键，积极的理性精神是教学伦理的根基。现代教师本应是社会价值的代言人和澄明者，却因社会理性缺失而在纷繁的价值困扰中迷失方向，在教学目标、教学决策与教学生活层面出现问题。解决教师社会理性缺失带来的教学问题，需要重新确立教学认识的社会基础，增强教学价值的社会体认，积极介入社会生活，承担知识分子应有的社会责任。

[关键词] 社会理性；理性思维；社会性格；理性精神

教师的教学活动是在相对封闭的学校环境中展开的，校园围墙在物理意义上区隔了教学空间与社会空间，却无法在观念意义上抵御多元的社会理念对教育世界的影响。教师总是基于对社会的理解而建构教育认识并实施教学行

① 本文系国家社会科学基金2014年度教育学一般课题“我国中小学教师的社会性格研究”（课题批准号：BAA140012）的研究成果。

② 车丽娜，山东师范大学教育学部教授、博士生导师，主要从事课程与教学基本理论、教师教育研究。

为的。教师的教学行为是客观存在的，而这种行为的主观意义却是个人赋予的，这种意义赋予具有潜在的社会根源，源于教师对教育的社会价值的体认与评判，在根本上受到教师的社会理性的规约。

一、何为社会理性

理性是西方文艺复兴时期祛除神魅、对抗神秘主义的有力武器，是哲学家走出蒙昧主义的“洞穴”，利用一切理智手段认识事物的普遍共相的生命冲动。康德（Kant，I.）的理性观包含了个人依从自由意志追求普遍道德法则的实践取向，然而，个体对道德法则的认知是无法绝对统一的，因此，康德便将实践理性赋予了“出于纯粹的义务而行动的意向”。现代社会对理性的关注主要集中于人的智识和综合判断能力，将理性作为人类获取知识与改善生活的工具。理性人在综合考虑各种制约因素并自觉追求个体利益最大化的过程中，宣示了一种个人主义、工具主义的理性观。按照奥尔森（Olson，L. M.）所描述的集体行动的逻辑，尽管组织的存在是为了增进集团成员的共同利益，而不同思想的理性个体聚合在一起的时候，却并不会积极行动去实现集团的公共利益，因此，在公共空间中进行的社会活动必须超越个体理性的藩篱，在对社会认知的基础上寻求集体共识，从而确保社会行为的价值合理性与价值最大化。

社会理性能够弥补个体理性之不足，尤其可以弥补个体理性在社会认知方面的局限。涂尔干（Durkheim，E.）直接将理性看作超越个体经验的社会认知。在他看来，“人具有两种存在：一是个体存在，它的基础是有机体，因此其活动范围是受到严格限制的；二是社会存在，它代表着我们通过观察可以了解到的智力和道德秩序中的最高实在，即我所说的社会。在实践过程中，我们的这种双重本性所产生的经过是：道德观念不能还原为功用的动机，理性在思维中不能还原为个体经验。只要个体从属于社会，他的思考和行动也就超越了自身”[①]。由此可见，正是个体的社会性奠定了社会认知的基础，也确保了社会理性的普遍存在与逻辑必然。个体的社会存在不仅需要普遍的道德认知，而且还需要特定程度的价值共识与逻辑一致。人们是依赖共同的时空观念、逻辑认知、价值认识、道德体认而生活在一起的，所有理智的社会生活必须建立在

① 爱弥儿·涂尔干.宗教生活的基本形式［M］.上海：上海人民出版社，1999：17.

对社会范畴的合理认知的基础之上，个体依赖社会范畴的检视而实现自我认识的澄明、交往价值的实现和社会伦理的承担，社会理性就是通过社会范畴的理性检视而观照和反思社会现实，从而表现出一种追求理想生活的精神力量。

理性的力量不仅表现在对个体生活意义的价值审思中，而且还表现在对社会伦理的自觉实践中。注重价值审思的个体理性可能导向一种坐而论道的人生哲学，而注重伦理实践的社会理性则导向一种起而行之的人生哲学。理性的社会实践是集合理性的自我认识与社会认知为一体的道德实践，超越了“头顶灿烂星空，道德律令在我心中”的主体道德，为了普遍的道德律令而意志坚定地实现自身的社会价值。当然，在社会实践的过程中，理性的行为者除了有道德自觉意识，也需要具有明辨的思维，面对社会发展中的种种问题，既不怨天尤人、愤世嫉俗，也不盲目乐观、驰于空想，而是在对社会问题的理性判断的基础上认识自我的责任，具有价值的担当。他既对社会的整体发展抱美好期许，对人性的幽暗与社会的忧患具辩证认识。“他深知个人的人格和社会的现实永远不可能实现完美，他也不设计虚幻的完美的乌托邦和‘圣人’似的人格，但他确信，通过理性精神，他能够意识到个人有限的自由空间，能够找出阻碍我们生活福祉的问题，能够反省生活中的过失。他在个人生活和公共生活中更加明智、更加公正。他确信，通过努力，我们可以使我们生活的世界得以改善，他理解自己行动的价值理由，并且在生活世界中做到审慎。”[①]这是一种理性的审慎，它促使个体在社会认知的基础上合理地行动，更在社会行动中表现出理性思维、理性情感和理性精神。

理性思维源于一种求真意识，表现为追求真理的品格和推动社会进步的愿望。这样的求真意识对于国家、民族乃至科技的发展具有决定性的作用。爱因斯坦（Einstein，A.）认为，欧洲知识分子的出色成就的基础“是思想自由和教学自由，是追求真理的愿望必须优于其他一切愿望的原则”[②]。对真理的崇尚与追求理应内化为所有知识分子的社会责任。理性情感是一种爱欲表现，由爱自己出发而推己及人地兼爱天下，达及社会良知。人的非理性情感都要受到自觉的、有意识的理性的制约。没有理性的引导和制约，人的本能与欲望就会恶性膨胀，人的情感和意志就会变得疯狂，人的信仰就会误入歧途。理性情

---

① 金生鈜. 教育为什么要培养理性精神［J］. 教育研究与实验，2003（3）：12–16.

② 爱因斯坦. 爱因斯坦文集：第三卷［M］. 北京：商务印书馆，1979：181.

感能够为所有的社会交往赋予人文意义，非理性情感如果没有理性的引导就会使人类无异于动物。理性精神是正当观念，即按照事物应其所是的样子去推动它的发展。理性精神是融入知识分子社会使命中的精神力量，没有这种精神力量的支撑，任何超越世俗的目标追求都无法长久维系。

总之，社会理性是以维系社会的合理发展为目标，在社会活动中进行合理而审慎的价值选择，并以积极行动推进社会发展的思想倾向。与个体理性相比，社会理性更加强调超越个体私欲的、具有社会基础和公共关怀的价值判断和社会行为。教师的社会理性表现为教师从社会组织的角度理解教育，把教育看作整体社会运行中的重要环节，以理想的社会价值观引领教学，并致力于提升教学的社会功能的实践理性。在教学过程中，具有社会理性的教师能够合理调控自身行为，规划其教学生活，从而使教育教学的发展合乎社会预期的方向。教师的教育认识与教学行为根深蒂固地受着社会理性的影响。对教师社会理性的研究有利于挖掘教育认识背后的社会根源，为教育观念和教学行为的改进提供社会支持性策略，从而使教学活动向着目的合理性的方向发展。

二、教师社会理性的价值

理性的教育者要引导学生的认知发展，更重要的是引导他们对自我和社会的理解。儿童并不是心如白纸般地面对世界，也不是漫无条理地经验及解释这个世界。这个日常生活的世界，在社会科学家研究之前，已经被常识性建构所选择及解释了。[①]教师作为社会文化与精神的传承者，理应是成熟的理性个体，需要在学生的认知发展与社会建构中发挥积极的引导作用。当心智尚不成熟的学生群体以常识和经验直观来窥探外部世界的时候，恰恰是需要教师以社会理性来解释和建构外部世界的时候。“这种建构与对自然界的开发截然不同，因为所建构的社会实在及社会愿景对人们的生活、行动以及其中的实践者都具有特定的意义。这种建构乃是一种意义赋予的过程，如同舒茨（Schutz，A.）所描绘的社会科学的概念建构过程，是建基于一般常识性建构基础上的科学建构。这种建构需要先从平常人的观点将社会事件或社会世界的意义和秩序建议厘清，然后按照科学建构的基本原则进行二度建构。”[②]在这样的社会建

① 黄瑞祺. 社会理论与社会世界［M］. 北京：北京大学出版社，2005：16.

② 黄瑞祺. 社会理论与社会世界［M］. 北京：北京大学出版社，2005：17.

构过程中，教师的社会理性确保了二度建构的合理化，而合理的社会建构又能影响其教学认识与行为，从而使教学活动保持整体的逻辑一致与价值合理。

（一）理性思维是教学认识的基础

教师健全的理性思维有利于保障教学认识的广度和深度，从而为教学活动奠定理性基础。而这种理性思维的根基在于个体的社会活动，明智的社会行动者总是在参与公共事务、行使社会公共权力的过程中获得对组织运行与社会现象的合理认知。教师也在参与人类社会意识的过程中建构基本的社会认知，而这种社会认知会影响教师自身的教学理解和教学决策。教师只有基于对社会的理性认知而解读教材，才能超越单一知识的一孔之见或某种观点的一家之言，引导学生形成触类旁通、综合架构的大格局。无论是教学内容的解读、教学方法的选择，还是教学过程的展开及教学评价的实施，都是人类整体的社会活动中的一环，而且是认识现实世界和理解生命意义的关键一环。在此过程中，教师如果不能对社会的运行与价值体系有整体的理解，则无法引导学生形成完整的教学认识与社会意识。教育既然是为社会培养理想人才的事业，教师就需要了解社会有机体的状态是怎样的，它的发展趋势如何，当前有怎样的问题表现，社会的现状与自身教学及学生的发展有何关联，等等。杜威（Dewey，J.）主张把学科作为认识社会活动情况的工具，这样就为判断知识、训练和文化的教育价值提供了一个标准。他认为，知识只有在引导学生看到新的关系和联系、增进其"理解力"时，才是有教育性的，训练只有在引导个人为了社会的目的而控制他的行为时才是吸引人的。[①]因为，受教育的个人是社会的个人，如果从儿童的身上舍去社会的因素，我们便只剩下一个抽象的东西。因此，对儿童的能力、兴趣和习惯须明确其社会的根基，"必须明白它们的意义是什么，必须用和它们相对应的社会用语来加以解释，用它们在社会服务中能做些什么的用语来加以解释"[②]。教师要传递给学生的文化修养如果是真正教育性的而不是装饰性的，就需要从文化的个人价值与社会价值的结合处出发，以对社会的理性认知引导学生树立正确的知识观与人生观，继而在社

① 约翰·杜威. 学校与社会·明日之学校［M］. 北京：人民教育出版社，2004：译者前言14.

② 约翰·杜威. 学校与社会·明日之学校［M］. 北京：人民教育出版社，2004：5.

会活动中实现自我价值。

（二）社会情感是教学交往的关键

课堂教学的有效性是以良好的人际交往为前提的，而教师良好的社会情感有利于确保教学交往的温度，促进教学世界的情意交融。情感是性格形成的基础，性格是情感的稳定内化，情感有了理性的基础就可以摆脱情绪的捉摸不定而具化为理想性格。教学主体的交往需要以健康的性情为基础，尤其以教师的稳定情感与理想性格为前提。只有教师具备良好的性格特征，才能以真实的情感真诚地面对学生，在深入理解学生的基础上指导学生理解人生、直面社会。教师主体的性格一般表现为个性和社会性格两个方面，个性使教师形成与众不同的教学风格，而个性失去社会性的规约就容易导致教学中的"个人主义"和"自我中心"。受社会环境与社会文化影响的性格即社会性格，也就是弗洛姆（Fromm，E.）所说的"绝大多数人所共有的那部分性格结构……是群体共同的经历和生活方式作用的结果"[①]。社会性格是稳定的客观社会结构向变动的主观心理状态的转化中介，也是联结人的观念与行为的桥梁，它在联结观念与行为的同时发挥着能动作用，决定行为的最终呈现方式。无论是认识的反思还是行为的改造，都要基于性格和情感的前提，如若不然只会流于盲目和浅表。教师的社会性格一旦形成，社会价值观就会以"在场"的方式制约负面情绪和不良情感，从而优化教学观念和教学行为的呈现方式。具有良好社会性格的教师既对社会的理想价值有明确认识，又对学生身心发展的不确定性有明辨意识，在引导学生从个体人发展到社会人的过程中，真诚地与学生交往，运用理性的力量影响学生，开展积极的教育行动，最终把自我的心灵力量转化为教育的社会力量。

（三）理性精神是教学伦理的根基

教师积极的理性精神有利于实现教学伦理的向度，从而保障深度教学目标的实现。深度教学理应是传递人类价值的社会活动，这样的活动不仅对行动者具有个体意义，而且其所维护的价值与价值的传递方式也蕴含着丰富的社会意义。教师作为知识分子的代表，历史上就一直是社会价值的创造者，承担着传道授业解惑的社会活动，同时也是为人类历史经验赋予意义和价值的社会活动。在《论学者的使命》中，费希特（Fichte，G. J.）将学者誉为世界上道德

① 埃·弗洛姆.为自己的人［M］.北京：生活·读书·新知三联书店，1988：72.

最好的人。他说："你们都是最优秀的分子；如果最优秀的分子丧失了自己的力量，那又用什么去感召呢？如果出类拔萃的人都腐化了，那还到哪里去寻找道德善良呢？"[①]教师只有在积极的理性精神的引领下，才能实现教学的个人主义与社会主义的一致。一方面，教师致力于培养的学生的品质一定是社会希望优秀公民所必备的品质；另一方面，社会整体的核心价值观培育也为教师的教学价值实现提供了文化土壤。"当一个学科是按照了解社会生活的方式去教的时候，它就具有积极的伦理的思想。"[②]当教师按照社会的智慧、社会的能力和社会的利益去组织学校生活、开展教学活动并选择课程材料时，就实现了"学校道德的三位一体（the moral trinity of the school）"，学校教育的道德本质也就在教师的责任担当及价值建构中得以实现。教师在教授学科知识的同时，也以理性主体的身份参与社会生活，诠释社会行动的意义，彰显社会行动的价值。杜威曾用极具浪漫主义色彩的语言表达了教师的理性精神在教学中的作用："教师不是简单地从事于训练一个人，而是从事于适当的社会生活的形成；每个教师都应当认识到他的职业的尊严，她是社会的公仆，专门从事于维持正常的社会秩序并谋求正确的社会生长。"[③]促进学生身心发展，教师必然以理性主体的身份推进社会价值与社会理想的实现。

三、教师社会理性的式微

现代社会是一个价值多元的社会，纷繁的价值观在社会领域里创造了自己所需要的"众神"，却没有为世人提供指引其价值选择的理性准则。多元价值并存造成规则缺失的"价值失范"，形形色色的流行意识加剧理性和道德的混乱，甚至导致社会价值的"真空"。教师本应是社会价值的代言人和澄明者，却由于社会理性缺失而在纷繁的价值困扰中迷失方向，最终在专业化浪潮的驱动中遁入思想的"空门"。很多教师关注的不再是增进思想，更不是引领社会，而只是提供知识。他们退缩进狭窄的专业领域，成为冷漠、狭隘、崇尚专业技术的"装在套子里的人"。校园围城中的理性迷失导致了各种各样的教学观念及教学行为问题。

---

① 费希特. 论学者的使命·人的使命［M］. 北京：商务印书馆，1997：45.

② 约翰·杜威. 学校与社会·明日之学校［M］. 北京：人民教育出版社，2004：14.

③ 约翰·杜威. 学校与社会·明日之学校［M］. 北京：人民教育出版社，2004：15.

（一）教学目标的拿来主义

教学行为问题的产生大多源于教学认识，而教学认识问题的产生根源于人生观、价值观的偏颇，根本地受到社会认识的影响。教学认识有其赖以存在的时代基础、实践基础和人格基础，要科学地理解当今的教学现实、理性地看待教学现象，必须有恰当的时代观念、社会人格，并能合理地理解社会实践的变迁。教师如果对社会发展趋势认识不清、对社会理想价值辨析不明，必然影响其对教育目标及知识内容的价值判断，使其对什么是有效的教学、什么是理想的教育缺乏基本的判断标准。如此，在教学认知层面，就只能服从外在的规范与标准，采取机械的“拿来主义”，放逐理智思考、审慎抉择与批判反思能力。这样的教学不仅在目标与观念的抉择上缺少理性判断，甚至在教学内容与重难点的判断上也受到他人的影响。教师总是希望有专家能设计出完美的课程方案供其选择，而无须反思地忠实执行。社会理性的缺失使教师不能基于自身的判断去进行文本分析、材料选择与价值建构，只能服从并依赖于外在的控制与强制，最终导致教学信念的缺失。

（二）教学决策的形式主义

由于基础教育课程管理体制的变革，教师的课程权力及课程创生能力日益受到重视。课程创生致力于建立个人经验与社会经验的链接，实现学生经验的改造和改组。然而，学生的个性千差万别，社会经验灵活多变，因此，教师需要随时根据主客观条件进行目标与方案的调整，这就为行动决策中实践智慧的生成提供了广阔空间。这种实践智慧以对人的灵动性与社会的情境性的合理认知为基础，“不单单把人理解成一些可以明确地限定要素的聚合，而是一种不确定的力量，可塑性强，千变万化，能够根据所处环境的变动不居，以数不清的面貌出现”①。既然从人性的要素中可以生发多种多样的思想和行为，那么，其教育方式就应该多元灵动，教师的教学决策就需要根据学生发展的长远目标灵活实施，而不能依赖形式化的规则体系机械运行。教师的行动理应是符合实质理性的目的性行为而不是符合形式理性的工具性行为。然而，由于在目标与价值的抉择上无法做到专业自主，直接导致其行动的决策上也依赖于外在规则，成为循规蹈矩而缺少反思的形式主义者。如若要求改变机械授受的取向，他们就会把课堂讲授视为洪水猛兽；如若倡导合作探究的学习方式，他们

① 爱弥儿·涂尔干. 教育思想的演进［M］. 上海：上海人民出版社，2003：459.

就会走向形式热闹而内容空洞的极端，更有甚者在激烈竞争及不合理评价制度的裹挟下片面追求知识的传递，而将学生的全面发展与社会的理想价值排斥在教学决策的指导思想以外。由于教师决策的依据只是符合外在的要求与规范，而决策的合理性与正当性完全被忽视，导致其在具体的行动中知其然而不知其所以然，只能按照预定的课程方案，按照倡导的教学模式和方法机械行事。他们对于外部的限制与规约非常敏感，而对于自身的价值体认与行动创新却恬淡漠然。

（三）教学生活的个人主义

学校教育要在文化再生产和社会整合过程中发挥重要作用，其首要条件就是教师具有文化的明辨意识和社会的整合观念，并能凭借自身学识教育学生、教化民众。在此过程中，教师突破了哲学家的单向度的“沉思的存在方式”而采取积极的教育行动，是理性精神主导下的社会实践者。他们通过与自然外物、主观自我和社会他人的相处，从而在抽象的概念世界与主观的意义世界、在理想的生活世界与现实的生活世界之间建立联系。“通过这种交往实践，交往行为的主体同时也明确了他们共同的生活语境，即主体间共同分享的生活世界。生活世界的界限是由所有的解释确立起来的，而这些解释被生活世界中的成员当作了背景知识。”[①]照哈贝马斯（Habermas，J.）之意，生活世界中的认知发展就是以自我为中心的世界观的去中心化，而认知兴趣作为引导知识研究的基本兴趣，并非因人而异的、经验性的、个别的主观兴趣，而是从人类社会文化生活的基本需要衍生出来的，这就使得社会性成为教学交往的题中应有之义。这种社会性决定了教学活动既不是教师主观主义的观念复演，也不是知识客观主义的机械操作，而是教师和学生基于教学空间的价值共识，在交往中促进彼此发展的过程。而现实教育世界中，却既有教师按照主观意愿罔顾价值共识地对学生强硬灌输，更有教师将知识理解为价值无涉的领域让学生机械操练。渐渐地，很多教师淡忘了观念世界与生活世界的关系，切断了自我世界与他人世界的关联。“教师个人产生和发展了一种自我的教学感觉或自我的教学观念。每个教师都是通过自己的教学活动来自我确证、自我发展甚至自我改造。正是‘从自己出发’而产生的这种个人的自我的教学感觉或自我的教学观念，容易遮蔽乃至遗忘了教学的社会性，从而孕育和滋生了教学的个人主

① 尤尔根·哈贝马斯. 交往行为理论［M］. 上海：上海人民出版社，2004：13.

义倾向。”[①]个人主义的教学在切断教学交往的渠道的同时，也把教学的终极意义从主体的价值系统中剔除出去。

四、教师社会理性的培育

对教师的社会理性的关注最终也是对教学的社会价值及人文价值的关注。具有社会理性的教师能够主动追求教学生活的真意，能够在教学生活中坚守合理的价值并智慧地行动。而社会理性的迷茫根源于价值观的混乱，教师社会理性式微的重要原因就是对知识的社会价值，对自我乃至他人的主体价值认识的偏颇。要结束价值领域的认识纷争，教师就需要重塑知识分子的公共意识，积极融入社会生活，反思与改造社会生活，树立教育者应有的时代使命与社会担当，去引领教学世界的意义重建。

（一）确立教学认识的社会基础

教师的理性认知根深蒂固地受社会生活的影响。“社会与理性是相辅相成的，社会是建立在理性的基础之上的，同样，真正的理性是在社会中形成的，是纷繁复杂的社会现象的必然反映，是错综复杂的社会关系的必然结果。”[②]教师的理性形成有其社会根源与社会条件。社会存在对观念的形成具有模塑作用，而教师要发挥“人类灵魂工程师”的社会职能，其社会理性也表现出对社会存在的反作用。教师不仅要理智地认识自身的教学工作，积极承担教书育人的社会职责，而且要理性地分析社会现象，为教学认识和教学行为确立理想的社会基础。社会的发展不可能是一帆风顺的，教师的教学生活也不可能是一路凯歌的。面对社会生活中的问题，所有的怨天尤人及乌托邦式逃离都不是教师应有的社会态度，教师要摒弃非此即彼的思维方式，发挥理性的超越精神，涤荡认知领域的思想迷雾，为自身的教学思想奠定合理的社会基础。教师的理性思想具有积极的社会作用，不仅能引导教学目标及价值的实现，也能促进社会的理性化发展。课堂中的皮格马利翁效应和社会学中的俄狄浦斯效应都充分证明了人际作用与自然作用的不同，“自圆其说的预言”之所以能够应验，其根源就在于人所具有的自我反省能力。教师课堂教学与社会教化的对象都能够谨慎地选择有关其自身的知识并合理化其行为。因此，教师对任何社会问题都应

① 徐继存. 个人主义教学及其批判［J］. 课程·教材·教法，2007（8）：20-24.

② 吴增基，等. 理性精神的呼唤［M］. 上海：上海人民出版社，2001：46.

该保有理智的辨识能力和能动的反应能力，将合理的社会认识渗透于自身的教学生活，为教育教学确立理想的社会根基，引导学生及民众的社会认识和社会行为。

（二）增强教学价值的社会体认

人类的本能与私欲只有在他们所尊重的道德力量面前才会有所收敛，教师也是出于对教学的道德目标和社会价值的尊重，才会不断反思和改进自身的教学。理想的价值实现不能仅仅停留于口头的道德言说，更需要主体的认同与践行。而且教学价值的影响远不止在校园围墙之内，它更深远地影响着人类社会的长远发展。因此，教师只有积极融入社会环境，历史地看待社会的变迁，认清社会价值的发展方向，主动浸入社会核心价值的文化氛围中，才能增强自身的教学价值体认。教师如果故步自封，把学校与社会生活区隔开来，社会价值观就会被屏蔽在校园围墙之外，就会出现真空中的教育者施行无社会依托的价值观教育的现象。这种教育类似于杜威所说的“关于道德的观念”①的宣讲。“关于道德的观念”是直接传授的道德知识，它不以教师的认知与情感为基础，不与教师的信念和行为相关联，自然就不具有公信力，也不能转变为学生的良好品格。与之相反，“道德的观念”是以主体的价值体认为基础的，基于教师的信念而影响其行为取向，以言传与身教的合力影响学生发展，并最终影响社会的思想道德基础。杜威将学校的社会性看作衡量学校德育工作的价值尺度，而学校社会性的实现一方面依靠教师对教学价值的认识澄明，另一方面依靠教师在实现教学价值过程中所发挥的社会引领作用。

（三）承担知识分子的社会责任

教师的理性精神表现为一种摆脱个人主义取向，在教学生活中协调自我与社会，积极参与社会生活并引领社会发展的精神。教师社会理性的形成有其社会根基，而理性精神的彰显也有其社会后果。因为精神一旦确立，并且广为接受，就能够影响一代人的存在方式。教师是对社会的价值观念最具明辨意识的人，理应对民众行为具有引领作用。当民众的个体理性聚合为集体理性的时候，如果缺少智识的引领，很容易发展为乌合之众，使民众的理性降低到常识判断或无意识的水平。教师作为知识分子的代表，是“看守社会良心的人”。由于灵魂的敏感和天性的高贵，他们能够一叶知秋，能够在社会大众尚处在懵

① 约翰·杜威. 学校与社会·明日之学校［M］. 北京：人民教育出版社，2004：136.

懂状态时就深切地体察到社会的困顿与生命的困扰。自古以来，教师地位的崇高大多根源于其理性精神，出于其对人类价值的守护。无论是东方的孔孟还是西方的苏格拉底（Socrates），与其说他们是社会知识的“载体”，不如说他们是社会价值的代言人，他们所从事的不是追求个人的利益的事务，而是为人类的生活寻找理想的发展方向。韦伯（Weber，M.）曾经将社会理性化发展的终点悲观地定义为“理性的铁笼”。在世界已除魅，人类可以通过计算掌握一切的时代，那些终极的、高贵的价值纷纷从人类社会中隐匿。教师也许不是全新的先知，或许不能如耶胡达（Yehuda，B.）那样引领希伯来语的全新复活。但是，凭借着教育者的专家伦理和对普遍道德法则的信守，教师能够弥合教育世界和生活世界的疏离，能够以理性的审慎抵制理性的滥用，并通过理性的澄明发挥社会批判与引领职能。哈耶克（Hayek，A. F.）说：“我们所努力为之的乃是对理性的捍卫，以防理性被那些并不知道理性得以发挥作用且得以持续发展的条件的人滥用。”[①]教师以理性精神介入社会生活，能够有效应对社会理性化发展带来的问题。在工具理性自我膨胀并以不可抗拒之势主宰一切的时代，恰恰需要教师以社会核心价值观为基础，以价值理性规约自身并引领社会发展。而教师唯有将潜心问道与关心社会相统一，才能成为学生锤炼品格和奉献社会的引路人。唯其如此，教师才能成为无愧于这个时代的“大先生”。

［选自《教育研究》2019年第11期］

① 哈耶克. 自由秩序原理［M］. 北京：生活·读书·新知三联书店，1997：80-81.

"互联网+"时代的教师专业发展的危机与应对

孙宽宁[1]

互联网络以其民主、自由、开放、多元的特性为教师之间的资源共享和深度交流提供了便利，为教师开展个性化的教育教学创造了条件。在互联网背景下，教师如何把握自我与技术的关系以避免技术依赖，如何充分利用互联网技术和互联网思维获得更好的专业发展，是当代教师必须思考的问题。

一、"互联网+"时代教师专业内涵的发展

"互联网+"时代，丰富多样的信息构筑出一个无处不在的信息泛化场域，并成为现代教育发展的重要背景。信息传播方式和信息数量的变化，不断改写着教师专业的内涵。

信息是对客观世界中各种事物的运动状态和变化的反映。在信息资源相对匮乏的前互联网时代，信息本身就是财富，就是知识；拥有信息就意味着拥有更多正确决策的依据，拥有更多的发言权。就如数学家香农指出的，信息是用来消除随机不定性的东西。教师的专业权威往往通过其所掌握的信息量的多寡来反映，掌握信息的数量和传授信息的技巧是教师专业的核心。但在"互联网+"时代，信息的特点发生了改变。首先，信息不再是稀缺资源，每一个社会个体都可以轻松便捷地获得海量信息；其次，信息曾经具有的消除随机不定性的功能严重弱化，既包含公共情境下经过论证并作为人类社会共同财富的信息，也包含诸多基于个体的主观认识和感受，信息的存在方式和呈现方式多媒

① 孙宽宁，山东师范大学教育学部教授、博士生导师，主要从事课程与教学论研究。

体化。

随着技术支持的信息特点的改变，教育已经不再是教师遵循线性轨迹向学生传输信息的活动，而是主体间的精神对话与建构活动，是教师教会学生在信息的海洋中明确个体的航向、掌握规避危险的策略、合理借助外力、自信扬帆远航的活动。这要求教师的专业发展不再是掌握大量的信息，也不限于掌握获取信息的策略与技巧，而是不断提升自我对现实的认识、判断与选择能力，成为拥有成熟教育思想和丰富教学智慧的教育家。

"互联网+"时代的教师，被技术倒逼，必须重新审视其专业内涵。教师专业内涵在互联网时代的变化主要包括两个方面。一方面，为适应信息社会和信息化教育的现实，信息素养成为教师专业素养的重要组成部分。作为一种基本而综合的能力，信息素养包括能够判断什么时候需要信息，懂得如何去获取信息，如何去评价和有效利用所需信息的能力。信息素养，在文化层面，表现为具有基本文化知识，能准确地对获得的信息进行辨别和评估；在意识层面，表现为有获取新信息并有效利用信息的意愿；在技能层面，表现为能正确使用技术进行信息获取和传播活动。另一方面，在信息泛化和文化多元背景下，教师主体意识和能力的培养与提升是其专业发展的重要内容。教师的专业发展在本质上是一种朝向主体完善的活动，越是在教育资源极大丰富的情况下，越需要教师以强烈的主体意识和鲜明的主体立场来引导和规约自我的实践，成为信息海洋的弄潮儿。

二、教师专业发展的自我迷失

在"互联网+"时代，教师的专业发展无法回避信息与技术。信息资源的极大丰富，使教师可以突破传统地域的限制。技术作为有效的手段与工具，拓展着教育教学的时空，也延展着教师的身体，使其获得更大的行为能力。无处不在的信息与技术在为教师专业发展带来机遇的同时，也潜藏着巨大的危机，稍不留意，教师自我就会迷失其中。

首先，资源共享背景下教师的同质化危机。互联网架起了全球范围内教师之间沟通的桥梁，再辅以快捷的摄录编和数字转换技术，成千上万教师的教育叙事、教学方案、教学课件、教学视频、教学辅助材料等资源，迅速在互联网上实现了共享。这些资源进入网络的过程，也就是脱离其产生的特定场域的过程，是对其质的多样性的清除过程。这些同质化了的资源被不同地域、不同层次的教师反复利用和借鉴，会进一步造成教师的同质化，使教师越来越丧失自我的独特个性。

其次，过度选择条件下教师的不满意危机。教育资源匮乏固然是制约教师优化教育教学和促进专业发展的重要因素，过量教育资源的铺陈也会导致严重的问题——教师必须在无限可能中进行选择，导致决定困难。随着选择的增多，人们的期望值不断提高，获得满意教育资源的机会反而越来越少，过多教育资源的选择使教师陷入持续不满的不良体验中，忘记选择教育资源的初衷。

另外，技术渗透过程中教师的异化危机。在这个技术被应用到人类社会一切领域的时代，人选用一种技术，就会按照这种技术的逻辑去做事，技术潜在地决定着人的行为方式。现代技术在教育领域渗透的过程中，把效率优先的思维逻辑嵌入其中。受效率观念影响，一些教师忽视对技术恰当性与适用性的评判，为了追求效率而不顾教育规律，使手段本身成为目的。在这种情况下，技术本身得以凸显，教师却丧失了独立思考与自我立场，被技术遮蔽和异化。

三、教师专业发展的时代应对

在“互联网+”时代，信息技术以不可抗拒之势全面地影响着教师的专业生活和专业发展。不能化解时代危机、不能适应专业需求的教师将逐渐被时代和专业所抛弃。教师要提升专业水平、获得专业发展，需要在充分考虑时代特点的基础上进行系统架构。

主体建构是教师专业发展的核心。技术时代，“归根到底涉及人在与人和非人的周围世界的相处中能否自由地自我决定的问题，涉及人能够自由地在他的众多可能性中理性地塑造自己和他的周围世界的问题”[①]。化解教师专业发展出现的同质化、不满和异化等危机，必须确立教师的自我主体地位，培养教师的主体意识和能力，使教师的自我关注成为他与人交往和开展教育活动的起点，并使之在专业发展过程中真正提出主体性要求。满足学生发展需求是教师专业发展的方向。用户思维是互联网企业的制胜法宝，在教育领域，学生就是教师的用户，一切围绕用户的需求展开是教师工作成功的基础。教师专业发展的目的不是为了成为名师，也不是为了使自己更加强大，教师专业发展的根本

① 埃德蒙德·胡塞尔. 欧洲科学危机和超验现象学［M］. 上海：上海译文出版社，1988：6.

目标是为学生的发展服务，其他都是实现这一目标的手段。网络平台和现代技术手段是教师专业发展的重要依托。虽然教师的教育活动经常具有个人特色，但教育仍然有其不为个人甚至情境所左右的内在规律。教师充分利用网络平台，努力实现跨学科、跨学校、跨地区、跨国界的教师交流以及跨专业、跨行业的人员交流，可以更清晰地发现和体会教育的内在规律，明确自身的优势和不足，从而更好地进行自我专业定位和发展规划。科学合理地选用现代技术手段优化自己的教育教学，是现代教师应有的专业技能。

持续的反思与改进是教师专业发展的基本策略。教师的专业发展是一个细雨润物、逐步推进的过程，教师应专注于自己的日常教育教学，并从跨界交流和实践活动中灵活捕捉反馈信息，不断修正方向和充实内涵，从而实现专业自我的持续发展。

［选自《教育研究》2016年第6期］

民国乡村教师负面情绪的心态史考察[①]

吉 标[②] 庞美琪[③]

[摘要]心态史关注民众的日常心态，注重研究正史之外的“历史细节”，弥补了传统史学研究的不足，有助于对一些社会历史现象做出更合理的解释。民国时期乡村教师身处急剧变革的时代，他们是近代中国教师中的一个特殊群体。借助于心态史的视角，透视民国时期乡村教师在乡村学校中的实际遭遇，剖析他们在职业生活中流露出的负面情绪，可以更全面地认识民国乡村教师的社会处境，更深入地理解和把握民国时期乡村教育变革的复杂进程。

[关键词]心态史；民国时期；乡村教师；负面情绪

一、问题提出

20世纪二三十年代，一些有识之士已认识到，中国社会发展的重心在乡村，中国未来发展的关键在于乡村的改造，而乡村的改造又首在推广新式教育，推动乡村教育的重建。乡村教师是乡村教育事业的主要承担者，对20世纪上半叶我国教育的现代化进程做出了巨大贡献。本文所提的民国乡村教师，主要是指民国时期任教于县级以下区、乡、镇和村落学校，以乡村儿童为教育对

① 本文系国家社科基金2016年度一般项目“新农村建设背景下乡贤文化传承和培育研究”（编号：16BSH051）的研究成果。

② 吉标，山东师范大学教育学部教授、博士生导师，主要从事课程与教学论、乡村教育研究。

③ 庞美琪，山东师范大学教育学部学生，主要从事教育学基本理论研究。

象的教学人员。民国时期，乡村存在多种类型的教育机构，如公办学校、私立学校、教会学校以及家族私塾等。笼统地说，任职于上述各类学校的教师都属于乡村教师。但由于公立（体制内）或私立（体制外）的乡村新式学校是乡村学校的主体，教会学校较少，而私塾又受政府的严格限制，所以民国乡村教师也是以乡村新式学校的教师群体为主。[①]从来源上看，民国乡村教师群体成分较为复杂，初期以失意的科场士子、改良后的塾师为主，后期以初中和师范毕业生为主。

限于资料查阅与搜集的困难以及研究队伍的不足，在改革开放后很长一段时间内，教育学界对民国乡村教师这一群体的关注和研究并不充分。新世纪以来，随着一批民国时期教育史资料的挖掘、整理和出版，中国近代史文献资料数据库也纷纷建成，加之受社会学、人类学等学科理论的影响，民国时期乡村教育逐渐成为一个广受关注的研究领域。近年来，一些研究者借助历史文献和原始资料，从社会史、生活史视角对民国乡村教师的经济收入、生存状况、职业发展、社会角色等方面进行了研究，考察了以往宏大理论叙事模式下所忽视的乡村教师的真实生活境域，取得了颇多学术成果。事实上，民国乡村教师的形象并非像主流教育史学所描述的那般模样。就笔者所搜集和占有的资料来看，民国乡村教师群体生存状态比较低迷，存在严重的心态失衡，对职业充满了抱怨、牢骚和焦虑等负面情绪，“随波逐流，与俗浮沉，对于事业不肯努力，甚至消极颓废，悲观自放”[②]的现象比较普遍。目前，虽已有研究者开始关注民国乡村教师的负面情绪，但整体来看，学术界对此尚缺乏全面的考察和系统的研究。

二、民国乡村教师研究的心态史视野

心态史学是历史学知识体系与心理学知识体系相融合的产物，为理解和解释人类历史活动提供了新的认识论视角，它重视历史上各类人物的欲望、动机和价值观念，研究各种社会群体的精神风貌、心理活动和情感变化，关注

① 姜朝晖. 民国时期乡村教师的社会角色研究［M］. 北京：人民教育出版社，2016：1.

② 束荣松. 小学教师生活烦闷之原因及其解决办法［J］. 江苏省小学教师半月刊，1936（18）：4-8.

其对历史进程所产生的广泛而深刻的影响。[①]1932年，法国历史学者勒费弗尔（Georges Lefebvre）出版了《1789年的大恐慌》一书。该书对法国大革命时期的群众心理进行了细微考察，指出集体心理往往是社会重大危机的根源，是影响事件之间真正发生因果关系的关键。应该说，勒费弗尔仅仅是从心态史的视角来看待、分析历史事件，而严格意义上的心态史研究方法则开始于法国年鉴派的创设人吕西安·费弗尔（Lucien Febvre）。1938年，吕西安·费弗尔发表了《心理学》一文，系统阐述了他对集体心理研究的基本理论与方法，提出要考察特定历史环境下的物质生产生活条件，关注一定时代大众心理状况和群体意识，强调从当时的社会现实出发来研究个人的心理成长。与传统史学只关注物质生产和社会结构不同，心态史重视民众个体日常的观点、看法、行为、态度，注重揭示这些微观要素对历史发展的实际影响，这有助于弥补传统史学研究的视角偏狭，为人文社会科学研究提供了新的方法和视野。20世纪80年代后期，心态史开始引入我国史学领域，并逐渐影响到文学、社会学、人类学、经济学、法学等多个学科，目前也已引起教育学领域一些研究者的关注。[②]

从心态史的视角切入来研究民国乡村教师，首先要考察其日常生活史。“日常生活史是芸芸众生的喜怒哀乐史。最能反映一个时代特点和本质的，其实并不是这个时代中那些轰轰烈烈的重大事件，不是那些政治领袖、英雄豪杰的升降浮沉，而是无数平民百姓日常生活中的细节。一些不为人注意的日常生活细节，恰能细致入微地反映出时代的氛围。”[③]虽然我们无从回到民国乡村教师的日常生活现场，但可以借助他们留下的大量文字，来还原他们的日常生活，透视和分析他们真实的情绪体验。从1901年我国自编的教育专业期刊《教育世界》问世至1949年，由当时教育行政部门、教育团体、出版机构或个人创办的教育期刊累计达千种以上。这些期刊介绍西方教育理论与方法，传播国内外最新的教育实验成果，也刊登了当时很多乡村教员的教学日记。

其中,《民众周刊》《民众生活》《教育短波》《教师之友》《教学生活》《小学教师》等杂志上发表了大量由乡村教师撰写的生活回忆文章，详细

① 彭卫. 历史的心镜：心态史学［M］. 郑州：河南人民出版社，1992：1-2.

② 冯永刚，李良方. 论心态史视角下的教育史研究［J］. 山西大学学报（社科版），2018（3）：77-83.

③ 雷颐. “日常生活”与历史研究［J］. 史学理论研究，2000（3）：125.

记录了乡村教学生活的点点滴滴，形象地展示了乡村教师职业的酸甜苦辣，真实反映了他们在困顿环境下的心理感受。笔者重点查阅了1929年至1939年间发表在以上期刊上的自传体文章，来透视民国乡村教师的生活史，剖析民国乡村教师的负面情绪，揭示其精神生活的另一面相，拓展民国时期乡村教育的研究视阈。

三、民国乡村教师负面情绪的表征

通过阅读和分析大量乡村教师的自传性文献，可以看出，民国乡村教师的负面情绪主要表现在以下六个方面。

（一）对微薄薪酬的抱怨

民国初期，新旧政治体制处于交替、变革过程中，全国教育经费投入体系尚未建立，初等教育经费主要是由地方自筹，中央政府对教师的薪俸没有统一规定。而且，由于军阀混战，经济衰败，教育经费频繁被挪用，乡村教师收入缺乏稳定保障。直到1917年，教育部才公布《小学教员俸给规程》，对小学教师的薪资标准进行了详细的规定，共分三等十四级，“正教员每月最低8元，最高60元；专科正教员及专科教员最低6元，最高40元；助教员最低4元，最高22元”①。该《规程》还明确，教员薪水可依据工作表现酌量升级，但中央政府的这一规定在地方上却难以落实，各省通常仅作参考，而另订新规。如河北省新城县（今河北高碑店市）规定：“教员月薪分为甲乙丙三等，甲等10元、乙等8元、丙等6元。”②而且，当时小学教员的薪资标准遵循“县立学校高于乡（村立）学校、高等小学高于国民（后改为初级）小学”的原则，乡村小学教师所领取的薪金通常位于教师群体队伍的最低层。

1933年，为了进一步推进义务教育，南京国民政府教育部又颁布了《小学规程》，规定小学教员的月薪应根据教师的学历和经验分等级评定，但最低不得少于所在地个人基本生活费的两倍。事实上，乡村教师实际能领取到的报酬常常很难达到应有的标准。如在江苏江宁县（现为南京市江宁区），政府认定的基本生活费为每月18元，而江宁县小学校长的最高工资才36～40元，一

① 中国第二历史档案馆. 中华民国史档案资料汇编：第三辑 教育［M］. 南京：江苏古籍出版社，1997：494.

② 国民学校学生出纳米面以津贴教员案［J］. 直隶教育旬报，1923（3）：4-5.

般教师的工资为20～24元，乡村教师甚者低至12～16元，尚达不到民众基本生活费的标准。可见，大多数乡村教师的薪资几乎难以维持个人和家庭的基本生计，难怪会有一些教师常常为自己低微的工作报酬而滋生抱怨：

“你看看大学教授，一月几千元的薪水，吃东西，穿大衣，多么舒服！小学呢？像本县小学教员，月薪不过十元，又还不能按月发给，常常积至三四个月，总发给一次，那么，枵腹从公，怎能不长吁短叹呢？……说到了薪金，是令人塞心的呀！每月合计起来四五元柴米面共用，一切的杂费——油盐菜——都由四五元之内开销，拉磨一天，不过所得粗饭一饱！残忍哪！”[①]

“枵腹而从公”，饿着肚子教书，完全无私和忘我的境界非一般乡村教师所能为也。尤其是在“父母啼饥子女号寒的时候”，乡村教师很难做到在学校中倾力投入，一心向学，尽其教养之责任。

（二）对高负荷工作的牢骚

民国中后期，虽然师范教育获得迅速发展，但所培养的乡村教师仍难以满足当时的需要，况且真正的乡村师范生大多不愿回乡村执教，师资培养与基层教育所需人才不匹配的矛盾尤为突出，乡村学校师资匮乏现象比较普遍。很多学校通常只有1名教师，面对几十个年龄不等的学生，开展复式教学，“上课时，教会了这班，再掉头去教那班。其余的要教他们写，教他们算，总不好给他们空坐在那里。下了课还要去当心他们啊”[②]。繁重的教学工作让很多教师面临较大的教学压力，并且乡村小学教师往往身兼多职，既要教书，也充当校役，各种杂事零碎、繁多，“一会儿摇铃，一会儿扫地，抹黑板，倒痰盂，冲茶，看门，买物”[③]。乡村教师的工作不限于学校内，他们还是乡民的依靠，要经常担任“评判者”的角色，协调处理邻里矛盾，“待下了课拿起书回到教舍，想要认真治学或是备课之时，常有邻里为鸡毛蒜皮之事找到教员们面前，请求为自己做个公正的‘审判’”[④]。另外，乡村生活中的许多社会和文化事务，如农业、公共卫生、法律、自卫，以至村民婚丧嫁娶中的礼俗事务等等，

① 刘来之. 小学教员的自述（上）：四块钱的月薪［J］. 妇女生活，1936（10）：49-50.

② 烟波. 一位独当一校的教师［J］. 教学生活，1936（3）：8-10.

③ 柴丁. 小学教师的自述（下）：走进了灵魂的监狱［J］. 妇女生活，1937（12）：41-42.

④ 许玉洲，王景志. 做乡村教师的困难［J］. 教育短波，1935（24）：14-15.

都成了他们责无旁贷的义务。“一个教员就如同一个万全的杂货店，从黎明即开门头照应顾客，直到下午十点方才闭门。店内的记账也是他的，买卖货物也是他的……就算他有行者孙的本领，也总是忙得不了。”[①]因而，有小学教员如此自嘲：“乡村小学教师至少可以在他的名片上印上‘村公所秘书’‘村主张公道团文书’‘村十年建设计划书编订委员会委员’等头衔。”[②]当然，这些头衔都是义务性质的，“兼职不兼薪”，给乡村教师增加了额外的工作负担。

（三）对单调生活的倦乏

乡村小学处于新式教育体系的底端，政府无力投入，学校建筑一般都比较简陋，常借用地方庙宇和其他公产为校舍，教室大多破败不堪，室内光线昏暗，教学设施也难以满足正常的教学需要。乡村教师通常“从早到晚地上课，下课”，而且常常孤单一人住在校内，“自炊自食”，因而“终日所见所闻，真像嚼蜡样的无味”。山东省小学教员冯汉臣如此描述自己第一天去邻村执教的遭遇：自己背着行李走了十几里路，来到即将任教的那个村庄，找到校长家里，而校长连他是否饥渴这类礼貌问题都没问，就把他领到“充作学校和教师住所的破败的关帝庙里”，“幸我来时，慈母为我包上了几个馒头，几个咸鸭蛋，由包内取出，各地捡了几片字纸，折了些树枝来，用几块砖头支起铁瓢来点火煮水，柴又不十分干的，只是冒烟，伏地去吹，熏得满眼流泪”[③]。这就是当时乡村小学教师困顿生活的真实写照。假如有多个同事在学校一起从教，可以互相支持和协助，闲暇时也可以互相慰藉，但由于乡村中大部分学校是“单级独教”[④]，缺乏交流的对象，也没有其他休闲娱乐方式，因而寂寞、单调的生活对乡村教师来说是一种常态。而每到星期假日，往往更显无聊。“独自住着一所庞大的农村校舍，一眼望去，只见课桌、墙壁、讲台、卷子、榻位等东西，找不到一个知己的朋友可以聊天……虽然有时可以到农家去走走谈谈，以解寂寞，可是白天里，农民全忙在田里。一到晚上，他们那疲乏的身体，全是很早睡了。假如向外面跑去，既无公共的娱乐场所，又无社会教育的设施。张望去，只有一片田野而已。除了关门看书，方步郊原，根本没有良好

① 刘俊田. 不可忽视的几个小学教师的问题［J］. 基础教育，1936（12）：713.

② 老伧. 山西乡村小学教师生活速写［J］. 实报，1936（2）：32.

③ 冯汉臣. 一个乡村小学教师的经过［J］. 基础教育，1936（10）：589.

④ 民国时期，学生人数少、交通不便的乡村学校一般采取“单级独教”的方式来授课，即一个教室里容纳四个年级以上的学生，由一名教师来实施教学。

的去所。那生活是多么的单调乏味啊！”①

事实上，乡村教师精神的苦闷、烦躁现象确实比较严重，这已成为一种普遍的社会观感，只不过这种情绪在单级独教的乡村教师身上表现得更明显，感受也更深刻而已。应该说，造成乡村教师心理状态低迷、消沉的原因很复杂，但从很多小学教员的自我叙述来看，待遇过低、物质生活困苦以及学校生活的封闭是影响其精神状态的最直接原因。

（四）对豪绅专权的憎恨

自古以来，中国乡村社会的实际领导权一直掌握在地方乡绅手中。乡绅是地方公益事业的主要承办者，他们通过资助地方教育，赢得一定名望，进而巩固家族在当地的权势。民国成立初期，我国虽然建立了一套完整的国家政治体制，但由于政权向基层社会渗透的能力有限，乡村社会基本保持着前现代社会的自治状态，乡村豪绅仍然是乡村社会的实际领袖，他们在乡村中的权力基础仍然牢固。乡村各项公共事业的开展还必须借助于乡绅的力量才能完成，在办学方面同样如此。学校校长、学董或管理员之类几乎都由当地的“头面人物”担任，或经他们首肯，学校教师的聘任、学校经费的筹集、教学设备的采购、教员薪水的发放等关键事务都要他们经手。既然乡绅在当地有如此大的社会能量，新式教育的推动和乡村学校的运行就绕不开地方乡绅，因而，有许多乡村教师想尽办法与他们联络，“作为与民众接近的线索，希望收到速效”。他们清醒地认识到，只有与这些“办公事”的乡绅保持友好的关系，取得他们的支持，才能保障学校各项事务的顺利开展；只有把这些地方士绅“伺候好了”，才能在乡村立足，“保管自己的位置稳如泰山”。

民国时期，在国家权力逐渐下沉的大背景下，由乡绅主导的旧的乡村秩序逐渐解体，乡绅越来越成为一个落后保守的阶层，他们变得自私而狭隘，拒绝外来的变革。因而，有人评价民国时期乡绅群体是中国现代化转型的“天然仇敌”②。一些乡村豪绅对于新式教育并无多少了解，但并不妨碍他们插手办学，控制学校，并借此来揽权、敛财，谋取个人私利。“乡村中的富户或是安分守己的人，常是对于公家的事务推诿不办，抱着‘不惹闲事’的主张，所以一些穷极的无耻汉，乘机把个什么长什么员的头衔戴在自己的头上，满心里以

① 杨西尘. 乡村小学教师的苦乐［J］. 教师之友（上海），1937（5）：953-956.

② 许纪霖，陈凯达. 中国近现代史：第1卷［M］. 上海：上海三联书店，1995：20.

为管管公家事，最低限度也是弄些酒菜吃吃，省下回家啃窝窝。”[①]

由于乡绅掌控乡村学校办学的大权，教师的聘任由他们定夺，所以取悦乡绅、曲意逢迎甚至行贿就成为一些乡村教师谋求生存的第一要务。“每一学期开始，我们奔走的路线：第一步先要向村长接洽，卑躬厚待以求允诺；其次再哀求视学——劝学所所长——发给委任。两方面能办理安当，那么你就是识别字的流氓，或卖卜相爷的消费者，也都可以坐镇一个小学。你若是奔走不力，那么你就是师范生也要被赶出场外。所以每逢一学期终了，各教员们便自恨爷娘何不给我生下四条腿和两个嘴！奔到了教员位置的人，最要紧的工作，就是在村长前献殷勤乞哀怜，以求自己的地位稳固。”[②]

在一些地方，更有豪绅土劣利用自身的权力作为要挟，盛气凌人，四处招摇，通过各种方式对乡村教师进行赤裸裸的欺诈和盘剥。由于乡村教师一般都非本地人，人际关系不熟络，在当地缺乏根基，一旦遇到地方土劣为难时，他们常常用“请酒”“送礼”的方式拉近关系，久而久之，一些土劣就习惯性地敲诈，向他们“打秋风”竟成为一种乡村“流弊”。对于乡村土劣的恶行，有教员撰文进行了严厉控诉，“他们的操行和成绩，都坏到无以复加，真叫你无所措手足，再次就是我们乡村小学董事会，处处捣乱，只是添了村中土劣争权的工具，安插地痞流氓的机会，他们是乡村教育的最大阻碍”[③]。由于乡绅对乡村教师有“生杀大权”，“即使你学问渊博教法优良而对这般人应付不好，不但对你的薪金，故意长期拖欠，并且会节外生枝的加以非难”，而如果得罪了他们，“你的名片上得剥下上面的尊衔来”[④]。乡村生活的这一潜规则也使得一些不擅长阿谀奉承、不熟谙人情世故的乡村教师生存艰难，无以施展抱负，以致对教师职业心灰意冷。

（五）对自身专业发展的焦虑

生活是指人类生存过程中各项活动的总和，是对人生的一种诠释。人置身于社会中，离不开基本的物质生活和精神生活。人与动物的最大差别，就在于人除肉身生活之外还有灵魂，还有内在的精神生活。乡村教师群体内也不乏

① 张绳五.乡村教育实地经验谈［J］.基础教育月刊，1936（1）：13-38.

② 革日水.形形色色：山西太谷县的小学教员［J］.生活（上海），1930（45）：747-748.

③ 张巩伯.乡村教师的生活［J］.民众周刊（济南），1934（37）：5-8.

④ 老伧.山西乡村小学教师生活速写［J］.实报，1936（2）：32.

一些理想主义者，他们的精神性需求特别强烈，在艰苦困顿的环境中依然会压抑不住地去追求更高层次的精神生活。对他们而言，精神生活的一个重要方面就是满足自身专业发展的需求，以便不断提升自身的专业能力和素养。曾有一位刚毕业的师范生如此描述他刚到乡村任教时的雄心壮志："去年的夏天，朋友介绍我到乡村去当小学教员，当时我是多么的高兴啊！这正是我所向往做的事。早就讨厌五花八门的都市，愿意到乡村去，脚踏实地地观察农村破产的情形。同时我还这样的想：乡村里是静寂的，没有什么应酬和物质的诱惑！每天除教书外，其余的宝贵时间，用来研究个人所最得意的东西，有了心得，再去指导这些中国未来的小主人。"①还有一位乡村教师就曾详细规划专业发展的计划，准备开展校内教师的研讨活动，"关于团体方面的进修，我也时常有这种企图，什么三民主义教育研究会，我都有一番提倡计划的功夫，上年我也曾协助本村小学教师召集教员联合会，研究的结果，规定各个人出资订购书报一份或二份，互相传阅，共同研讨"②。然而，由于客观条件的限制，当时乡村教师自我提高的基本需求很难得到满足，"乡僻地方，交通不便，报纸杂志，不容易订阅；同行的研究吧，学识多数都相仿佛，切磋也不大见进益；约定日期相会，合购书籍参阅吧，离校既感不便——乡村小学的教师，每星期日离校出谈，多为办学者不许；财力也有不及——现在乡村教师的薪金，一学期不过五六十元，生活费尚不容易办理，哪里来的余钱买书"③。

总之，尽管一些乡村教师对于专业进修和学习有较高的期待，但由于环境和条件的限制，在交通不便的乡村，"报纸都见不到，其他的更不必谈了"，要想在职学习、进修异常困难，专业发展的渴望也难以实现。

（六）对所担社会角色的惶恐

作为乡村里稀有的"文化人""知识分子"，民国乡村教师是乡村社会发展的重要依靠，他们的责任不止于担负学校教育的使命，"并不是单单教好几个小朋友，办好一个学校就算完了的"④。新文化运动以后，教育思潮不断革新，社会各界尤其是知识界对乡村教师有更高的期待，希冀他们能取代旧塾师

① 吕回晨. 小学教员（职业生活）[J]. 青年界，1935（1）：226-227.

② 冯汉臣. 一个乡村小学教师的经过 [J]. 基础教育，1936（10）：589.

③ 周庆浩. 乡村教师的生活 [J]. 民众周刊（济南），1934（36）：2-9.

④ 志超. 乡村教师之责任是什么 [J]. 农村月刊，1930（13）：24-27.

的地位，成为乡村中的“文化导师”，“乡村教师既是乡村学校的灵魂，又是乡村社会的指导者；教育上一切的新方法、新编制、新理想，都有赖于教师去应用，去实验；乡村社会中的一切公共的活动、好事业、好制度，也都赖教师去指导，去推行……”[①]除了学校教育的责任，乡村教师还被赋予三种使命：“一为指导乡村方面的使命。乡村教师对于乡村本地，应行改进的事业，应肩负指导的责任，如乡村的交通、卫生、农业等等。二为乡村社会改造方面的使命。我国有些乡村的风俗制度，非从根本改造不可。如病疾祈卜鬼神、定以吉凶等迷信事件，一般无知的乡民，以为很是灵验，故不能改造，遗传成一种永久的习惯，但是乡村教师的知识较高，能力又大，当然要负这种改造的责任。三为国家方面的使命。我国现几年正在危机的时候，一个乡村教师，固然不能到战线上冲锋，但也应该努力宣传，使农民得有国家观念，为国牺牲，以谋国家强盛。”[②]

从一些乡村教师的实际描述来看，由于他们自身知识结构存在先天缺陷，平时与农村生产生活联系较少，社会实践能力不足，所以在开展社会教育时常感觉到能力胜任与角色适应的困难。譬如，当民众提出“为什么蔬菜闷闷就烂了”“为什么花有香气”这一类问题时，他们常哑口无言，十分尴尬。“有的乡下人非常难弄，他们时常要来‘掂’你的斤两（即试你的程度），要问你奇奇怪怪的字，要教你记账，择好日；在菩萨面前求得了诗，也得你替他们讲解（教师就在菩萨的面前）；假如你不去回答他们，他们就要到东邻西村去给你宣传，说你不好。”[③]

可以看出，很多乡村教师对自身的知识与能力并无自信，他们在乡村中的实际地位与乡民的较高期待形成较大的反差，在社会参与中频频碰壁，颇感尴尬和不适，甚至滋生妄自菲薄之感。受制于自身的学识、能力和视野，他们中的很大一部分人实难完成社会和时代赋予的重任，难以担当民众“文化导师”这一艰巨的使命。对他们来说，理想常遥不可及，生存是非常现实的考量，乡村教师角色不过是一份清贫、低微、不得已而为之的职业。

---

① 董显贵.怎样才配做一个乡村学校教师［J］.青岛教育，1934（5）：13-15.

② 董显贵.怎样才配做一个乡村学校教师［J］.青岛教育，1934（5）：13-15.

③ 曾圣强.一个边僻地方小学教员的进修［J］.小学教师，1936（19）：24.

四、结语

民国时期全国不同区域的经济社会状况和民风开化情况存在一定差异，各地方乡村教师的主观感受也不尽相同，但不可否认这一社会群体的负面情绪是普遍存在的，也必然会投射到日常教学活动和教学管理过程中，对乡村教育整体生态产生持久的影响。需要指出，虽然民国乡村教师整体生存状态并不理想，对自身职业的认同感不高，精神状态也比较低迷，但事实上他们仍可凭借自身的知识与文化资本，在乡村社会中占据一席之地，在奉献乡里、教化民众、维持乡序等方面发挥了不可替代的作用，体现了乡村教师应有的社会价值。需要申明的是，本文从心态史视角关注民国乡村教师，剖析其内心存在的负面情绪，并非无视学界对乡村教师群体及相关问题的研究成果，而是在既有研究的基础上增加一个新的讨论维度，揭示以往同类研究中所忽略的乡村教师的另一面向，以期能对乡村教师群体的社会形象有更客观、全面的把握，为新时代乡村教师研究和乡村教师发展提供历史的镜鉴。①

我国目前正在推进乡村振兴计划，建设新农村已经成为国家发展的重要战略和迫切要求。乡村的复兴离不开乡村教育的重塑。乡村教师是乡村教育发展的主导力量，是乡村进步的重要推动者。一支自愿扎根乡村、热爱乡村和服务乡村的教师队伍，是发展乡村教育、提升乡村文化和促进新农村建设的重要力量。为了让更多乡村教师“下得去、留得住、教得好”，就需要政府、社会以及学校协同努力，多管齐下，尽力保障其物质生活条件，同时给予积极的人文关怀，激发其内在的成就感，增进愉悦的情绪体验。

［选自《教师教育研究》2020年第5期］

① 吉标.民国乡村教师的乡贤精神探微：基于民国乡村小学教员的自我叙事［J］.教师发展研究，2019（6）：1-5.

学校里的“陌生人”：交流轮岗教师身份建构的类型学分析①

王夫艳② 叶菊艳③ 孙丽娜④

[**摘要**] 交流轮岗打破了教师专业生活的制度边界。作为流入校的“陌生人”，交流轮岗教师在思考自己参与流动的意义、新环境中的社会关系与专业行为中进行着身份建构。借鉴陌生人社会学的有关理论，采用个案研究方式，以两所城乡对口交流学校的交流轮岗教师为研究对象，发现交流轮岗教师与新情境之间存在多种关系和互动可能。“旅居者”“边缘人”“新来者”是交流轮岗教师身份建构的亚类型。交流轮岗教师的身份建构是个体主动性和社会结构相互作用的结果。这既有效透视了交流轮岗教师的专业生存境遇，也揭示了影响教师能量发挥的因素，为政策实施提供了实践依据。

[**关键词**] 交流轮岗；“陌生人”；教师身份建构

---

① 本文系教育部人文社会科学重点研究基地重大项目“城乡教育一体化建设脉络下校长和教师流动的路径、机制和成效研究”（项目编号：14JJD880001）及北京市教育科学“十二五”规划青年专项课题“‘能量理论’视阈下北京市教师轮岗交流政策实施研究”（课题批准号：CIA14173）的阶段性成果。

② 王夫艳，山东师范大学教育学部副教授，博士，主要从事教师教育研究。

③ 叶菊艳，北京师范大学教育学部讲师，博士。

④ 孙丽娜，山东师范大学附属小学教务处副主任、心理咨询室主任，主要从事教育管理、教师心理研究。

推进城乡义务教育均衡发展，教师资源配置是关键。交流轮岗是推动教师在县（区）域内不同学校之间合理有序流动的一项政策设计和制度创新，意在扩大优质教师资源的影响力，缩小城乡师资差距，提升农村义务教育的内涵与质量。在交流轮岗的政策话语体系中，教师被期待着由“单位人”“学校人”变为“系统人”。

对教师而言，这不啻一场“大迁徙”。教师专业生活的制度边界被打破。交流轮岗教师的教育生活方式发生改变，教师的专业理念、实践惯习也面临新的挑战，作为教师的意义亦不可避免地进行着重建。而教师的理解、感受直接影响着其专业能量的发挥与辐射、积聚与沉淀。那么，作为流入校的“陌生人”，交流轮岗教师是如何看待自己参与流动的意义的？如何应对新的专业实践情境？如何思考新环境中的社会关系与专业行为，进而建构起何种身份？这些问题成为笔者的主要研究关切。本文借鉴陌生人社会学的有关理论，采用个案研究的方式，对东部地区某市两所对口交流学校（一所为城市小学、一所为农村小学）的全部交流轮岗教师进行深度访谈，以此来回应上述研究问题。这既可有效透视交流轮岗教师的专业生存境遇、应对制度变迁的态度与策略，传递出交流轮岗教师的真实声音和内心意愿，也可在一定程度上揭示影响教师能量发挥的因素，为相关政策实施提供实践依据。

一、交流轮岗教师：学校中的“陌生人”

（一）交流轮岗：一种空间关系的转换

对教师而言，校际交流轮岗意味着一种空间关系的转换，即从相对确定的工作场域流出后进入一个崭新的环境。空间转换首先表明了地理位置的变更，是教师突破学校边界、脱离既定的工作地点，暂时[①]成为流入校的成员。很显然，这种转换是一种地理事实，表明了空间的自然属性。但在交流轮岗的制度背景下，教师形式上的空间转换亦具有标签效应和象征意义，深蕴着工具价值。进行空间转换的教师即交流轮岗教师，是符合政策意图的教师，

① “暂时”表明了教师交流轮岗时间的有限性。教育部、财政部、人力资源和社会保障部于2014年8月颁布的《关于推进县（区）域内义务教育学校校长教师交流轮岗的意见》规定“教师每次参加交流轮岗的具体年限由各地根据实际情况确定”。笔者所调研的市规定教师交流轮岗的时限一般为一至三学年。

且满足了职级晋升的必备条件。①

空间更具有社会属性，内蕴着丰富的社会文化内容。"空间从根本上讲只不过是心灵的一种活动，只不过是人类把本身不结合在一起的各种感官意向结合为一些统一的观点的方式。"②每所学校都是被不同的社会文化内容所填充的统一体、一个基于独特"心灵的凝聚力"的个性化空间，遵循相对独立的运行规则和实践逻辑，具有唯一性、相对的排他性。在长期的发展中，不同学校的内在要素、制度架构和精神特质相对固定，行为互动相对模式化，譬如学生来源、教师的工作内容和工作量、同事关系、学校的管理风格和文化氛围等。因此，教师的思维方式、知识技能、价值观念、情感态度乃至精神气质等都深深地打上了学校的烙印，即所谓的"带着学校的那种感觉"。在笔者所调研的两所学校，交流轮岗教师深切地感受到校际的社会文化差异："这边环境和那边不一样"。（见表1）

表1　流出校与流入校社会文化差异概览表③

学校	教师构成	工作重点	教师任务	家长态度	管理制度	教师关系	学生特点
城市小学	正式教师35人；代课教师5人	教学与活动兼顾，力求实现德智体美劳全面发展	上课；开展多样化班主任工作；参加学校组织的一系列教职工活动；为区级及以上比赛、活动做准备	鼓励孩子参加活动、比赛，希望孩子全面发展	管理严格，教师激励、考核制度完善	团队协作机会多，有比赛时从领导到教师形成的团队，共同打磨、听评课	语言表达能力强，思维活跃

① 《关于推进县（区）域内义务教育学校校长教师交流轮岗的意见》指出："在职务（职称）评聘工作中，要将教师到农村学校、薄弱学校任教1年以上的工作经历作为申报评审高级教师职务（职称）和特级教师的必备条件。"

② 格奥尔格·齐美尔. 社会是如何可能的［M］. 林荣远，编译. 桂林：广西师范大学出版社，2002：292.

③ 东北师范大学教育学部硕士生辛宜泽对本表数据进行了基础性整理，谨致谢忱！

（续表）

学校	教师构成	工作重点	教师任务	家长态度	管理制度	教师关系	学生特点
农村小学	正式教师22人；代课教师24人	抓教学，以考试成绩为重	重视听课、评课，以日常教学为主要任务	以学习成绩为重，不赞成孩子参与比赛、活动	管理宽松，缺乏教师激励、考核制度	教师间交集较少	朴实，单纯，听话，纪律问题多，习惯养成和规矩遵守欠佳

（二）交流轮岗教师的“陌生人”特征

交流轮岗教师作为“暂时”的空间移民，隶属于“陌生人”这一社会学范畴。齐美尔将陌生人视为一种伴随人口流动而出现的人际类型，并对“陌生人”进行了开创性、经典性的界定：“这里讨论的陌生人不是过去涉及的今天来明天走的漫游者，而是那种今天来明天留下的人。可以说，他是潜在的漫游者，虽然并没有继续前进，但也没有完全克制住来去的自由。”[①]也就是说，作为社会学形式的“陌生人”是漫游与定居的辩证统一体。以该种流动性为前提和基础，可以发现交流轮岗教师表现出若干“陌生人”特征。第一，交流轮岗教师在流入校中处于既近又远的形式地位。“如果流动在一个有边界的群体中进行，在流动中就包含了近与远的综合，这种综合就构成了陌生人的形式地位。”[②]在自然空间意义上，交流轮岗教师在流入校中从事专业实践活动，占据一定的专业位置，因此是流入校教师群体的一分子。但在社会文化意义上，交流轮岗教师始终与流入校保持一种距离感。固然，他们无可避免地会与流入校的同事接触与交流。不过，受制于作为外来人的身份和迟早要离开的事实，交流轮岗教师始终不可能完全、有机地融入其中。同侪关系也多是功能性的，而非基于情感的联结。自然空间上的接近与心灵文化上的遥远，造成了交流轮岗教师“在群体中但不是群体的一部分”“在其中又在其外”的尴尬与张力。

第二，交流轮岗教师的客观性。这里的客观性并不是指中立的态度，而是一种既近又远、既参与又疏离的特殊姿态。交流轮岗教师是携带着流出校的

① 格奥尔格·齐美尔．陌生人［M］//周晓虹．现代社会心理学名著菁华．北京：社会科学文献出版社，2007：89．

② 格奥尔格·齐美尔．陌生人［M］//周晓虹．现代社会心理学名著菁华．北京：社会科学文献出版社，2007：90．

社会文化生活模式进入流入校的。学校所内含的规范、文化、价值和组织结构影响着其所持有的成为教师的意义、意象和理想，形塑着其日常实践。当其进入流入校后，面临着新的思维和实践情境。其原有实践惯习被打破，并体验到文化模式的断裂和“像往常一样思考”的限度。“对陌生人来说，被接近群体的文化不是掩护而是一个冒险的领域；不是理所当然而是可质疑的探究话题；不是摆脱问题情境的工具，其本身就是一个需要去处理的问题情境。”[①]面对新的群体文化，交流轮岗教师作为流动教师的身份，其与流入校及学校所在社区缺乏有机的情感纽带关系，使得他们主观上学习流入校固有日常实践与互动方式往往动力不足，即便有强烈动力想融入的也可能由于缺乏人际渠道而无法习得流入校内缄默的实践。因此，保险一点的做法是流入教师往往会带着更具一般性和普适性（commonness）[②]的行事作风投入流入校中，而且应该说，教师所流动的学校越多，其行事作风可能就越具有普适性而非依照特定学校的特殊作风。这就使交流轮岗教师具备了客观性，他们可以在流入校中扮演“公正的观察者”。

第三，交流轮岗教师可能的自由与创造性。两种社会文化的接触会引起个体主观的变化：“作为个体的人得到了解放。之前被习俗和传统捆绑的能量被释放出来，个体可以自由地展开新的冒险。”[③]从原有学校流出后，交流轮岗教师不再受制于原有关系、习惯、承诺、成规的束缚，在一定程度上摆脱了流出校的文化传统，打破了惯例性的思维模式和行为范式。而在流入校，他们所具有的“客观性”亦给他们带来自由，他们的姿态可以更为超然。流动亦开阔了他们的眼界，丰富了他们的职业阅历，在一定程度上提升了其应对多元文化的能力，增强了其主观能动性和创造性。这些都赋予了交流轮岗教师变革的可能。

---

① Schuetz A. The Stranger：An Essay in Social Psychology［J］. American Journal of Sociology，1944，49（6）：499-507.

② Schuetz A. The Stranger：An Essay in Social Psychology［J］. American Journal of Sociology，1944，49（6）：499-507.

③ 罗伯特·帕克. 人类的迁移与边际人［M］//周晓虹. 现代社会心理学名著菁华. 北京：社会科学文献出版社，2007：98.

二、交流轮岗教师的身份建构类型

"陌生人"是对交流轮岗教师身份建构的总体概括。成为一个陌生人是一种实在的关系，是人与人之间互动的特殊形式。故交流轮岗教师与新情境存在多种关系和互动的可能。考察交流轮岗教师的主观意愿，分析其试图与流入校建立的关系类型，把握流入校的态度和反应，我们发现，作为陌生人的交流轮岗教师建构起多种亚身份。

（一）人在心不在的"旅居者"

"旅居者"的本质特征在于固守自己族群的文化而不为其所居于其中的文化所同化。[①]同化是这样一个过程，"在互相渗透和融合的过程中，个人获得他人的记忆、感情和态度，通过分享他们的经验和历史，融合到一种共同的文化生活中"[②]。作为"旅居者"的教师逗留于流入校，尽管也以各种方式来调适自己的轮岗生活，但并未被流入校的文化所同化，对流入校缺乏归属感。他们将自我定位为"外部人员"。这部分教师是人在心不在的"旅居者"。

1.“职称所迫”的短暂工作

作为"旅居者"的教师将交流轮岗视为需要在一定时期内完成的工作，仅是职业生涯中的一个组成部分。国家以政策形式将交流轮岗与职称评定挂钩[③]，无疑调动了教师流动的积极性，诸多教师主动申请交流轮岗。正如一位校长的观察："教师参加轮岗交流的意愿很积极，大政策在这里，必须有一个交流的过程。"当交流轮岗成为职称评定的必备条件时，教师往往将交流轮岗视为"职称所迫""形势要求"："这是一条'硬杠杠'，想要评选职称，就必须来支教，正好赶上了这个政策，也是没有办法的事情"；"迫于形势、政策需要，必须得出来，因为要评职称没有办法，不来也得来，被迫。现在来好像都

① Siu P. The Sojourner［J］. American Journal of Sociology，1952，58（1）：34-44.

② Park R E，Burgess E W. Introduction to the Science of Sociology［M］. Chicago：University of Chicago Press，1924：735.

③ 2014年7月发布的《××市教育局关于进一步推进教师交流轮岗工作的意见》指出："自2016年起，凡符合交流轮岗条件的人员，评选特级教师和市级及以上模范、名师以及申报高一级职称的，必须具备异校交流轮岗一年以上的经历。"满足条件的教师涵盖范围广泛，"县（市）区教育行政部门所属公办中小学校、教研室、电化教育机构中，凡男年满55周岁、女年满50周岁以下，在同一所学校工作满6年的教师，原则上都要分批进行异校交流轮岗"。

要抢着来，不是你想来就来的，竞争也很激烈”。“想要评职称”的被动参与理由使得交流轮岗教师带有很强的工具目的，是追求“政策红利”：回原单位后“希望能尽快评为高级教师”。加之交流轮岗时间的有限性、短期性，很多教师视自己为流入校的“短暂补充”。他们缺乏专业发展的主观愿景，对自身能量发挥亦无道德承诺和理性规划，以“熬”的心态来度过交流期：“我不是来发挥的……刚熟悉这里，让我去怎么发挥。”这从S教师对自我在流入校的表现亦可窥见一斑：“说实话这两年就是放松的两年、休息的两年，来了比较轻快……我来了之后觉得有点偷懒，不是那么重视。”

2.没有归属感的“局外人”

作为“旅居者”的交流轮岗教师坚守自己在流出校的教育文化传统和专业实践方式，对流入校缺乏归属感，视自己为“局外人”而不是流入校的有机构成。譬如，X老师交流半年仍没适应新环境、新岗位：“从这边上班就感觉是机械的工作，没有什么归属的感觉。”他在流入校孤独的生活，对学校集体活动的参与有限，“同那边接触太少，他们开会我接孩子……还没有参与过他们的信息活动”；和新同事的交流、互动亦匮乏，“平时工作也没有什么接触”；专业影响力的发挥更无从谈起，“我对他没有什么影响”。而由校际的文化冲突所引起的消极情绪体验更是坚定了交流轮岗教师对旧有文化的持守，“感觉落差很大，在原来的学校我很受欢迎，在这里却被评价为‘教学不认真’，但是这是我的教学风格，我不会改变”。这种“局外人”的体验对交流轮岗教师的专业发展和能量发挥都产生了消极的影响：“我来到这里半年了，我的教学积极性和工作努力程度远远赶不上在原来的学校。我在这里就待一年，很快就会回去的。”

3.与流出校“剪不断”的联系

在交流轮岗期间，很多教师始终没有失去与流出校的联系。在制度设计上，笔者所调研的某市施行“人走关系留”的“柔性”交流制度，所有人事关系都保留在原单位，轮岗结束后即回到原学校工作。而在这两所对口交流学校中，交流轮岗教师的工资发放、绩效考核、工作考勤与学期述职等仍由流出校负责。这就使得交流轮岗教师对原学校的工作依然没有放松，以支持流出校有关活动的开展、维系与流出校的联系：“经常要两边跑”，“两边都需要兼顾”，“经常不回去的估计都遗忘你了”。“两边的工作都完成”，“定期需要回原学校进行汇报工作”，“感情上的沟通和交流还有反馈”，致使交流轮岗教师

“感觉还是那个学校的人”。

（二）认同撕裂的“边缘人”

“边缘人”亦产生自两种或两种以上的文化情境。但与“旅居者”不同的是，“边缘人”是处在两种不同类型群体生活边界的文化混合体，是两个群体、两个社会的接触点。[①]当一个人不得不学习两种或多种文化传统和行为规范时，他的边缘人格就产生了。[②]帕克将边缘人喻为文化的“混血儿”：“他是一个处在两种文化和两个社会边缘的人，无论哪一个都未曾完全渗入和融合。”[③]归属于“边缘人”的交流轮岗教师寄托在两个不同的文化群体之中，漫步于两种文化边缘。这种生活经历使他们几乎同时感受到两种不同文化类型的影响，也面临着流出校和流入校的文化碰撞与冲突。无疑，这部分教师具有典型的文化混杂特质和更为复杂的文化心理。

1. 在流入校中寻求地位而不得

在流入校，部分交流轮岗教师渴望加入新的群体，试图融入新的学校文化，哪怕是部分地融入。他们积极适应新的文化，服从学校的工作安排，参与各种活动。从政策层面看，交流轮岗教师被期待成为新环境中的教师领袖。这部分交流轮岗教师对此也有强烈的意识，关注自我在群体中的社会地位。他们专业实践经验丰富，满怀信心来到交流学校，力图把原有良好的、行之有效的工作习性和方式带入流入校，扩散自身的专业能量，期待发挥理想中的领导力，成为学科发展的“开拓者”“领头羊”。交流到农村学校的S老师说：“一般支教是名师来了之后把你这个团队带领……这边的老师年龄比较大，没有那些出去调研的机会，也没有一些学习的机会……我出去学习见的人多了，回来给他们说一说……有什么事我们就商量着来。”S老师力求通过团队建设、“传、帮、带”等方式来打开农村学校教师的视野，提升他们的专业素养，但这些努力并不为新同事所认可，“不需要我发挥，就是这个状态，你发挥也没有什么用”。也就是说，交流轮岗教师虽然将自己的专业品质带入了流入校，但无法让其在那里生根、成长。新同事“没有什么触动”的互动现实使得交流

---

① 阿兰·库隆. 芝加哥学派［M］. 郑文彬，译. 北京：商务印书馆，2000：213.

② Levine，D N. Simmel at a Distance：On the History and Systematics of the Sociology of the Stranger［J］. Sociological Focus，1977，10（1）：15-29.

③ 罗伯特·帕克. 人类的迁移与边际人［M］//周晓虹. 现代社会心理学名著菁华. 北京：社会科学文献出版社，2007：198.

轮岗教师处于“说了却没人听”或“不能说”的“失语”境地。这削弱了他们的参与积极性，退缩或逃避的心态与行为亦随即出现。

交流轮岗教师始终无法真正融入流入校的生活世界，作为教师领导者的地位并未获流入校的完全认可，处于试图加入本地群体而无法加入、被排斥的边缘状态。这一方面受制于新同事的工作习性和文化传统：“周围同事也只想按部就班地上课”，“没有教师愿意参加，他们只想把教学任务完成”。另一方面与学校的管理惯习和激励机制的阻碍亦不无关联：“没有相应的一些机制激发你……来了之后完成你自己的工作就可以了……现在就是感觉没有激发你的斗志的东西。”因文化差异乃至文化冲突所带来的群体排斥和人际交往困境尤其值得关注：“这几年学校来了一个城市教师，来教英语，我们学校原来没有会英语的老师，他来了我们本来是很高兴的，但是我们发现他有些‘目中无人’，跟我们说话张口闭口就是英文，我们怎么能听懂呢？时间长了，我们就不愿意和他交往了。”此外，交流轮岗教师与新同事之间亦存在资源和机会竞争。譬如交流轮岗教师因自身的专业素养而获得有关荣誉给流入校教师带来心理压力，而所获得流入校的资源支持更是被同事视为“侵入者”“竞争者”。这些都表明了交流轮岗教师与流入校同事的心理—社会距离和被排斥的一面。交流轮岗教师由此体验到难以融入新群体的边缘性身份。

2. 撕裂的认同

如果说轮岗教师在流入校中寻求地位而不得表明了在流入校的真实生存状态，那么在流出校也面临着同样尴尬的境地，即交流轮岗教师所言的“人走茶凉”。这通常发生在骨干教师身上。如S老师所说：“我们来了三年了，再回到原单位会有一些变动，本来基础很好，你回去人家不认可你了，对你自己发展不是很好，因为很多领导、中层骨干老师到了农村三年再回去，对你的发展是一个空窗期。给你什么职务呢，你是什么呢，原来你是教研组长，你回去了什么也不是了，有新的人了，不可能等着你吧。自己的发展有一个中断性……出来三年再回去，物是人非了，什么也不是，需要从头再开始了。”交流轮岗往往造成教师个人发展的“中断”和事业上的“空窗期”，致使教师失去诸多发展平台和机会，专业发展停滞甚至倒退。“两年之后回去感觉不知道是哪里人了，回去感觉不是那么自然了”，亦表明了交流轮岗后教师对流出校的疏离感。

可以说，交流轮岗教师生活在两个世界，通过两面“镜子”来看自己，同时面对旧的自我和新的自我。他们从原有文化群体中走出来，脱离自己所熟悉的“舒适地带”。在此过程中，新的文化群体并未能为其带来保护和安全感，而原有文化群体亦是其回不去的“家”。在认同模式的过程中，他们不被任何一种文化完全接受，而被两种文化边缘化。①两种学校文化造成了交流轮岗教师双重的文化认同模式。他们不知道自己到底属于哪里。他们不完全归属于任何一所学校，而是被两个世界分割，被两个群体所抛弃。他们的自我概念是矛盾的、不协调的，体验到了深深的认同危机。这种“分裂的自我”的冲突反映了交流轮岗教师无法加入任一群体而产生的认同焦虑与不安，以及内心深处的文化冲突。

（三）成功融入的“新来者”

在流入校，作为“陌生人”的交流轮岗教师也有积极的社会适应与社会融入的一面。此即为“新来者”的身份建构类型。“新来者”表明了新来者持续地探究其所接近群体的文化模式，成功融入新的群体，被其所接近的群体永久地接受或者至少是包容。②“新来者”这一身份建构类型体现了交流轮岗教师与流入校之间的亲和性。

首先需要关注的是流入校会做出什么样的调整以接受新来者。本研究发现，在“新来者”的身份建构类型中，流入校对交流轮岗教师多持友好、欢迎的接纳态度，“挺热心”“挺和气”。在制度设计上，学校“一视同仁”地对待交流轮岗教师：同样的安排、同样的要求、同样的机会，并给予相应的物质保证、自主空间与专业信任。如有学校专门为交流轮岗教师举办班主任论坛、“欣然就答应”拨经费支持其班级管理创新。这让交流轮岗教师觉得“我的一些想法能够很好地进行交流，或者说是能够施展”。新同事不视其为竞争对手、“敌人”，而是将其作为客人或者朋友，关心其工作中的困难和不方便：“来了就是一家人”，“没有什么界限、什么隔阂的”。交流轮岗教师的专业也得益于新同事的大力支持：“他给我一些点评，或者说是听我的课给我的指导，这些都是有很大的提高。……我原来讲课的时候一些陋习……经过几次他

① 阿兰·库隆. 芝加哥学派［M］. 郑文彬，译. 北京：商务印书馆，2000：48.

② Schuetz A. The Stranger：An Essay in Social psychology［J］. American Journal of Sociology，1944，49（6）：499-507.

的打磨之后，给我一种感觉：我会讲课了。之前的时候我自认为我会讲课，但是听他点评之后我觉得这才叫讲课。”同侪之间的讨论、互动与互助拓展了交流轮岗教师的专业视野和发展思路，提升了他们的专业发展层次。合作的文化氛围让交流轮岗教师体会到团队的支持和力量：“不是一个人在战斗”。通过群体接纳和重建自我认同，交流轮岗教师拥有群体归属感，实现更多表达自我的机会，持续提升专业能量。

陌生性也可激发交流轮岗教师的创新性。成为“新来者”的交流轮岗教师是具有创新性的“陌生人”。在交流动机上，这部分教师多以学习的心态参与交流：“想体验一下不同学校的文化，多学习”，“体验不同学校环境下的学生成长”。他们积极适应新环境、新岗位：“我感觉不管到哪个学校哪个工作岗位都是脚踏实地把工作干好”。同时，渴望与其他教师建立良好关系，搭建一个良好的人脉，留下一个好的印象：“向老前辈去询问，跟有些老师去询问，跟我们的业务领导交流，或者我们下班跟老师们一起走，咨询一下学校大致的一些情况。总之通过别人的间接经验、自身的摸索，然后慢慢适应。”为此，他们还兼任“打印机修理工”及“搬搬弄弄的劳力”。他们亦对自己在流入校的表现有所期待：“至少来了之后当你走的时候，这里的领导或者老师给你的评价说‘这个小伙子还行’……在这个基础上，如果能有那么一两件事能够让他们记住我，我觉得我在这个地方真的没有白待。假如说这一两件事回去后我还能继续把它们做大、成为我的特色，我觉得这是我更喜欢看到的事情。”他们还把将在流出校中无法实现的初步想法转化成行动。譬如W老师创新性地设计了“卡牌”这一种班级管理激励制度，并满怀憧憬：“回去之后，我想把这个制度做大，最好能够成为自己的一种特色。这个制度肯定也是需要逐步成熟和完善的，这种动漫配图是否会对孩子产生一些负面影响还有待研究，这些东西也是我往后要观察的。”

“新来者”对接纳群体的社会和文化结构亦会产生影响。也就是说，成为“新来者”的交流轮岗教师可谓积极的“破坏性力量”，对流入校的改革、发展、创新具有独特而又重要的功能。流入校的同事如是评价“新来者”的专业影响力：“对学校就感觉和新生力量一样有朝气”，“无论管理学生方面还是教学上的特色，我觉得都有那种交流、互相借鉴”。譬如上述W老师所设计的“卡牌”制度也在影响着新同事的专业实践行为：“我准备在对孩子的一些评价机制上有所创新”，“我们现在每个班几乎都用，每个班都很想试一下”。

三、结论与建议

教师交流轮岗是当下教育政策的热点议题。在国家和地方政策推动下，教师交流轮岗将日趋常态化、制度化。在新的实践情境中，交流轮岗教师将面临新的专业社会化，身份建构问题无可规避。通过实证研究发现，就深层次而言，交流轮岗意味着校际文化的碰撞与冲突。“陌生人”是交流轮岗教师共有的身份属性，表征着交流轮岗教师的外来性、客观性。深入分析交流轮岗教师在流入校的专业生存方式，发现“旅居者”“边缘人”“新来者”是交流轮岗教师身份建构的亚类型。每种类型皆表明了教师赋予交流轮岗的不同意义、应对新情境的实践方式，也蕴含着交流轮岗教师在流入校的不同社会位置和人际互动类型。

通过这三种亚身份，我们也发现了影响教师身份建构和能量发挥的一些因素。整体而言，交流轮岗教师的社会位置、个人身份是一个个体主动性和社会结构相互作用的结果，其影响因素是多元的。参与交流轮岗的动机、专业发展的愿景、能量发挥的意愿、个人领导能力等是影响交流轮岗教师身份建构的个人因素。这就说明，交流轮岗教师在流入校的社会位置在一定程度上是主观的，个体具有可选择的机会与空间。而流入校与交流轮岗教师的关系是动态、复杂、多重的，具有排斥与接纳、敌对与友好的双重性。流入校的制度支持、同侪接纳等“当地人”的态度与行为是不容忽视的结构性因素。正是受制于上述因素，交流轮岗教师身份建构在“排斥” 与“适应”这两个端点之间变动。

让教师“动起来”的形式、路径、策略的宏观设计固然重要，但更为根本、持久的则在于交流轮岗教师专业能量的发挥与辐射、积聚与沉淀。[①]这取决于交流轮岗教师与流入校双方的态度与合力。无疑，作为“旅居者”和“边缘人”的交流轮岗教师并未有机融入流入校，其能力发挥有限，与政策期待相距甚远。而成为“新来者”是教师交流轮岗的理想状态。基于“排斥—适应”的理解框架，我们提出如下建议。

首先，教师要端正交流轮岗的心态。一方面，教师需树立助力教育公平

① 叶菊艳，卢乃桂.“能量理论”视域下校长教师轮岗交流政策实施的思考［J］.教育研究，2016（1）：55-62.

的社会责任感和历史使命感，通过自身能量的发挥来促进乡村教育发展。另一方面，教师亦要坚定职业信念和发展理念，认识到交流轮岗实际上是自我提升的时代际遇。交流轮岗打开了教师专业学习的边界，拓展了专业发展的眼界。譬如，在交流轮岗过程中，教师可以体验到多元的学校文化，认识学生的多元性和学生成长的多样化。这有助于教师对多元和差异的理解，发展其文化敏感性和对社会公正的承诺，提升其针对不同文化背景的学生进行回应式教学的能力，从而助力于教育公共利益的实现。

其次，流入校要进行深层次的组织变革，从相对封闭性、孤立性的“单位”转变为开放、接纳异质与多元文化的公共空间，尽快帮助作为“陌生人”的教师融入组织并充分发挥“陌生人”所带来的创新与变革的能量。实际上，为促进教育均衡和教师队伍质量，学校中除有轮岗交流的教师外，还有以各种途径和形式进行交流的教师。流入校唯有成为开放型的学习型组织，充分包容接纳这些交流轮岗教师，才会更富有发展生机，充满活力。[①]这就意味着，流入校要帮助交流轮岗教师积极进行心理调适以尽快适应新环境、融入新文化，引导他们参与学校的教育教学活动。在此基础上，流入校尊重交流轮岗教师的个性和专长，保障他们学习和发展的权利，为其专业发展和能量扩散提供必要的平台、条件和机会，以激发其能动性和创造性，提升其专业自信和专业权威，帮助其获得积极的流动体验、重建个人精神家园。与此同时，流入校也要帮助交流轮岗教师与新同事建构相互倾听的同侪关系，打破教师之间的隔阂，引导他们进行专业对话、交流与学习。由此，交流轮岗教师才会成为推动学校教育变革、促进城乡教育均衡发展的积极力量。

［选自《教育学报》2017年第10期］

① 高义吉，唐汉卫. 全球化背景下日本教育的改革进路［J］. 外国教育研究，2015（9）：59–70.

05 教育信息化

再论创客及创客教育[①]

张茂聪[②]　秦　楠[③]

[摘要] 在数字化技术和制造技术融合的背景下，第三次工业革命所代表的创客运动席卷全球。以创造、共享、实践为理念的创客运动走进教育领域，不仅为教育界提供了新技术支持，也为教育变革带来了新契机，为教育发展注入了新鲜活力。从创客、创客理念、创客运动中的软硬件环境、创客文化，最终回归创客运动的逻辑理路出发，追溯创客运动的发展流变，发掘创客教育轨迹，明辨传统教育与创客教育的内在关系，在传统知识教育基础上通过构建团队，建设平台，改革课堂、教学及评价方式，形成创客教育体系，加快培养高素质创新型人才。

[关键词] 创客；创客运动；创客教育

目前，“创客”“创客空间”等词汇成为人们热议的话题，数以万计的“创客”弄潮儿不遗余力地将 DIY 精神产业化，激发各行各业产业大变革。由互联网与个人制造融合带动的这场创客运动势必开启创造模式，更新创业创新产业链，打造属于创客的黄金时代。创客教育更以其创新性、实践性、开放性、

---

① 本文系教育部新世纪优秀人才支持计划项目（项目编号：NCET-13-0881）的研究成果。

② 张茂聪，山东师范大学教育政策与管理研究中心教授、博士生导师，主要从事教育学原理、教育改革与发展研究。

③ 秦楠，华南师范大学教育学院博士生。

共享性等特质成为培养创新型人才、提高国民综合素质的新途径。

一、创客运动的发展流变

“创客”又名“Maker”，最早起源于1998年美国麻省理工学院（MIT）与原子研究中心（CBA）发起的以创新为理念、个人制造为内容的实验室（Fab Lab）。现阶段，创客指出于自身爱好与特长，利用新兴数字设备及开源硬件，将各种创意转化成实际物体的人，更加针对性地指向在机械、机器人、3D创作等工程化方面有浓厚兴趣的创作者。长期以来，创客们一直处于边缘地带。随着3D打印技术和以Arduino为代表的开源硬件平台的日益普及，电子产品制作成本降低、社区复苏等因素的影响，创客从边缘地带上升到主流区域，作为一种新兴角色走进大众视野，成为新一轮工业革命的先声。“创客”从传统手工业到现代科技，继承黑客（Hacker）的批判创新精神，发展极客（Geek）追求自由、独立、探寻精神，传承匠人（Craftsman）艺技精湛、严谨的理念。创客发明家不再一个人躲在实验室中进行试验，而是集合于开放空间内共同研究、相互协作，实现知识与灵感的碰撞，使用周围一切可利用的工具资源进行发明创造。创客代表一群人和一种生活方式，他们创作的动力来自内在目标、自身兴趣驱动，而非外部利益驱使。

（一）创客理念的萌生

在“大众创业、万众创新”的大潮中，创客理念作为创客运动的核心支撑为创客们提供了明确的方向与参考。在“互联网+”时代，创客理念被誉为一种文化，嵌入人们的生活学习方式中，已然变为不可缺少的时代理念。有学者提出可以引入教育中的七种创客理念，分别是将创意变成现实、做中学、乐于分享、协作学习、跨学科、运用信息技术、工匠精神。笔者认为，创新、实践、开源共享与工匠精神是创客运动体现最为深刻的四大理念。

1. 创新常态化。创客运动具有低门槛、高创造的特征，低门槛意为人人可创造、人人为创客。即便你只是改进了一件衣服，只要有创新点，就可称作创客。高创造意为站在高端科技层面，结合互联网技术，完成创造。创造活动的进行不再依赖配置昂贵设施的实验室，而是通过简单操作的微控制器和编程程序就可轻易实现的创新创造。互联网、开源硬件为我们提供了便利的平台，以想法、理念、热情、创意为武器，我们就能从劳动者转变成创造者。“创客运动”降低了草根创客创新的门槛，万众加入、万众创新，设计出高质量的产品。

2. 开源共享精神。在数字化与信息化时代，人类的能力极为有限，对大量信息的依赖促使我们必须从他人那里汲取知识。分享正变成一种趋势，任何人都可将自己设计的产品发送给商业制作服务商加工一定数量的产品，也可利用打印工具在家进行独立设计加工，我们自己控制商品加工的整个流水线，继而实现创意想法到实际利益的转变。在创客平台上，创客们分享知识帮助他人，同时也需要别人的帮助。在这样一个开放、共享的大环境中，每个人都秉承开源共享精神玩创作、玩制造。

3. 实践接入性强。创客运动为我国制造业的发展和经济创新提供一个新的契机。创客运动跨越虚拟世界与实体世界的鸿沟，打破规模经济的神话，运用数字制造技术、互联网技术和再生性能源技术，在社会管理方式、消费方式、生活方式等方面产生深远意义的影响。创客们将创造运动与互联网相结合——大众制造，通过互联网的网络效应，使得人人可动手，时时可动手，推动新兴产业的诞生与发展，推动人类进入高度文明的社会。

4. 数字工匠精神。工匠精神的本质是“敬业”“认真”，意蕴匠人对自己作品精益求精、精雕细琢的精神理念。工匠精神是传承，也是创新。创客运动的核心即为工匠时代的演进，以“快”为美的互联网思维与精妙匠人精神的结合就是创客运动所追求的数字工匠，数字工匠在保留了传统匠人精益求精的特点之外，与现代数字化科技结合，创造性研发满足消费者需求的产品。数字工匠具有开放共享意识、创新精神，追求细致，是创客社会必不可少的建设主力军。

（二）从创客理念到创客空间

创客运动源于美国硅谷的车库文化，在创新理念激发下，美国创客们将车库、地下室当作发明创造的集聚地，很多企业以车库为起点，缔造一个又一个传奇。1981年，德国柏林诞生了第一家真正意义上的创客空间—— 混沌电脑俱乐部，随之，创客空间这一概念就在全球范围内蔓延。创客空间集实验室、工作坊、社区等功能为一体，以创新创造为理念，应用互联网技术、高科技桌面工具、开源硬件，在全球范围内共享知识，发明创造，其理念与教育家陶行知的创造宣言理念不谋而合。目前，已有数以百计的创客空间，为创客们提供资源共享、创新创造的场所与平台。创客运动已经逐渐发展成为一个完整的结构，自身内部可以实现循环、有序的运行。

在我国，目前创客空间分布处于一种非均衡的状态，主要集中在北京、上海、深圳等大型城市，于经济实力，这些城市经济技术发达，资金雄厚；于政策倾向，政府支持力度大，提供完善的平台支持与政策优惠策略，因此，创客空间的发展如火如荼。如深圳柴火创客空间，是独立运行进行科技制造的空间，极具创作热情的创客们汇聚于此，完成众多作品与项目，充分展现大众创业、万众创新的活力。高校依托社会支持、政策辅助，把创客空间搬进校园。就目前形势分析，创客空间及理念悄然改变校园内部生态系统，激发校园活力。较社会而言，创客空间在校园运营极具优势。其一，众多学习者为创客空间注入大量人才，激发创作热情，创意作品不断问世；其二，创客空间为教育延展到实践层面，保证理论与实践结合；其三，校—政—企三方助力，拓展学生就业途径。

（三）从创客空间到创客文化

创客运动是创客文化的载体，是时代发展的必然产物。其一，安德森给第三次工业革命一个全新的解读——“创客运动的工业化”，以数字制造、个人制造、信息技术、绿色能源交互融合为基础的第三次工业革命为人类历史带来新的机遇与挑战。互联网转变了信息的传递方式，使世界趋于一体化，为不同国家、区域、行业在获取信息方面实现无障碍传递。其二，开源硬件的民主化。近两年，以Arduino为代表的开源硬件运动在世界范围内备受瞩目，其软硬件设计资料均全面开放，体验群已然从行业专业人士扩展到学生、大众群体中来，开源硬件平台的出现，降低了普通人参与开源硬件的门槛，全世界的信息资源得以共建共享，加速信息更新速度。其三，我国制造业模式的转变。基于人们对个性化、定制化的需求，我国制造业由大工业化、复制化向数字化、定制化方向转变，工业与人类劳动日渐分离，大规模、高成本生产转向小规模、低成本制造。互联网兴起、开源硬件民主化及制造业模式转变等几股洪流汇聚，使创客运动兴起具有一定的必然性。

（四）从创客文化到创客运动

创客运动是对原存于我国历史深处的创造文化的还原、激发与落实，同时将创客文化植于群众日常生活，推动大众群体开展创新创造活动。创客运动目前尚没有给出明确定义，仅仅描述一种创客现象。安德森说：“人们用数字化工具在线制作可以触摸的实实在在的物体，这即为创客运动。”[①]在中国，创客运动的发展如火如荼，其源头可追溯至20世纪80年代的DIY文化，DIY人群的共性是基于内在的兴趣驱使，借助于小范围的团队力量，实现个性化定制。近两年，深圳通过自身完善的硬件产业链，发展为全球制造业重镇，创客人群一时间在深圳大量涌现。2015年首次将创客运动与国家战略结合在一起，成为创客运动在全国范围内爆发的助推器。互联网作为当代社会基础手段，加之Maker Faire和Maker Space二者不同程度的发展，成为创客运动兴起的催化剂。创客运动是一场社会运动，与生活、经济、文化息息相关，它已然建构一种新型制造文化，刷新人们的价值观念。

二、创客教育的发展轨迹

以创造、实践、共享为特征的创客运动在风靡全国的同时，也走进教育领域。创客精神与教育追求的制高点不谋而合，为我国教育注入了新鲜的活力，不仅为教育界提供新技术支持，同时创客理念也为教育变革带来新契机。其满足了人们对于优质教育资源的需求以及对于个性化发展的期盼，至此，创客教育应运而生。

何谓创客教育？创客教育即用创客的理念改造教育，培养学习者科学、技术、工程、数学、艺术方面的信心、创造力和兴趣。创客教育是近几年在校园兴起的一股创新热潮，它与“互联网+ 技术”相结合，遵循“开源创新、动手实践、创新创造”的教育理念，以“探究”为主要学习方式，是以培养新世纪高素质人才为目的的创新教育模式。这是一种边创边学、回归本真的教育，弥补了传统教育忽视兴趣和动手能力的缺陷，不仅仅停留在课本知识的学习，而是上升到经验学习，学习如何创造的过程，盘活学生的创造能力，让学生积极动手，实现从消费者到创造者的转变。

创客教育不仅仅停留在教学方法改革、教学内容增减层面上，而是教育功能的重新定位，是带有全局性的、结构性的教育革新和教育发展的价值追求，它找到未来教育与传统教育的平衡点，开发特定的学习领域，以培养自身的创造能力、协作能力、解决问题能力为制高点。

创客教育的解放与补充作用不排斥与否定知识教育，知识范围的延展以

① 克里斯·安德森. 创客：新工业革命［M］. 北京：中信出版社，2012：11-19.

及数量增长是创造潜能激发的充分条件，知识与创造是潜相交通、互为因果的，创客教育体系的构建还需建立在学生知识成长的基础之上。

（一）为传统教育予以自然属性

“归于自然的教育”是服从自然法则，顺应学习者的天性，促进学生身心发展的教育。[①]创客教育秉承以上理念，合乎学习者天性，体现学习者主体地位，呈现原始“边学边玩”的学习状态，这是经验学习而非传统意义的知识学习。创客教育完善传统教育的失却功能，不局限于符号知识，更加强调其生活功能，转向自我世界的建构。创客教育坚持“做中学”“快乐学习”“分享”理念，加深知识符号世界与精神世界的连通，不再拘泥于四方课堂，在创客专家指导下，利用信息技术制作、交流、设计，从而进行跨时空学习。学习无处不在，身边一切事物均可以成为我们学习的对象，在学习中“玩创新”，使教育“回归自然、回归常态”，使得学习者在实践尝试中逐渐领会到学习的真谛。学生与教师的角色均发生了翻天覆地的变化，学生从被动灌输者转变为自身教育的意义建构者、规划者；同时，教师从一个权威主导者变为学习活动的协作者，教师要学会将课堂打造成充满创意的创客空间，鼓励学生发明创造，激发学习者的内在潜力。

（二）实现从分散到整合的学习过程

创客教育与STEM教育是实行创新教育的两大主要途径。STEM教育是美国培养创新、创造人才必不可少的力量。莫里森认为，STEM四大主力学科原处于分散、隔离状态，在实质教学过程中，从机械叠加转向交织融合，其代表着一种新的教育理念、学习态度、学习方式方法。

一是课程整合性。披览我国创客教育实践情况，诸多问题亟待解决。首先，课程体系中有关工程、技术、科技等课程少之又少，严谨且有理论支撑的课程体系与教学计划尚未形成，学科间分界亦明显，关联性极低。其次，教师数字专业素养没有达到相关高度，没有教师统领的创客教育实施如同一盘散沙难以推进。最后，学生解决问题的意识与能力依旧薄弱。因此，将创客教育元素引入STEM 教育是教育改革史上难得的契机。探索 STEM 教育、创客教育等新型教育模式，开发学生潜在的信息意识和创新能力，在实践中融合数学、艺术、物理等多种学科知识进行创造，培养学生分析问题、解决问题、团队合

---

① 卢梭. 爱弥儿［M］. 北京：商务印书馆，2014：6.

作、创新实践能力以及21世纪不可或缺的数字素养，以整体、联系、发展、变化的眼光分析学科之间的关联性，寻找整合点，形成结构化课程结构，克服传统学科之间的孤立、片面等缺点。

二是学习过程整合性。创客教育过程涉及诸多显性/隐性知识。一类实践性问题的解决不可单纯依附一类知识，不同知识的融会贯通方能为问题的解决助力。学习者明确学习目标，依据具体情景调用步调式学习方式，逐步实现最终目标。例如，我们最终要学会知识A，但是需要应用到B、C、D等方面的知识，学习者以步调式学习学会B、C、D知识，层层递进实现目标A。学习过程中，必定经历反复“试误”，方能达成目标。

（三）打破学习桎梏实现无障碍教与学

“用开源精神改变世界”一直是创客运动的口号，是创客的核心价值观。鉴于传统教育单调、标准化、忽视学生内在需求等弊端，高校极力将创客精神引入学校教育。创客精神最主要体现在信息开源，具体指教育资源的可获得性，“慕课”“微课”“网络公开课”等在线学习平台的盛行，互联网提供的庞大信息资源库，世界各地的学习者都能随时获取免费教育资源，包括一系列课程资料、学习指导文件、开放软件等，学习者从外界互联网中按需选择资源进行内部加工重组后，经过内化吸收创造，生成创造性知识并反馈到外部大环境中，这是一个双向的过程。创客教育认为信息、观点是共享的，我们既能自己创造观点，同时又能借助别人的成果完善自己的学习过程。地球正逐渐融通成一个整体，学习者在外界互联网络上随时获取资源，提升学习效率，教与学的无障碍性更加凸显，只有用开源教育理念才能培养出适合新时代的开源人才。

由上观之，创客教育是在创客理念的宏观指导下对传统教育内在的改革与更新，同时结合各学校内在实际情况进行创生性活动的过程。

三、创客教育体系的构建

创新是经济发展的根本动力，而创客教育的实施能够保障创客人才的培养。创客教育体系是打造创客人才的前提条件和基本保障，这对我国教育提出了更高的要求。（见下图）

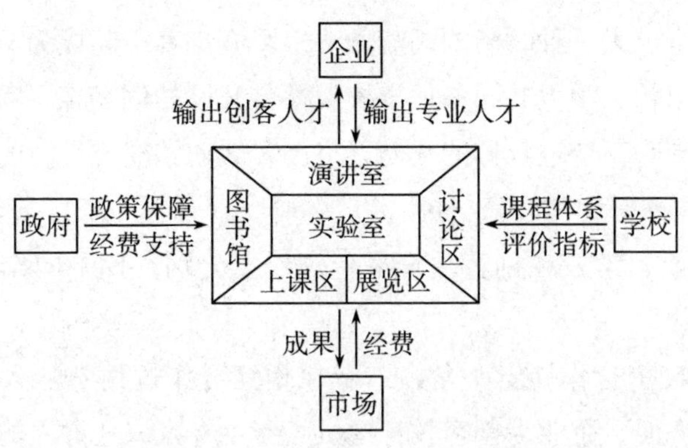

创客教育运行体系

（一）教师、学生、家长三方协力共筑创客教育团队

学生创客之间也存在细微差异，充分挖掘学生内在不同之处，并借此实行个性化教学。低年级层次的创客培养主要进行入门级教育，诸如桌面工具的识别及使用、用基本材料完成简单造型，学习简单的观察方式及恰当的记录方式，以动手、动脑为出发点，在此阶段，培养的方向分化程度并不明显；中年级的学生创客应具有对作品的初步创意与构建，发展于事物的观察能力、团队合作能力、自主探究能力，学生能在教师的指导与引领之下，完成简单作品从意识到形态的转变；高阶段的创客培养对专业化要求较高，基本是基于项目的研究，此阶段的学生创客已有一定的跨学科知识积累，确定特定的研究领域与方向，作品设计与社会接轨，具有一定的商业价值，继而向纵深方向发展。

在“大众创业、万众创新”的大趋势推动下，学校创客人才的培养应以学校教师的培训为始，教师是学校推行创客教育的中坚力量。培养方面主要包括创客工具的使用、创造思维与唤醒内在的创造潜能。通过对现阶段我国高校与中小学开展创客教师培训经验的反思与积累，提出培养优秀创客教师的一系列措施。第一，对创客教师实行系统培训，学习先进的桌面工具，积累创客教育经验；第二，建立教师经验交流平台，用于分享经验，共享创作成果，在线交流评价；第三，实行“引进来”与“走出去”的教师发展政策，从社会引进创客专业人才进行定期培训，同时鼓励教师“走出去”，去社会创客空间和其他学校进行参观；第四，高效的教师激励制度，有利于激发工作热情，保障创客教育实施。

随着创客运动的日渐普及，家长也成为创客大军中不可忽视的重要力量，成为创客活动的参与者、支持者、贡献者，将家里的闲置角落转变为孩子的"工作室"也成为一种时尚的潮流做法，家庭创客空间成为学生学习的延展课堂，同时，家长、学生共同参加学校、社会开设的创客亲子互动课程，在提升科学素养的同时，增进双方的互动，将创客活动转变成生活的一部分。

（二）合作齐搭创客教育平台

社会、企业、学校在创客教育平台搭建上分别发挥不同作用，扮演不同角色。

现阶段，校企合作崭露头角，二者在相互合作过程中互惠互利，取得利益最大化。一方面，企业为创客教育提供经费、专家人才方面的软实力支持，建设未来和企业职场之间的衔接管道。例如，温州中学的创客教育建设得到了国内创客类DFRobot企业的支持，提供一系列资源工具支持高校创客教育的开展，如3D打印机、激光切割机、学习套件等，建构创客教育实践场，同时举办大型活动，期间派遣创客专家莅临指导、现场演示，还提供相应的费用支持创客学习者参加大型创客展示活动，为创客学习者提供了多样化的学习途径。另一方面，在校创客学习者推出一系列创新产品与服务，使企业受益。

学校主要致力于多功能创客空间的建设，集开放实验室、社区活动室、图书馆、博物馆的功能为一体，适应基于项目和实践的学习，制定合理的运营计划，由管理人员、专业技术人员、志愿者组成工作团队，借助于创客企业与社会创客空间的支持才能保证学校创客空间的顺利运行。设立"创客交流中心"，开展创客教育协作联盟，举行"创客论坛""创客发明展览""创客比赛"等一系列构建创客校园文化的活动，吸引更多的利益相关者加入进来。

政府部门方面，对创客教育予以的关注程度明显不够，亟须加大对高校创客教育开展资金的投入力度，设定专项基金，颁布一系列创客教育激励保障政策，激活内部蕴含的能动活力，赋予企业、学校更多话语权，拓宽创客人才的就业渠道，创造多样化平台，构建创新创业生态环境，满足创客不同阶段的需求；只有通过高校、政府、企业三方联合助力，才能使得高校创客教育实施有实质性进展。

（三）课程、教学、评价方式三手共改构建创客教育

1. 构建整合性的创客课程体系。创客教育改变了学校的教育内容，那么，相应的课程体系也会发生变革。创客课程的构建由丰富课程广度向提升课程深度进阶，培养创客学习者同时操控软件硬件的能力。现阶段，众多学校精英教师致力于创客课程的开发，旨在构建适用于自身学校特色的课程体系。创

客课程的开发主要注意以下几个方面：首先，创客课程的跨学科性。创客课程是一种综合性的教材，发展学习者动手创造、分享合作等多方面能力，创作过程中也会应用到各个学科的知识，所以，创客课程需与程序课、应用课、实践课、科学课同步推进，注重学科知识的综合性。其次，创客课程要注意科技化和智能化，开发智能科技设备类课程，教会学生如何用，提供必要的工具支持，有助于创客们在创造过程中得心应手。

创客课程体系开设的一系列跨学科课程，旨在实现创客课程与传统课程的对接，培养学习者的创新思维与实践技能。创客课程体系主要包含三个模块。一是智能工具使用类课程，满足学生从事构想—设计—扫描—打印输出的一体化加工过程。根据学习者的实际需求开设 Sketch Up 3D 设计课程、Kinect 3D体感摄影机课程以及3D 打印机课程等①，同时将此类课程与软硬件编程结合起来，以此提升学习者的动手实践能力。二是软硬件编程课程，开设类似Arduino的相关课程，Arduino最主要的特点就是开源性，每个学习者在开源协议的范围内均可以根据自己的想法修改原始设计及相应代码，然后将自己的创意想法分享给其他学习者参考学习使用。三是提升学生数字素养方面的课程，提升学生的数字素养不能只是一味地说教，而是边实践边探索，理论与实践相结合才能最大限度地提升数字能力。

以上这些课程的选择是学习者依据自己的兴趣爱好以及在制作过程中的需求而进行的开放性选择，保证学习者在学习过程中学到的都是有利于自身制作的知识。将创客课程体系划分为必修课与选修课、理论课与实践课等，有利于学生建构自身扎实的学科理论基础，并与实践知识相结合，构建一种“做、学、创”一体化的课程体系。

2. 开发新型的教学形式。以 3D 打印为主要标志的第三次工业革命时代，将一定程度转变我们现有课堂的教育教学形态。区别于传统课堂的“千校一面”“体制僵硬”等特点，制作式课堂能使学生更加直观体验课程设计与工程加工，将理论与实践接轨，理解所学知识，培养学生的创新意识和创新能力，激发学习热情。在创客教育的课堂上，每个学生都可以成为一个“工厂”，“工厂”时时可见、处处可见，每个学生都能成为发明家。

① 蒋苹，谢作如. 跨学科、智能化的创客类校本课程开发［J］. 中国信息技术教育，2014（11）：5-7.

一是项目合作探究式学习。基于项目的探究是创客教育中最主要的教与学的形式，推行以项目为主导、学生为主体、基于学习者兴趣的探究方式。第一步，要找到学习者感兴趣的“具体经验”，确定项目主题。第二步，分配与选择任务，一个完整的项目包含若干的任务，学生依据自己的能力选择感兴趣的任务，明确分工，学习相关的理论知识，在理论层面找到解决问题的方式方法。第三步，项目制作阶段，具体包括专家指导，学生合作，设计解决方案，购买相关的制作材料，反复试验，这是最核心的一个环节，学生在设计探究过程中完成任务，同时提升自身的任务解决能力与创造能力。第四步，作品完善与展示阶段，将作品通过一定的平台进行展示，如教室展览、网络展示，加强学习者与制作者之间的经验交流，促进进一步的项目完善。

二是组建虚拟团队。虚拟团队即成员群体，指处于分离状态的研究者通过信息技术和移动设备联结组合进行发明创造，项目完成后团队自动解散。这并非一个固定的群体，而是时刻动态发展变化的。应用于创客教育不失为一种新型的学习形式，虚拟其实更倾向于不确定之意，即团队之间的成员关系在一个时间段不固定，随时变动，一个人可以在时间不冲突的前提下加入多个团队，形成一人对一伴、一人对多伴的合作状态，学生主体之间的关系主要以兴趣、特长等因素为黏合剂，呈现多维交叉状态，极大地提高了学习工作的效率，创造实在的价值。创客教育的课堂是一个没有绝对权威的场所，所有学生均可以自由发挥，在动手操作、钻研过程中汲取知识。创设虚拟团队能够动态地搜集不同领域的人才资源，使每个学生涉及更广泛的知识面。

三是学习分工模块化。模块化概念，指按照一定的联系规则将一个复杂的系统或过程分解为可进行独立设计的半自律性的子系统，然后按照某种联系规则将可进行独立设计的子系统（模块）统一起来的行为。[①]在工厂式课堂上，任务被分解成不同的模块，每个学生根据自身资源、比较优势与竞争实力分别完成相应的模块，发挥创新创造能力，形成了网络式的学习组织新模式。学习者遵循特定的规则协调良好地完成模块，学习分工模块化是协作学习最好的体现。

3. 研发创客教育评价标准与激励机制。传统教育评价从孤立的角度出

① 周洪宇，鲍成中. 大时代：震撼世界的第三次工业革命［M］. 北京：人民出版社，2014：84.

发，使用单一僵化的评价方法，割裂学习者自身发展潜能与社会生活的关系，因此评价结果往往极具片面性。创客教育的评价指标增设新要素，更符合学习者与教育者对人本主义的追求。首先，学习者的创造协作能力、发散思维、解决实际问题的能力成为评判一名优秀的创客人必不可少的指标；其次，学习者的创作成品、开发项目均在评价结果中占有一定的比重。一套完整评价指标体系为创客教育的规范化开展提供了工具支持与方法指导。在评价方法方面，使用多样化、实用性强的质性评价手段——档案评估法、苏格拉底的研讨评定法、观察法、表现性评价法等；注重过程性评价，采用学分制的计分方式，易于形成全方面、客观的整体性评价。

优质的教育评价标准加合理的激励制度，才能激发学习者、教育者全部的创作热情。将科研、创新性教学工作量和教学成果作为学校评定各院系教学工作、创新人才培养方面的重要评价指标，在教师职称评定和岗位聘任时予以优先考虑。对于完成重大创客项目或有优异成绩的创客学习者给予经费支持，同时根据表现分配更大的创客空间进行科研活动。

在这个创客时代，以创客精神理念为指导，创客教育通过在线学习平台提供丰富的资源，学生们在创客空间中将创意转化为实体，利用新时代数字技术进行设计、制作、共享、个性化学习，在规避大规模生产的同时，通过DIT（do it together）制作所需的物品，满足了个性化、定制化需求，为培养科技创新能力奠定扎实的基础。

［选自《教育研究》2017年第12期］

学生感知的数字化游戏挑战水平与学习注意力关系研究[①]

王广新[②] 刘兴波 李 通 陆 宏

[摘要] 注意力对学生认知活动中的感知、记忆、思考等都发挥着至关重要的作用，该研究以游戏理论中“挑战”概念为核心考察了游戏开发规则和机制对注意力的影响。该研究在梳理学者对挑战认识的基础上，把游戏挑战概念分为认知挑战和躯体挑战两个构成要素，研究结果表明学生的性别和游戏经验在两种挑战类型上存在显著差异；采用回归分析发现学生感觉到的认知挑战水平与学习注意力呈现倒U型曲线关系，学生感觉到的躯体挑战水平与学习注意力呈现正U型曲线关系。这些实证研究结果提供了挑战与学习效果的关系，明确了认知挑战与躯体挑战对学生知觉任务操作产生的影响差异，这为教育游戏的挑战设计提供了理论参照。

[关键词] 数字化游戏；挑战水平；认知挑战；躯体挑战

一、引言

按照目前数字化游戏设计的思想和教学实践的成果来看，它可以为学生

---

① 本文系2012年山东省社会科学规划项目“数字化游戏促进学生认知能力与情感发展的实证研究”(项目编号：12CJYJ03）的阶段性研究成果。

② 王广新，山东师范大学教育学部教育技术系教授，主要从事网络远程学习和计算机教育应用。

创建一个纷繁复杂的交互式学习情境，利用数字化游戏开展学习活动不仅能令学生产生迷人的愉悦体验，也能产生更高质量的教育成果。许多学者已经意识到了数字化游戏在教育和学习中的这些价值，如万力勇等人[①]认为利用数字化游戏能为学生创建有意义的学习体验；陶侃[②]认为游戏是一个具有强大功能的媒体，它能促进学生的心理动作技能和认知技能的发展。

最近二十几年以来，研究人员不仅开发了适合各种学科内容的数字化教育游戏，还阐释了游戏设计所依赖的学习理论，以及游戏开发的规则和机制，如目标、反馈、竞争、挑战、交互等。可是，教育领域的研究者在理解数字化游戏的学习效果和教育意义时，特别关注如何用学习理论指导游戏的设计和开发，鲜有文献探究游戏规则和机制对学习活动和学习结果产生的影响，这极少的效果研究也多是评价游戏规则和机制对学生动机和情感的影响，而对它们如何满足学生认知活动目标所做出的解释缺乏实证研究的分析。因此，我们有必要利用实证研究的方法来解释这些规则和机制在游戏化学习中的相互作用过程，以及分析它们是如何与学习理论整合在一起满足了学生的学习要求，这对正确理解和合理应用数字化游戏于教育和学习活动都会产生积极的影响。

本研究选择游戏开发规则和机制中的核心概念“挑战”作为研究对象，根据以往的研究成果明确定义挑战的内涵，依此详细概念化挑战的结构和构成要素，运用实证研究方法测量游戏化学习活动中挑战机制对学生注意力的潜在影响。

二、理论阐释

挑战是游戏理论体系中的核心概念，它承载着人们对游戏的愉悦体验和获得高品质学习结果的期盼。目前对挑战概念认识的模糊性羁绊了人们对它的功能分析，这需要从理论视角厘清认识上的差异，奠定检验游戏挑战性影响学习结果的研究基础。

（一）关注数字化游戏挑战性的缘由

数字化游戏是20世纪50年代诞生于美国的大学和军事单位实验室，这个

① 万力勇，赵鸣，赵呈领. 从体验性游戏学习模型的视角看教育数字游戏设计［J］. 中国电化教育，2006（10）：5-8.

② 陶侃. 数字游戏中的心理动作与认知发展［J］. 中国电化教育，2010（1）：68-72.

时期只有大学机房的学生和实验室工作人员在大型计算机或屏幕很小的黑白示波器上玩耍，直到20世纪70年代末专门运行游戏的街机问世，数字化游戏才成了流行文化的符号，因此，数字化游戏出现了几十年之后的20世纪80年代初，游戏研究才开始登上学术研究的大雅之堂，成为严肃的学术课题①②。

无论是早期的研究者还是时下的研究者都十分关注数字化游戏特征的描述和游戏设计机制的分析，他们的研究内容中很多都提到了游戏设计和开发分析的一个关键概念——挑战。这些研究者对“挑战”于游戏关系的认识分成两种：第一种是把挑战作为数字化游戏的基本属性或特征，类似的如Malone③的研究认为游戏动机的关键特征是幻想、挑战、好奇，Garris等④认为游戏中的幻想、规则/目标、感官刺激、挑战、神秘、控制是有助于实现高品质学习的六个基础特征；第二种是把挑战作为数字化游戏的关键构成要素，如Prensky⑤认为数字化游戏由规则、目标、结果/反馈、挑战/竞争、交互、故事等六个关键结构性因素构成，其中挑战/竞争是游戏的核心构成元素。那么，为什么游戏研究者把挑战作为游戏的基本特征或基本构成要素呢？

这正如游戏设计师Crawford⑥所说，勇于挑战是人性的一个基本要素，人类会在生活的所有领域如社会、工作和艺术活动中用一生去寻求新的挑战，提高自己的身份认同感，从而获得自我满足。Crawford对挑战的观点符合了Deci关于内在动机的观点，“人类不仅尝试战胜他们所遇到的挑战，而且他们也寻找最佳的挑战情境”⑦。其实，学生在学习情境中的表现也是如此，如Harter

① Rogers S. 通关：游戏设计之道［M］. 北京：人民邮电出版社，2013：3.

② 关萍萍. 互动媒介论电子游戏多重互动与叙事模式［M］. 杭州：浙江大学出版社，2012：21.

③ Malone T W. What Makes Things Fun to Learn? A Study of Intrinsically Motivating Computer Games［C］//Proceeding of the 3rd ACM SIGSMALL Symposium and the First SIGPC Symposium on Small Systems. Palo Alto：Xerox，Palo Alto Research Center，1980：162-169.

④ Garris R，Ahlers R，Driskell J E. Games，Motivation，and Learning：A Research and Practice Model［J］. Simulation & Gaming，2002（4）：441-467.

⑤ Prensky M. Digital Game-based Learning［J］. Computers in Entertainment，2003（1）：1-4.

⑥ Crawford C. On Game Design［M］. Indianapolis：New Riders Publishing，2003：55.

⑦ Deci E L. Intrinsic Motivation［M］. New York：Plenum，1975：89.

等人[①]认为学生学习最大的快乐就是来自解决最具挑战性的问题，很容易解决的问题产生相对较少的满足感。学生之所以被游戏化学习活动所吸引，就因为其天性就是趋向竞争性的，“愿意享受游戏活动的关键要素之一就是经历挑战和竞争的情境，它让学生在游戏活动中获得兴奋，激励他们焕发出充沛的精力和创造性的思想”[②]。这正如Sherry等[③]对大学生、中学生和小学生游戏化学习结果的调查，他们认为挑战是各阶段学生“玩视频游戏”的首要原因。因此，游戏的挑战性对学生的学习活动产生影响的机制与结果都值得研究者关注。

（二）游戏挑战内涵的理论阐释

现有的数字化游戏研究文献显示，挑战被诸多研究者确定为激励游戏化学习的一个重要支撑因素，但这些研究者在挑战内涵的认识上各具差异。正如前面所述，有的研究者把挑战作为游戏属性，有些研究者把挑战作为游戏的构成要素，这使得设计评价游戏挑战工具时经常表现出缺乏应有的透明度，如一些研究者在对学生感知游戏挑战水平的研究中使用的调查题项仅是一项“如果把该游戏的挑战水平分为10级，你感觉它的挑战水平为多少级”，因学生对挑战认识的差异使得他们对其评价水平的基点存在模糊空间；即使有一些研究者企图使用多个题项详细考察学生对挑战的反应，但其题项也很难被学生理解，如用“当我掌握游戏的某个方面时，我感到骄傲”和“我喜欢通过视频游戏寻找新的和创造性的方式”[④]等题项评价学生的挑战体验。因此，我们亟须需阐明这一概念，以使在讨论挑战与数字化游戏的关系时，明白它究竟

① Harter S，Whitesell N R，Kowalski P. Individual Differences in the Effects of Educational Transitions on Young Adolescent’s Perceptions of Competence and Motivational Orientation［J］. American Educational Research Journal，1992（4）：77-907.

② Amr K. Learning Through Games：Essential Features of an Educational Game［D］. New York：Syracuse University，2012.

③ Sherry J L，Lucas K，Greenberg B S，et al.Video Game Uses and Gratifications as Predictors of Use and Game Preferences［C］//Vorderer P，Ryant J. Playing Video Games：Motives，Responses，Consequences. Mahwah，NJ：Lawrence Erlbaum Associates Publisher，2006：213-224.

④ Sherry J L，Lucas K，Greenberg B S，et al. Video Game Uses and Gratifications as Predictors of Use and Game Preferences［C］//Vorderer P，Ryant J. Playing Video Games：Motives，Responses，Consequences. Mahwah，NJ：Lawrence Erlbaum Associates Publisher，2006：213-224.

想表达什么。

从目前的文献来看，正如前面所述研究者对挑战的认识形成了两类观点。一些持“挑战”作为数字化游戏基本特征或属性的学者，把挑战定义为学生对游戏的体验，如Malone等①认为挑战是一种“最佳的心理体验”，挑战成功获得的成就感会引发高激励的情绪反应；Kim②认为挑战是玩家对个人能力相对于游戏（难度）的体验。而一些持“挑战”作为数字化游戏的关键构成要素的研究者，则会把挑战与游戏设计中的某个元素结合在一起，如Prensky③认为游戏的挑战是学生要尝试解决的问题；Vorderer等④强调游戏设置的障碍物和障碍通常被理解为游戏中的挑战。

虽然Prensky把学生要解决的数字化游戏中的问题等同于挑战，但同时又强调只有具有合适的冲突和对抗强度，能让学生产生强烈体验的问题才称其为挑战。其实，Prensky、Vorderer等所描述的挑战是对等于产生挑战的游戏元素，如问题、障碍物等，实际上在他们的研究中都是以学生解决这些问题或障碍的体验来分析挑战的成因与结果，本质上与Malone等人的认识是一致的，因此，学生在游戏化学习活动中的挑战感实际上是游戏玩家对完成任务的难度与自己拥有的技能是否平衡之间关系的感受和体验。Hsu等人⑤对挑战的定义最能体现这种观点，他们将挑战定义为学生是否有能力解决具有一定难度的游戏目标相关问题的感受。某个游戏是否具有挑战性是因人而异的，如果一个人的问题解决能力强，则这个游戏对他来说挑战性就小；如果一个人的问题解决

---

① Malone T W. What Makes Things Fun to Learn？A Study of Intrinsically Motivating Computer Games［C］//Proceeding of the 3rd ACM SIGSMALL Symposium and the First SIGPC Symposium on Small Systems. Palo Alto：Xerox，Palo Alto Research Center，1980：162–169.

② Kim C O. Designing for Learning：Multiplayer Digital Game Learning Environments［D］. Berkeley：University of California Berkeley，2010：89.

③ Prensky M. Digital Game-based Learning［J］. Computers in Entertainment，2003（1）：1–4.

④ Vorderer P，Hartmann T，Klimmt C. Explaining the Enjoyment of Playing Video Games：The Role of Competition［C］//Marinelli D. Proceedings of the Second International Conference on Entertainment Computing. Pittsburgh：Carnegie Mellon University，2003：1–9.

⑤ Hsu S H，Wen M H，Wu M C. Exploring User Experiences as Predictors of MMORPG Addiction［J］. Computers & Education，2009（3）：990–999.

能力弱，则这个游戏对他来说挑战性就大。这正如Engeser等人[①]所说，挑战是整合了学生感知到的难度和个体技能的复合体。

从上面的论述可以看出，挑战是游戏具有的特征属性，它的描述与三个要素密切相关：学生感知的挑战大小、游戏的难度和学生的胜任力。第一个是学生的体验要素——挑战，它是衡量一个游戏对某个学生是否具有强烈压力刺激的感觉，它是可以用高低、强弱来测度的；第二个是游戏的设计要素——难度，它是指“游戏需要学生付出努力的一种程度要求”[②]，即设计者在游戏中嵌入游戏情境的现实问题或人工智能对抗形成的要学生尝试解决的难题，这或者是有待破解的谜语，或者是游戏角色前进道路上的障碍等，设计者设定的问题复杂程度或人工智能对抗的激烈程度决定了游戏的难度；第三个是学生自身的表现要素——胜任力，它是学生在学习情境中获得一定的学习绩效所必需的潜在特征，它由个人特质、自我概念、态度或价值观、具体指示或行为技能等构成。

本研究认为，学生面对的游戏挑战一般是指在游戏化学习活动中个体解决问题所付出努力的自我感受或体验，即它是个体体验到的游戏难度与自我胜任力两个主观变量的函数。从这个视角来看，挑战是游戏的一种属性，它是游戏化学习过程持续推进的重要激励因素。

（三）评价游戏挑战的概念化结构与要素

Orvis等[③]从学生学习活动付出努力的角度认为，游戏的难度是游戏对于学生付出的体力和脑力劳动的程度要求，游戏通过对于学生的行为设定相应的难度标准来提高游戏玩家的知识和技能的水平。从Orvis等的游戏难度概念可以看出，游戏是从认知思维和身体活动两个方面对学生形成挑战。其实，这两种挑战可以从学生游戏化学习的实践活动中更容易体验到。设计者开发的游戏使得学生在游戏化学习情境中形成了心理和生理的压力，如在射击游戏中，学

---

① Engeser S，Rheinberg F. Flow，Performance and Moderators of Challenge-skill Balance［J］. Motivation and Emotion，2008（3）：158-172.

② 李通，陆宏，王广新. 教育游戏难度设置的波浪式缓坡曲线理论模型建构［J］. 电化教育研究，2015（2）：77-82.

③ Orvis K A，Horn D B，Belanich J. The Roles of Task Difficulty and Prior Videogame Experience on Performance and Motivation in Instructional Video Games［J］. Computers in Human Behavior，2008（9）：2415-2433.

生不仅要精确判断游戏中存在的所有障碍，而且要更快地移动部件，操控他拥有的武器来战胜强大的敌人，这需要学生利用掌握的先验知识和技能去克服这些障碍，他们在游戏化学习活动中能体验心理和生理两方面的负荷，也就是说游戏在难度设置上不仅要学生付出心理的努力，又要学生付出身体的努力。因此，按照Orvis等人的观点和对学生游戏化学习实践活动的体验分析，我们有充分的理由把游戏挑战概念化为“认知挑战”和“躯体挑战”两种类型。

本研究对游戏化学习活动中挑战概念的阐明，可以用学生在游戏化学习活动中的心智和身体的努力程度来表征他们解决游戏问题时产生的挑战，后面讨论数字游戏的挑战时是想用学生以自己的胜任力努力解决游戏内含的问题而产生的心智和身体的压力大小感觉来表征。因此，学生感觉到游戏的挑战是以学生的心理和身体的努力程度作为测量挑战的工具，这使得学生对挑战的认识更加透明。

三、研究问题的提出

本研究将以前面提出的挑战的概念化结构为基础构建研究的理论模型，从实证视角检验游戏挑战对学习结果产生影响的实质。

（一）学生的挑战感与游戏化学习行为之间关系的预设

既然学生感知的游戏挑战是源自游戏难度与自我胜任力之间相比较的结果，因此，一个游戏是否具有挑战性是因人而异的。如果游戏设计难度相对于某个个体的技能而言较高，就可以说游戏对这个个体就具有挑战性；如果游戏设计难度相对于某个个体的技能而言较低，就可以说游戏对这个个体不具有挑战性，或挑战性弱。我们不能简单地按照Malone等的观点把挑战一概视作“最佳的心理体验”，他们这种直接把挑战等同于Csikszentmihalyi的“流体验”的观点是不合适的。学生在游戏化学习活动中是否能体验到“流”的感觉“取决于进入个体意识的外在活动和自我内在目标协调程度”[①]，也就是说只有游戏的难度与学生的技能都处于高水平，并且二者之间基本趋于平衡状态之时，学生才能体验到高质量的“流”体验。

① 魏华，周宗奎，田媛，等. 网络游戏成瘾：沉浸的影响及其作用机制［J］. 心理发展与教育，2012（6）：651-657.

按照Prensky①的观点，如果游戏难度小而学生的胜任力较强，则游戏对学生形不成挑战，游戏化学习活动将索然无味，学生的行为表现就差；如果游戏难度大而学生的胜任力较弱，游戏对学生形成过大的挑战，学生的学习活动就会屡屡受挫，产生焦虑感，其学习行为表现也会很差。因此，本研究认为，游戏对学生的挑战感觉与学习行为的表现将会呈现出一个倒U型结构，如图1所示。

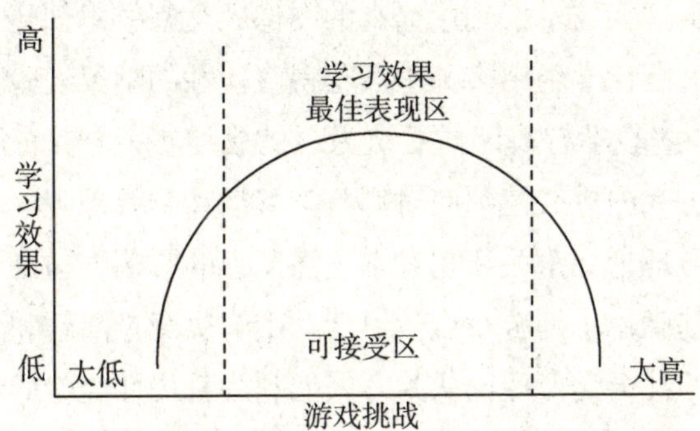

图1　学生感知的游戏挑战水平与学习效果的假想

图1对挑战思想的解释与Keller在ARCS动机理论中对挑战的认识基本一致，他认为“当挑战是平衡时，学生的主动性会更强，这样的话，学生不因学习过程太容易而变得无聊，也不因学习过程太困难而无法取得成功”②。从目前数字化游戏学习领域对挑战研究的成果来看，研究者以往主要关注挑战产生的影响因素，但关于游戏的挑战大小对认知学习行为的影响则缺乏明确和深入的研究，以往的研究只是认为适当的挑战水平是激发个体产生学习动力的原因，挑战具有自我强化学习动机的功能，但对它与竞争、难度等概念之间关系的认识是模糊的，至于它是如何促进个体学习活动的机制几乎没有讨论，尤其缺乏实证研究的结果。

---

① Prensky M. Digital Game-based Learning［J］. Computers in Entertainment，2003（1）：1-4.

② Keller J M. Motivational design of instruction［C］//Reigeluth C M. Instructional Design Theories and Models：An Overview of Their Current Status. Hillsdale，NJ：Lawrence Erlbaum Associates，1983：383-433.

（二）研究问题的提出

自从数字化游戏应用于教育以来，许多学者的研究成果显示这种令人着迷的交互式媒体会导致更好的教育成果，如Gee①认为利用视频游戏可以创建有意义的游戏化学习活动和教育体验。利用数字化游戏开展学习活动之所以能获得高品质教育成果，可以由班杜拉的社会学习理论得到解释，该理论认为，人类的学习行为不仅可以从直接经验获得，而且能从替代经验中获得，数字化游戏就是使用虚拟现实技术，利用逼真的图像和交互技术创建了一种具有丰富体验的学习情境，能让学生用多种手段获得替代性的学习经验。

Fu等②在对一些教学游戏评估后认为，挑战是使一个教育游戏有效的主要因素之一。那么游戏的挑战性到底对哪些学习活动有效果呢？本研究主要是从班杜拉的社会学习理论视角关注它对学生注意力的影响，这是因为这个结果是替代经验学习的基础，也是游戏化学习活动中解决疑难问题和发展批判性思维的基点。班杜拉的社会学习理论认为，人们利用替代性经验的学习活动是通过符号过程和瞬态经验转化为认知模型，这个行为转化的过程源自一系列的子过程，它包括注意、保持、生成和动机过程等。从班杜拉的社会学习理论看出，学生可以从游戏化学习情境中利用有关信息，转化成认知表征符号和信息，最终生成适当的行动，因此，游戏能否有利于集中学生的注意力是替代经验转化成行为和发展思维的基础环节，注意力的形成是认知加工过程的起始点。

游戏挑战将使得游戏化认知活动变得更具复杂性，这是因为游戏建构的虚拟世界使得学习活动成为一个选择性注意和神经心理加工的活动过程，学生要过滤和组织虚拟世界中设计者创造的感知信息。按照Engeser等③对游戏直接研究的结果表明，个人技术和技能超过任务挑战会导致积极的情感和注意力，使学生主动参与知识的整合，吸收知识并得到学习成效。因此，我们预测游戏的挑战性将直接对注意力结果产生积极影响。

① Gee J P. What Video Games Have to Teach Us About Learning and Literacy［M］. New York：Palgrave Macmillan，2007.

② Fu F L，Su R C，Yu S C. E Game Flow：A Scale to Measure Learners' Enjoyment of E-learning Games［J］. Computers & Education，2009（1）：101-112.

③ Engeser S，Rheinberg F. Flow，Performance and Moderators of Challenge-skill Balance［J］. Motivation and Emotion，2008（3）：158-172.

四、问卷编制和调查实施

根据前面对挑战概念的分析，以本研究建立的对挑战分析的两维模型为核心，将借鉴Hwang和Fu有关量表的题项编制评价挑战的量表，这为测量学生在游戏化学习情境中的挑战体验奠定基础。

（一）测量工具的选择与修订

剑桥高级学习词典把挑战定义为，某件事情需要强大的意志或体力去完成，以此来测试一个人的能力。本研究中的认知挑战主要是依照学生利用认知活动解决游戏化学习情境中认知负荷的努力程度来测量，即学生战胜这些心理负荷的心智努力的感觉程度。量表参照Hwang等①开发的游戏化情境中认知负荷量表改编而来，对题项的描述修改成学生克服相关认知负荷的努力程度的体验水平，共由6个题项构成，采用李克特自评式五点量表计分。本研究中的躯体挑战主要依照Fu等人②的“流”体验量表中的挑战题项修改而来，这些题项反映了学生控制游戏活动所付出的身体努力的感觉程度，共由6个题项构成，采用李克特自评式五点量表计分。

注意是心理活动对一定对象的指向和集中，它是伴随着感知觉、记忆、思维、想象等心理过程的一种共同的心理特征。本研究对注意的研究是依据Keller的ARCS动机模式，该模式中的“注意”源自期望价值理论中的价值，并借鉴其开发的教材动机量表（IMMS）中的注意分量表，检测学生在游戏化学习情境中对于注意的反应与感受③。Keller开发的测量注意力的分量表共有12个题项，修改后采用6个题项。

（二）实验材料的选择和方法设计

为有效评价学生数字化游戏活动的认知效果，选择《模拟挖掘机》作为

① Hwang M Y，Hong J C，Cheng H Y，et al. Gender Differences in Cognitive Load and Competition Anxiety Affect 6th Grade Students’ Attitude Toward Playing and Intention to Play at a Sequential or Synchronous Game［J］. Computers & Education，2013，60（1）：254-263.

② Fu F L，Su R C，Yu S C. E Game Flow：A Scale to Measure Learners’ Enjoyment of E-learning Games［J］. Computers & Education，2009，52（1）：101-112.

③ Keller J M. The Systematic Process of Motivational Design［J］. Perfomance and Instruction，1987（9-10）：1-8.

研究材料，这款游戏是由德国开发商Astragon Software制作的一款模拟游戏，它能让学生体验到驾驶挖掘机的乐趣和学到挖掘技术。本研究之所以选择这款游戏作为实验材料是因为它不仅要求学生操作计算机键盘控制挖掘的动作，也要求学生思考挖掘机的工作原理，以实现快速、正确的挖掘任务，也就是说完成该游戏化学习活动需要学生不仅参与策略的制订，还要根据认知结果完成精细的动作技能，即学生面临两种挑战——游戏策略要求学生具有决策技能，游戏角色的运动要求学生具有动作技能。

模拟挖掘机游戏活动包含了两种模式：训练模式和任务模式。本研究开始前采用训练模式让学生尝试驾驶挖掘机，进行试误性的操作练习，锻炼基本的操作方法；正式开始实验时采用任务模式，让学生在规定时间内完成相同的指定任务，比如将砂石挖到指定的地方，会根据完成情况和完成时间来进行等级评定。

在本研究中，游戏采用台式电脑呈现，其主频是2.00 GHz、2 GB内存、独立显卡、17英寸液晶显示屏，能利用鼠标、键盘来操作和控制游戏情境内的对象。

（三）研究对象与数据处理

本研究是在2015年春季实施的。为在实验过程中有效控制学生的实验过程，从2014季入学的学生中选取4个班学生作为研究对象，他们分别来自普通理科和文科，参与研究的学生共172人，其中男性学习者38人，占被试人数的22.09%，女性学习者134人，占被试人数的77.91%。

数据的录入管理和统计分析采用SPSS20.0统计软件。

五、数据整理与统计

本研究在调查结束后结合学生对两表的认知，首先对注意力量表、挑战量表的两个维度分别分析，剔除部分学生难以理解的题项，再对剩余项目进行了信度分析，结果显示认知挑战、躯体挑战和注意力量表的Cranach’s Alpha值分别是0.79、0.74、0.75，这表明修改后的量表具有较高的可靠性和信度。

（一）学生感知的游戏挑战水平和注意力的差异分析

本研究利用性别、玩模拟游戏经验对学生认知挑战、躯体挑战的感觉和注意力各维度进行了独立样本T检验，其结果t值如表1所示。

表1　学生对游戏挑战水平体验的差异检验结果

	认知挑战	躯体挑战	注意力
学生的性别	−2.174*	−2.876**	−0.330
有无玩过模拟游戏	−1.958*	−3.278***	−0.367

注：*p<0.05，**p<0.01，***p<0.001，下同。

从表1的统计结果可以看出，学生的注意力在性别和模拟游戏经验上都不存在统计上的显著差异。学生的认知挑战（男生M=2.511，女生M=2.804；玩过模拟游戏M=2.563，没有玩过模拟游戏M=2.808）、躯体挑战（男生M=1.980，女生M=2.364；玩过模拟游戏M=1.990，没有玩过模拟游戏M=2.391）维度在性别、模拟游戏经验上存在统计上的显著差异。

（二）学生玩游戏的经历与游戏挑战水平的相关分析

本研究对学生玩游戏的历史经验和每周玩游戏时间长度与认知挑战、躯体挑战和注意力的关系进行了相关分析，其结果r值如表2所示。

表2　学生对游戏挑战水平体验的相关性检验结果

	认知挑战	躯体挑战	注意力
玩游戏的经历	−0.125	−0.170*	−0.150*
玩游戏的时间长度	−0.108	−0.227**	−0.193**

从表2的统计结果可以看出，学生玩游戏的经历、玩游戏的时间长度与认知挑战的相关性不显著，这可能是因为本实验中游戏的认知难度较低，认知挑战的鉴别度低。学生玩游戏的经历、玩游戏的时间长度与躯体挑战、注意力呈现显著负相关，即学生具有长时间的玩游戏的经历或者目前每天玩游戏的时间长，他们对游戏的操作活动熟练，对本实验中游戏的躯体挑战感觉低，注意力也低。

（三）学生感知的游戏挑战水平与学习注意力的回归分析

为检验学生感知的游戏挑战水平与学习注意力之间的函数关系，本研究参照Cohen等人[①]同类研究的方法进行了处理。首先将自变量认知挑战、躯体

① Cohen J，Cohen P，West S G，et al. Applied Multiple Regression/Correlation Analysis for the Behavioral Science（3rd ed.）［M］. Mahwah，NJ：Lawrence Erlbaum Associates，2003.

挑战进行去中心化处理，获得两个自变量的一次项，即将两个自变量减去其平均数后生成新的自变量值；顺次计算二次项，即将认知挑战、躯体挑战去中心化的值进行平方运算。其次，将两类挑战的一次项和二次项纳入回归方程，其统计结果如表3所示。

表3 认知挑战和躯体挑战对学习注意力的回归分析摘要

	第一步		第二步	
	B	SE	B	SE
认知挑战（一次项）	–0.175	0.089	–0.039	0.096
躯体挑战（一次项）	0.127	0.089	0.059	0.092
认知挑战（二次项）			–0.256**	0.086
躯体挑战（二次项）			0.151*	0.072
△F	2.012		5.628**	
△R2	0.023		0.062	

统计结果表明，认知挑战、躯体挑战的一次项预测作用都不显著；认知挑战、躯体挑战的二次项显著负向和正向预测学习注意力，表明认知挑战与注意力、躯体挑战与注意力之间都存在函数关系。

在SPSS的回归分析中，利用曲线估计来检验自变量认知挑战对因变量注意力的最优拟合，结果显示采用“二次曲线模型”时R2最大，其概率达到了非常显著的水平，适宜采用二次曲线模型解释。学习者感知到的挑战水平与学习注意力的拟合曲线如图2所示。

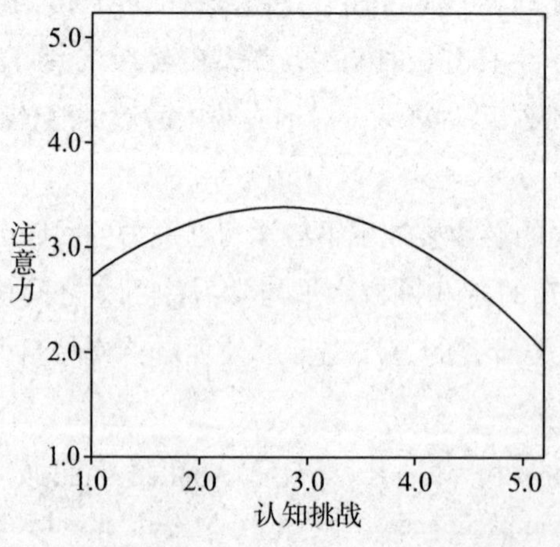

图2 学生感到的游戏认知挑战与注意力的曲线关系

图2的结果表明，学生感觉到的认知挑战水平与学习注意力二者之间为倒U型曲线关系，即中度水平的认知挑战更能吸引学生的注意力，而偏低水平和偏高水平的认知挑战都可能离散了学生的注意力。

在SPSS的回归分析中，利用曲线估计来检验自变量躯体挑战对因变量注意力的最优拟合，结果显示采用“二次曲线模型”时R2最大，其概率达到了显著的水平，适宜采用二次曲线模型解释。学习者感知到的挑战水平与学习注意力的拟合曲线如图3所示。

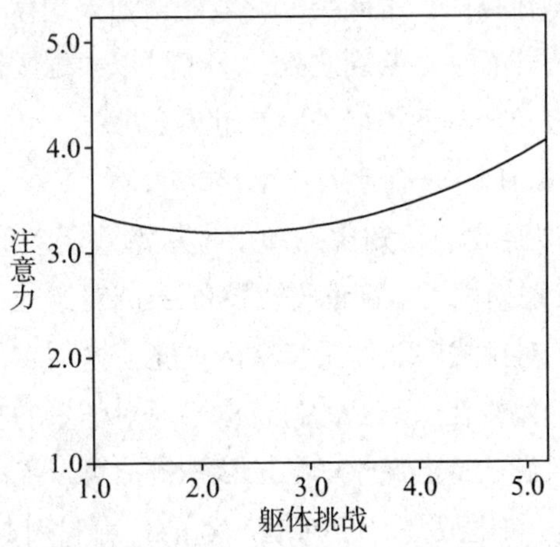

图3　学生感到的游戏躯体挑战与注意力的曲线关系

图3的结果表明，学生感觉到的躯体挑战水平与学习注意力二者之间为正U型曲线关系，即中度水平的躯体挑战离散了学生的注意力，而偏低水平和偏高水平的躯体挑战却提高了学生的注意力。

六、研究结果与实践意义

运用回归分析对挑战与注意力之间关系开展的研究活动，不仅有助于我们更好地理解游戏化学习活动的实质，也为我们设计数字化教育游戏的学习策略提供理论支持。

（一）研究结果

1. 学生的游戏经验降低挑战体验的水平

本研究的统计结果显示，学生具有的一般游戏经历仅对躯体挑战产生了深刻影响，降低了躯体挑战的感觉，而对认知挑战产生的影响不显著；学生具有的模拟类游戏经验对同是模拟类游戏《模拟挖掘机》的挑战感觉具有深刻的影响，它既降低了认知挑战的感觉，尤其是大幅降低了躯体挑战的感觉。

以往对游戏化学习活动的研究文献认为，教育游戏既能帮助学生学习知识、发展智力，也能帮助他们掌握技能，这主要是因为先前的游戏化学习活动能有效地支持学生建立有关的心理模型，还能提高学生的自我效能。学生无论是玩模拟游戏还是其他类型的游戏，他们对游戏角色的操作活动基本是一样的，本研究中对游戏角色操作只是采用键盘和鼠标，这些操作活动在以往任何游戏活动学习中都能得到锻炼，学生可以根据先前建立的技能完成《模拟挖掘机》中精细的游戏操作技能；不同类型游戏的认知方式存在较大的差异，而相同类型游戏的认知方式有许多共同之处，学生可以根据以往游戏化学习活动构建的心理模型用来有效地解读类似的游戏世界。

2. 认知挑战是以目标驱动为主产生的注意

本研究发现模拟游戏的认知挑战和学生对游戏活动的注意力似乎呈现出倒U型关系，这一发现提供了实证证据支持Prensky对游戏挑战特征的预设，以及Massimini和Carli①对挑战的流体验特征的描述。这项实证研究的结果表明，模拟游戏的认知挑战保持在适当高的最优水平时对学生的吸引力是最大化的，这意味着游戏的任何设计特点调整学生的认知挑战可以提高他们的注意力。

本研究认为，认知挑战是心智活动产生的，由它引起的注意应该是一种内源控制性的目标导向注意，主要是学生自我独立思考、解决学习问题产生的有意识的活动结果。游戏的认知挑战与注意力之所以呈现倒U型结构，这可能是因为偏低的认知挑战不会引起学生学习需求的内在动机，学生的注意力水平就会比较低；偏高的认知挑战说明游戏提供的信息会超越学生的认知加工水平或速度，可能带来认知的弥散效应，使得学生的注意点离散，给找到解决问题的应变方法带来困难；中度水平的认知挑战将会激发学生认知速度的提高，激活学生的认知加工能力，让学生获得更优秀的游戏体验。

3. 躯体挑战是以刺激驱动为主引起的注意

本研究发现模拟游戏的躯体挑战和学生对游戏活动的注意力呈现出正U型关系，这一实证证据与Prensky对游戏挑战特征的预设，以及本研究提出的设想正好相反。这项实证研究的结果表明，模拟游戏对学生形成的躯体挑战与认

---

① Massimini F，Carli M. The Systematic Assessment of Flow in Daily Experience［M］. Cambridge：Cambridge University Press，1988：266-287.

知挑战规律是不同的，这意味着游戏的任何设计思考如何调整躯体挑战与认知挑战之间的关系以适应学习的要求。

本研究认为，躯体挑战之所以与认知挑战引起注意的规律有差异是因为它们产生的机制是不一样的，躯体挑战主要是通过外源控制性的刺激驱动学生产生注意的。学生在感知躯体挑战适当的情况下，对键盘的操作通常是无意识的或者没有经过思虑的，它多是学生熟练的潜意识活动，学生有更多的临场感体验，这种情况下动作活动在很大程度上是高度自动化活动的产物，它可能会使得学生的注意力产生离散；在躯体挑战增大的情况下，会使注意力资源的分布转向威胁相关刺激的增加，导致有更多的兴奋和冲动，对关注对象可能产生隧道效应，使得学生的注意点更加集中，只有注意分配给认知任务的增加才能完成相关的精细操作活动。

4. 游戏挑战引起的注意是多层面的复杂心理过程

游戏化学习过程中的注意是学生为了更有效地认知，把自我意识指向从游戏的外部刺激撤回，其心理活动集中于游戏的认知活动，整个注意过程是一个连续的复杂心理加工过程。学生的游戏化学习活动不仅要求他们观看屏幕上挖掘机及其各部件的快速移动，积极思考它们的运动规律，判断哪些运动方式才能让挖掘机把土放到合适的地方。学生在此过程中需要组织和设置认知对象的优先次序、转移认知的焦点、调控大脑处理信息的速度、调节自我对观察对象的注意力，接着会做出精细的操作动作，这些动作可能同时发生，也可能按照顺序连续、快速地发生，要求学生按键的反应很快，熟练地通过控制键盘按键和鼠标来支配角色的活动。

从上述的分析可以看出，只有学生有意识地控制连续认知加工和无意识地熟练操作游戏角色，才能实现对认知对象的注意。学生在游戏化学习过程中需对认知对象做出明确选择和计划时，有意识的控制表现出来，无意识的操作在这之间不断触发和执行，以便有意识的认知活动可以漂浮在无意识的操作细节之上进行计划和分析。

（二）实践意义

1. 适合学生接受水平的挑战是教育游戏设计的关键

以往的研究文献都曾声明，具有挑战性的游戏能带来更好的学习效果，挑战性之所以有助于学习是因为学生能知觉到成就感，这可能让学生积极参与游戏化学习活动。其实，积极参与的前提就是学生集中注意游戏本身，因此，挑战是一个重要的影响学习效果的因素。

本研究的结果与前面提到的Engeser等人对游戏挑战的特征认识有差异。Engeser等人只是简单认为个人技术和技能超过任务挑战会导致积极的注意力，促进学生知识的整合、吸收等。本研究的结果却发现，如果认知挑战太小则无法满足学生的认知需求，这时学生的胜任力大大高于游戏的难度设置，给学生以无聊的体验；如果认知挑战太大则超出学生的认知能力，使学生感到焦虑，也无法集中于学习活动。由具身理论的观点和游戏化学习的实证结果表明“身体活动决定了个体认知过程的方式和步骤”①，如果躯体挑战较低和较高都能引起注意力的集中，反而中等水平的躯体挑战使得注意力发生离散。因此，只有合适的挑战水平才能导致学生积极的情感和注意力，使学生主动参与知识的整合，吸收知识并得到学习成效。

2. 游戏挑战可以作为评价游戏化学习效果的评价指标

计算机游戏之所以在教育中作为活动应用初始设计目标是因为它具有趣味性，这是维持学习活动的重要动力，游戏挑战是产生趣味性的一个主要因素，并且Jensen指出“挑战所激发出的注意力的目标简单地说就在于持续维持学生的生存及扩展学生享乐的感受，以实现学习成效的目的”②。然而，游戏挑战性与学生学习效果之间的关系度量没有得到合适的测量。

本研究提出的挑战结构弥补了以往研究对挑战性的简单认识，并用实证研究结果提供了挑战与学习效果的联系，研究结果显示适当水平的挑战可以通过触发注意力，提供认知的衡创建，明确了认知挑战与躯体挑战对学生知觉任务的操作产生的影响差异，这为教育游戏的挑战设计提供了理论参照。

［选自《中国电化教育》2016年第8期］

① 李海峰，王炜. 基于具身认知理论的教育游戏设计研究：从EGEC框架构建到“环卫斗士”游戏的开发与应用［J］. 中国电化教育，2015（5）：50-55.

② Jensen E. 大脑知识与教学［M］. 台北：远流出版公司，2002：46.

混合式教学的理论基础与教学设计①

李逢庆②

[**摘要**] 迅猛发展的信息技术不断推动教育教学改革实践模式的创新，混合式教学为当前课堂教学改革提供了一种延续性创新的新思路。基于对混合式教学的概念界定，文章将掌握学习理论、首要教学原理、深度学习理论和主动学习理论作为混合式教学的理论基础，构建了ADDIE教学设计模型，阐释了混合式课程的教学设计，并对混合式教学实施过程中课前、课中、课后三个阶段的师生活动进行了深入探讨，以期对混合式教学改革提供理论与实践相互融合的指引及经验借鉴。

[**关键词**] 混合式学习；混合式教学；教学设计；ADDIE

进入21世纪以来，在数字化和全球化的交融共生中，开放教育资源运动席卷世界高等教育的各个领域，以OCW计划为代表的开放课件项目和视频公开课的融合创新，最终质变为在线教育大规模变革的引爆点——MOOC（大规模开放在线课程）。自2012年起，短短3年多时间，众多研究者和实践者从起初对MOOC引起的“一场数字海啸”的惊呼③，到基于“问题视角”对MOOC

① 本文系全国教育科学“十二五”规划青年课题“信息时代大学教师教学发展中心建设的国际比较研究”（项目编号：CIA130182）的阶段性研究成果。

② 李逢庆，山东师范大学教育学部主任、副教授、博士，研究方向为学习科学、高等教育信息化与大学变革。

③ 蔡文璇，汪琼. 2012：MOOC元年［J］. 中国教育网络，2013（4）：16-18.

热的冷思考[①]的迅速转变，最终促使在线教育“后MOOC时代”[②]的新型在线课程学习模式——SPOC（小规模限制性在线课程）腾空而出。SPOC是一种将课堂教学与在线学习相结合，在具体实施的过程中以本校的课程设计与开发为主，将MOOC课程内容作为课程资源或嵌入或引用的“相交模式”[③]，已成为当前高校课堂教学改革与创新的重要实践方式，并由此引发了混合式教学的理论与实践研究，成为高等教育研究者、实践者和管理者共同关注的焦点。在教育技术学的以往研究中，混合式学习（Blending Learning）是与混合式教学最为相近的表述，如余胜泉等[④]、张其亮等[⑤]众多研究者在使用 Blending Learning 这一名词时，将混合式学习和混合式教学的概念直接等同；Singh等[⑥]在对混合式学习进行界定时，连续用五个“适当的”，强调其目标是取得最优化的学习结果，将混合式学习的关注点聚焦于学习的主体——学生。与混合式学习不同的是，混合式教学从教师的主导地位出发，关注如何帮助学生取得最优化的学习效果。基于上述对混合式学习和混合式教学的相关概念界定，本研究认为，混合式教学是指在适当的时间，通过应用适当的媒体技术，提供与适当的学习环境相契合的资源和活动，让适当的学生形成适当的能力，从而取得最优化教学效果的教学方式。

一、混合式教学的理论基础

1. 面向全体学生的掌握学习理论

起源于工厂标准化、流水线式生产思想的教育教学人才培养模式，是一

① 高地. MOOC热的冷思考：国际上对MOOCs课程教学六大问题的审思［J］. 远程教育杂志，2014（2）：39-47.

② 康叶钦. 在线教育的“后 MOOC 时代”：SPOC 解析［J］. 清华大学教育研究，2014（1）：85-93.

③ 汪琼. MOOCs 与现行高校教学融合模式举例［J］.中国教育信息化，2013（11）：14-15.

④ 余胜泉，路秋丽，陈声健.网络环境下的混合式教学：一种新的教学模式［J］. 中国大学教学，2005（10）：50-56.

⑤ 张其亮，王爱春. 基于“翻转课堂”的新型混合式教学模式研究［J］. 现代教育技术，2014（4）：27-32.

⑥ Singh H，Reed C. A white paper：Achieving success with blended learning［OL］. http://www.centra.com/download/whitepapers/blendedlearning.pdf.

个要求在规定的时间内，采用标准化的教材、统一的教学方式、统一的教学媒体以及标准化的考核评价方式等实现标准化的教学过程。在教学设计的过程中，教师被迫选择以中等水平的学生群体作为参照，开展教学设计、教学进程安排和教学评价等活动，其结果必然会导致学生之间出现学习差异和成绩分化的现象。学生成绩分化的正态分布曲线反过来继续强化教师的教学设计，并最终形成一种教学设计与学习成效的恶性循环。然而，如果教学是一种有目的、有意识的活动而且富有成效，那么学生的学习成绩就应该是一种偏态分布，即绝大多数智力正常的学生的学习成绩能达到优良甚至优秀。基于上述认识，布鲁姆提出的掌握学习理论认为，只要给予足够的时间和适当的教学，几乎所有的学生对几乎所有的内容都可以达到掌握的程度①。

掌握学习理论提出后，世界各国教育界进行了大规模的掌握学习实验，但由于受当时条件的限制，还不能彻底解决统一教学与学生个别学习需求之间的矛盾，尤其是优秀学生的学习需求无法得到满足，而使该理论的发展处于停滞状态。时隔半个多世纪后的今天，信息技术对于满足学生学习需求的天然优势得以彰显，掌握学习理论为混合式教学尤其是课前知识传递阶段的学习提供了坚实的理论基础。

2. 以问题为中心的首要教学原理

美国犹他州立大学教授 Merrill②的研究表明：只讲究信息设计精致化的多媒体教学和远程教学产品，虽然这些产品的质量是上乘的、外观也颇吸引人，但由于其并非按照学生学习的要求加以设计，因此只会强化教师讲授式的教学。在结合社会认知主义、建构主义学习理论等多种代表性理论的基础上，Merrill 提出了以问题为中心的“首要教学原理”，认为当学生解决真实世界中的问题时，其学习会得到促进。

围绕面向真实问题的解决，Merrill 提出了有效教学的四个阶段：激活、展示、运用和整合。其核心思想是，只有当教师的问题设计是面向真实世界且给学生提供相应的问题解决指导的时候，学生的有效学习才会发生，教师的教学效能才会得到提升。这一理论的提出，将教学推向了更加复杂广阔的真实

① 郑建. 浅谈布鲁姆掌握学习理论［J］. 外国教育研究，1990（1）：27-30.

② Merrill M D. First principles of instruction［J］. Educational Technology：Research and Development，2002（3）：43-59.

世界，不仅强调教学设计要关注学生真实世界劣构问题的设计及问题解决方面的指导，而且要求教师转变讲授式教学理念，从知识的传递者转变为学生学习过程中的指导者、协助者、促进者。

3. 关注高阶思维养成的深度学习理论

布鲁姆将认知过程的维度分为六个层次：记忆、理解、应用、分析、评价和创造[①]。观察当前的课堂教学可以发现，教师的大部分教学时间仍然停留在如何帮助学生实现对知识的记忆、复述或是简单描述，即浅层学习活动。而关注知识的综合应用和问题的创造性解决的“应用、分析、评价和创造”等高阶思维活动，并没有在当前的课堂教学中得到足够重视。深度学习理论研究者正是基于对孤立记忆与机械式问题解决方式进行批判的基础上，提出教师应该将高阶思维能力的发展作为教学目标的一条暗线并伴随课堂教学的始终[②]。

在当今的大部分课堂教学中，学生需要较少帮助的浅层学习活动，发生在教师存在的教室之中；而当学生试图进行知识迁移、做出决策和解决问题等深度学习时，却发现自己孤立无援。基于此，以翻转课堂为代表的混合式教学，将原有的教学结构实现颠倒，即浅层的知识学习发生在课前，知识的内化则在有教师指导和帮助的课堂中实现，以促进学生高阶思维能力的提升。

4. 促进记忆保留的主动学习理论

依据信息加工理论，所有的学习过程都是通过一系列的内在心理动作对外在信息进行加工的过程。美国加州大学圣芭芭拉分校心理学教授梅耶正是从这个观点出发，讨论了学习过程模式中新旧知识之间的相互作用。近年来，认知科学家的研究表明，主动学习是促进知识由短期记忆转化为长期记忆的最佳方式。结合戴尔的“经验之塔”理论可以发现，被动地接受教师教学中传递的抽象经验和观察经验，学生的记忆保留时间较短，学习效率低下；由于做的经验能以生动具体的形象直观地反映外部世界，故主动参与性的学习活动能够促使记忆长期保留——这与中国近代教育家陈鹤琴先生“做中教，做中学，做中求进步”[③]的教学方法论不谋而合。

---

① 安德森. 布卢姆教育目标分类学：分类学视野下的学与教及其测评（修订版）[M]. 蒋小平，译. 北京：外语教学与研究出版社，2009：96.

② 安富海. 促进深度学习的课堂教学策略研究 [J]. 课程·教材·教法，2014（11）：57-62.

③ 张毅龙. 陈鹤琴教学法 [M]. 北京：教育科学出版社，2007：31.

正由于此，为促进学生的记忆保留，在混合式教学中，通过教师的协助和指导，学生以自主学习和合作探究的学习方式参与到真实问题解决的实践活动中，并与同伴协同完成实践活动。在此过程中，学生通过观察与内省获得知识和技能，掌握问题解决的思路与方法，并不断丰富和完善自我的情感、态度和价值观，实现自我超越。

二、ADDIE 教学设计模型的构建

系统化的教学设计模型是教学设计理论的抽象化图形描述，以其精简化、可视化、操作性强等特点，成为教育、培训领域课程设计与开发的指导性设计模型。体现通用教学设计特征的 ADDIE 教学设计模型，涵盖了教学设计过程的一系列核心步骤，它将系统化的教学设计分为分析、设计、开发、实施和评价等五个步骤（如图1所示），以保证高效地进行课程设计与实施[①]。

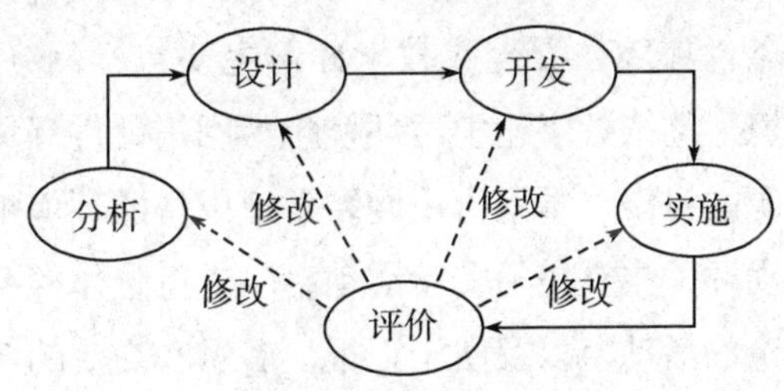

图1　ADDIE 教学设计模型示意图

1. 分析阶段

对于混合式教学的课程设计而言，按照系统论的观点，教学系统要有明确的目的，课程体系要有整体性、要与学生有明确的相关性，并与教学环境相适应。因此，分析阶段的内容主要包括教学对象分析、教学内容分析以及教学环境分析。

教学对象分析主要从学生的共同特征、已有知识储备、学习风格等三方面出发，以便为后续的教学目标的确定、教学媒体和策略的选择、教学内容和活动的组织策划等提供实施依据。

教学内容是实现教学对象向培养目标确定的能力转变的支撑性材料。随着人类对知识内涵认识的深化，研究者从不同角度对知识分类进行了界定，如布鲁姆的教育目标分类法、加涅的学习结果分类等。目前最为权威和流行

① Clark D.Continuous Process Improvement［OL］. http://www.nwlink.com/~donclark/perform/process.html.

的一种分类方法是1996年联合国经济合作与发展组织（OECD）提出的知识分类观点，即知识可以分为知道是什么（Know What）的事实知识、知道为什么（Know Why）的原理知识、知道怎么做（Know How）的技能知识和知道是谁（Know Who）的人力知识①。实践表明，混合式教学的内容分析依此知识分类观点进行知识分类，对于明晰教学目标、把握重难点具有较强的可操作性。

教学环境是实现教学活动的主要媒介和载体，也是教学目标实现的重要条件保障。混合式教学环境主要包括网络数字化学习环境和课堂教学活动环境。网络数字化学习环境包括网络硬件环境的配置、网络学习平台及其可用资源的建设、学生可用网络学习设备的环境配置等软硬件环境资源；课堂教学活动环境主要包括实验活动室、支持合作探究的研讨型活动室、便于开展讨论辩论的活动室以及便于汇报、展示和交流的多功能教室等。

2. 设计阶段

基于前述分析结果，本研究认为，设计阶段主要包括教学目标与重难点设计、教学媒体选择和教学策略设计、教学过程与教学资源设计、学习评价设计等四个方面。

教学目标与重难点设计是混合式教学设计的灵魂之所在，对后续阶段起着统领作用。结合对教学对象和教学内容的分析，可从知识、能力、情感态度价值观等三方面对教学目标进行分类阐述，并由此确定教师教学和学生学习的重难点，使得混合式教学活动的开展有的放矢。

教学媒体选择和教学策略设计是为了实现教学目标，而选择并确定信息传递的通道以及师生开展教与学活动的组织方式。混合式教学与传统教学的核心区别之一，就在于教学媒体选择和教学策略设计的不同。传统教学中教学媒体的选择主要考虑如何更加有助于教师教学内容的呈现，而混合式教学中教学媒体的选择更多地偏重于哪些媒体形式能够更好地支持学生的学习；为了更好地激发学生主动学习的动机、促进学生的深度学习，混合式教学策略设计需要考虑教学组织形式，如采用课堂环境的小组合作学习、自主探究学习、讨论辩论式学习以及课下真实任务驱动的研究性学习等，以真正将“学生为主体”落实在具体的教学策略设计过程中。

---

① 冯宣. 以知识为基础的经济［J］. 中国软科学，1998（3）：7.

教学过程与教学资源设计是在教学策略确定之后，围绕学习活动而开展的具体教学过程和资源的设计。在混合式教学中，教学过程设计不再仅仅局限于传统的课堂教学这一个环节，而是围绕学生课前、课中和课后三个阶段学习活动而进行整合的设计，包括课前自主学习任务单的设计和网络学习资源的设计、课堂教学与研讨活动的策划与设计、课下研究性学习活动的设计等环节。

学习评价设计是混合式教学设计的最后一个环节。本研究认为，可以通过学习过程的评价（如学习平台的用户日志和在线测验完成情况）、研究性学习成果评价（如组内自评与互评、组间互评、师生互评）和课程的期末考试等三个方面进行学生学习效果的评定。

3. 开发阶段

立足于分析、设计两个阶段，开发阶段重在选择合适的教材资源，同时制作、开发各种辅助学习资源，以生成具体的教学单元内容。在开发阶段，课前需要完成与学生自主学习相关的配套资源的开发，主要包括自主学习任务单的制作和以微视频为核心的在线配套课程资源的建设。需要重点强调的是，自主学习任务单是引导学生利用配套学习资源开展学习活动、完成学习任务、实现教学目标的学习支架，因此，以微视频为核心的在线配套课程资源的开发活动应该基于自主学习任务单中的学习任务设计；同时，要注意自主学习任务单和导学案的区别，明确自主学习任务单中任务设计的核心是将教学内容的重难点转换为面向真实情境的问题解决，以此培养学生的自主学习能力和独立思考能力。

4. 实施阶段

实施阶段旨在通过借助合适的教学媒体，将虚拟环境的优势和现实环境的优势相结合，开展教学和研讨活动，实现人才培养目标。本研究认为，混合式教学的实施可以分为课前、课中、课后三个阶段（具体实施后文将做详细论述）。

5. 评价阶段

混合式教学设计的价值体现依赖于评价阶段，而评价主要包含形成性评价和总结性评价。形成性评价贯穿于混合式教学设计的各个阶段，通过调查问卷、访谈等方式收集数据，并在后期阶段中对教学设计方案予以不断完善；总结性评估则在教学实施完成后进行，主要就学生的学习成效、知识掌握、能力养成、价值观完善等进行全面的考察和评鉴，并据此修正教学设计的五个步骤，通过迭代式的循环，形成混合式教学设计的最佳实践。

三、混合式教学的实施流程

通过上述分析不难看出，仅从 ADDIE 教学设计模型出发进行混合式教学的讨论，并不能体现出混合式教学的特点。因此，有必要对混合式教学的实施流程展开讨论，以便为高校教师开展混合式教学提供更加清晰的操作流程上的指引和经验参考。

为此，本研究在借鉴翻转课堂教学模式①②的基础上，按照“课前”“课中”和“课后”三个阶段来逐步开展混合式教学，提出了三阶段式的混合式教学实施流程，如图 2 所示。

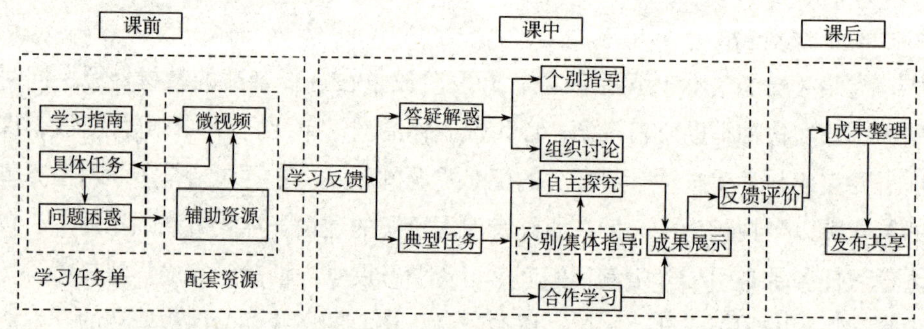

图2 混合式教学的实施流程图

1. 课前阶段

在混合式教学正式实施前，教师需要将设计并已制作好的自主学习任务单和以微视频为核心的在线配套课程资源上传至学习平台。自主学习任务单可以分为三个部分：① 学习指南部分，可以为学生提供课程和教学的相关信息，如本节内容的教学目标、重难点以及学习方法的建议等；② 具体任务部分，明确要求学生通过观看微视频并应用相关的配套资源，完成与教学重难点相关的学习任务；③ 困惑建议部分，学生将学习过程中遇到的困惑提交至学习平台，教师据此可以把握学生课前的自主学习状况，并了解学生的问题之所在，以便利用网络或在课堂教学过程中进行有针对性的解答和指导。

简而言之，课前阶段是指学生根据自主学习任务单的相关内容，利用网

① 张金磊，王颖，张宝辉. 翻转课堂教学模式研究［J］. 远程教育杂志，2012（4）：46–51.

② 王红，赵蔚，孙立会，等. 翻转课堂教学模型的设计：基于国内外典型案例分析［J］. 现代教育技术，2013（8）：5–10.

络学习平台上的相关资源开展自主学习，完成教师设定的任务，并将自主学习过程中遇到的相关困惑及建议提交至学习平台，形成课前自主学习反馈；教师则利用平台提供的讨论区、聊天室或QQ群、微信群等网络交流工具，与学生进行同步/异步的交流与反馈，进行有针对性的个别化指导。

2. 课中阶段

课中阶段伊始，教师可以针对学生在任务完成过程中存在的共性问题，采用集中讲授或组织讨论的方式进行答疑解惑。网络平台无法完成的个别化指导，也可以在课中阶段通过面对面的方式来完成。在课中的典型任务探究阶段，学生可以根据不同的探究问题，采用自主探究或合作学习的方式来开展研究性的学习活动。

值得注意的是，在指导学生进行自主探究的过程中，教师既要尊重学生个体的独立性，让其在自主探究的过程中建构自己的知识体系，又要保证在有限的时间内协助学生取得较大的学习效益。指导合作学习活动时，教师不仅要给予学生知识和技能上的支持与帮助，更重要的是要综合运用诸如头脑风暴、世界咖啡馆等活动组织形式，来调动学生参与的积极性和主动性。同时，指导教师要给予学生的合作学习活动以方法上的指引，并提供适当的决策支持服务，以保证合作学习活动的顺利开展。自主探究或合作学习活动结束后，便进入课中的成果展示和交流阶段。在这个过程中，学生可以通过作品展览、限时演讲、辩论会等形式，展示研究性学习成果，分享学习心得和体会。在此过程中，教师不仅要对学生的学习成果予以点评和指导，引导学生反思在知识、技能上的收获，还要引导学生进行学习过程、学习态度、学习经验、学习方法等方面的反思和总结，并开展自我评价，建构自我意识。

3. 课后阶段

课中的展示和交流完成后，学生根据教师和其他同学的建议，修改、完善、提炼自己的学习成果和反思总结并提交至学习平台，以进行更大范围的交流和传播。教师一方面可以将其作为过程性学习评价的重要组成部分，另一方面也可以将其转化为可重用、可再生的学习文化资源和教育改革资源，以促使教育系统进入一个螺旋式上升的“超循环”和自组织系统[①]。

① 桑新民. 学习主体与学习环境双向建构与整体生成：创造全球化时代的学习文化与教育智慧［J］. 教育发展研究，2009（23）：125-127.

四、结语

无论是课堂面对面的教学、远程教学还是混合式教学，对提升教育质量和人才培养质量的追求从未改变。混合式教学作为课堂教学的一种延续性创新，可以为学生提供超越现有教育教学体系的服务，也可以为教师教学学术的发展提供更为广阔的空间。教育改革永远在路上，一线教师既是教育改革的实践者，也是教育模式创新的培育者；既要“寻门而入”，又要“破门而出”。只有大家协同一致、共同努力，超越狭隘的个人视野和眼前利益，新的教育模式才能茁壮成长。

［选自《现代教育技术》2016年第9期］